마음을 움직이는
승부사
제갈량

向诸葛亮借智慧 Xiang Zhu Ge Liang Jie Zhi Hui by 赵玉平 Zhao Yu Ping
Copyright ⓒ 2010 by 赵玉平 Zhao Yu Ping

ALL rights reserved.
Korean edition copyright ⓒ 2012 by WISDOMHOUSE PUBLISHING CO., LTD
Korean language edition arranged with Publishing House of Electronics Industry
through Eric Yang Agency Inc.

이 책의 한국어판 저작권은 EYA(Eric Yang Agency)를 통해
Publishing House of Electronics Industry와 독점계약한 (주)위즈덤하우스에 있습니다.
저작권법에 의해 한국 내에서 보호를 받는 저작물이므로 무단 전재 및 복제를 금합니다.

마음을 움직이는 승부사
제갈량

자오위핑 지음 | 박찬철 옮김

승부처는 사람에게서 나온다

위즈덤하우스

서문을 대신하여

CCTV의 교양 프로그램 〈백가강단百家讲坛〉에서* 강의를 제안받았을 때 나는 제갈량이 아닌 《수호지》를 강의하기로 마음먹고 있었다. 2004년 《양산정치》라는 책을 쓴 이후 줄곧 '《수호지》를 보며 관리를 말하다'라는 주제로 강의를 해왔기 때문에 《수호지》에 대해서는 아주 익숙하고 편했다. 이에 반해 제갈량을 강의하는 것은 처음부터 새로 시작하는 것이나 다름없었다. 솔직히 말하면 그렇게 짧은 시간 안에 수준 높은 강의를 만들어낼 자신이 없었다.

가장 어려운 것은 관점을 잡는 일이었다. 왜냐하면 제갈량에 대한 고사는 세상 사람 대부분이 다 알고 있고, 또한 많은 전문가와 고수들이 이미 여러 관점에서 분석했기 때문이다. 그냥 간단하게 고사를 이야기하거나 혹은 다른 사람이 이미 이야기한 것을 중복하면 그것은 다른 사람의 말을 그대로 도용하는 것으로, 강의를 듣는 이나 독자의 시간을 낭비할 뿐 별다른 의미가 없다는 생각이 들었다. 그래서 나는 새롭고 창의적인 방식으로 낡고 오래된 것은 버리고 알맹이만 취하여 새로운 방향으로 발전시키기로 나 자신에게

* 이 책은 중국 국영방송 CCTV가 '고급지식의 대중화'를 모토로 기획한 인기 교양 프로그램 〈백가강단〉에서 자오위핑 박사가 강의한 내용을 책으로 엮은 것이다. - 편집자 주

다짐했다.

　나는 제갈량을 강의하기로 마음먹은 이후, 스스로 다음과 같은 하나의 원칙을 세웠다. 제갈량이라는 오래된 주제를 반드시 새로운 각도로 분석할 필요가 있었기 때문에, '고사가 나오면 고사를 강의하고, 인물이 나오면 인물을 강의하는' 상투적인 방식에서 벗어나자는 것이었다.

　다행히도 나는 학교에서 매니지먼트 과정을 강의하고 있었기 때문에 관련된 사례가 준비되어 있었고, 사회심리학과 조직행동학에 대한 이론적 기초가 있었다. 책을 읽다 보면 책 속에 있는 모든 내용이 여러 각도를 취하여 다양한 방식으로 서술되었음을 알 수 있을 것이다. 한편에서는 고사와 인물을 이야기하고, 다른 한편에서는 다각도로 분석을 진행했다. 예를 들면 관리학의 각도로 '읍참마속泣斬馬謖'의 고사를 말하면서, '냉정하게 일을 처리해야 할 때는 온유한 방식으로 한다'라는 관리 법칙을 끌어냈고, 조직행동학의 각도로 이야기한 '방통상임龐統上任'은 말구유를 나눠 말을 기른다는 '분조위마分槽喂馬'와 일할 수 있는 환경을 만들어 능력을 마음껏 발휘하게 한다는 '방수양어放水養魚'의 행동 전략이 발휘된 것임을 설명했다. 또 발전심리학과 인격심리학의 관점을 사용하여 공명의 어린 시절 양친 부모가 세상을 떠난 경험이 그의 성격과 리더십 스타일 형성에 중대한 영향을 미쳤음을 분석했다. 자기계발의 관점에서 역사 사건을 분석하기도 했는데, 예를 들면 '삼고초려三顧草廬'를 오늘날 기업의 인재 초빙과 결부시켜 '나설 때는 당당하게 큰소리로 이야기하고, 들어가서는 침착하고 조용하게 이야기해야 한다'는 분석을 제시했고, '주관적으로는 원하더라도 객관적으로 쉽지 않게 보이는 책략' 등으로 해석했다.

　사실 제갈량에 대해서 줄곧 부정적 평가가 존재해왔다. 예를 들면 위연과 이엄의 억울한 사건이 그렇고, 육출기산六出祁山을 무력을 남용하여 전쟁을 일삼은 행위로 생각하는 사람도 있다. 어떤 사람들은 그가 권력을 독점하여 마음대로 휘둘렀다고 하고, 사람을 쓰는 데 소홀히 하여 가정街亭에서 참패한 것 등등을 들어 질책하기도 한다. 사실 평범한 사람이 잘못하는 것은 매우 정상적인 일이다. 성현이 아닌 바에야 어찌 과실이 없을 수 있겠는가? 그러나 사람들의 마음속에 있는 제갈량은 범인이 아니라 신이었고, 완전무결한 우상이었다. 이런 지위를 흔들 방법은 없다. 그래서 나는 논쟁의 여지가 있는 문제에 대해서는 가능한 한 객관적인 사실을 바탕으로 역사를 서술했고, 개인의 감정적 성향을 줄이는 대신 대중의 심미적 정취와 수용 심리를 존중했다. 논쟁이 있는 문제에 대해서는 최대한 냉정하게 처리했다.

　이외에도 고사를 강의하는 것은 매우 어려웠다. 인물이 있으면 세세한 정황이 있어야 하고, 또 그에 맞는 분석이 있어야 했다. 나는 장면 환원의 방법을 채용하여, 매 장마다 한두 가지의 장면을 사례로 들었다. 흡인력 있는 고사에 살아 있는 언어를 더하고, 그 위에 미묘한 운치가 넘치는 분석을 더한 후에야 비로소 잘 정리된 서술이 가능했다. 그러므로 이야기를 강의하는 데 있어 생각이나 견해는 식물의 '뿌리'와 같고, 고사는 '줄기', 말은 '꽃'과 같다고 할 수 있다. 생각이 없으면 고여 있는 썩은 물이 되고, 고사가 없으면 이야기가 난마처럼 흐트러지며, 말이 없으면 발효되지 않은 밀가루일 뿐이다. 이를 이르러 "뿌리가 없으면 살지 못하고, 줄기가 없으면 서지 못하며, 꽃이 없으면 아름답지 않다"라고 하는 것이다.

글을 쓰는 것은 요리하는 것과 같이 똑같은 식재료라도 방법이 맞으면 맛이 미묘하고, 방법이 틀리면 맛이 없게 된다. 또한 설령 같은 방법을 사용한다고 하더라도 사람마다 다른 맛을 내기 마련이다. 맛은 그냥 맛이지만 맛에도 도가 있다. 맛을 내는 일도 수신修身과 문장(文章)과 인생에 관련되면 진지하지 않을 수 없다.

나는 문장의 대가가 아니어서 글 쓰는 일에 대해서는 자신이 없다. 그러나 먹는 것에 관해서는 할 이야기가 무척 많다. 기본 원칙은 아래 다섯 가지다.

첫 번째는 목식目食, 즉 눈요기를 하지 않는 것이다. 먹는 것은 글을 쓰는 것과 같이 반드시 간결하고 담백해야 하며, 자신의 양에 따라 과하지 않아야 하고, 주主와 부副가 분명해야 하며, 생각이 없으면 젓가락을 바로 멈춰야 한다. 너무 많이 탐하여 한도를 넘고, 너무 큰 것을 탐하여 다 하려고 하는 것은 큰 금기다.

두 번째는 평상시 보양하는 것이다. 집에서 먹는 음식이 가장 좋은 보약이다. 산해진미나 기이한 재료로 만든 음식은 모두 장구한 계책이 아니니 많이 먹어서도 안 되고 오래 먹어서도 안 된다. 글을 쓰는 것도 마찬가지다. 반드시 현묘하거나 깊이가 있을 필요는 없다. 비록 눈앞의 일에서 출발하더라도 평상시의 말을 사용하여 묘미와 운치가 생겨나게 이야기하면 그것이 바로 높은 경지이다.

세 번째는 여운을 남기는 것이다. 사람을 사귀는 데 있어 어려움은 적당한 정도에서 그만두는 데 있다. 하룻저녁 회식에서는 흉금을 털어놓고 이야기하다가 적당한 때 끝마치는 것이 여운을 남기는 데 있어 가장 중요하다. 음식도 마찬가지로 진수성찬을 마주했을 때에도 적당한 정도에서 멈추고 마음속에 남겨놓는 것이 필요하다. 글을 쓰는 것도 이처럼 분량을 조절하고 언어를 조절하여 적당한 곳에서 멈추어야 여운이 남게 된다.

네 번째는 한 가지 요리에 전념하는 것이다. 종류나 양의 많음을 추구하지 않고 단지 식재료 본래의 맛을 발휘하도록 적절하게 요리하면 한 품목만으로도 맛의 정도를 증명할 수 있는 것이다. 이런 이치는 글을 읽을 때와 흡사하다. 책 한 권을 마음을 다하여 읽으면서 멋진 대목을 뽑아 천천히 곱씹으면 분명 조금씩 도취되는 즐거움을 느낄 수 있다. 만약 수십 권의 책이 마구 진열되어 있고, 그 책 모두를 읽고 이야기해야 한다면 두루 살펴볼 수 없어 놓치는 게 있기 마련이고 또 대충 읽기 바빠서 어떤 흥미를 자아내기도 어렵다.

다섯 번째는 농담濃淡을 조절하는 것이다. 농(짙음)은 감정이고, 담(옅음)은 재미다. 육류는 짙은 맛을 기본으로 하고, 채소류는 담백함을 기본으로 한다. 육류와 채소류를 잘 배열하여 채소류의 담백함으로 밑바닥을 다지고, 짙은 맛으로 장식하면 이것이 절묘한 도이다. 농담이 적절하게 배합되지 않으면 죽, 탕, 차로 이를 조절할 수 있다. 글을 쓰고 고사를 강의하는 것도 마찬가지다. 고상한 사람이나 보통 사람이 다 즐기도록 감정적 요소와 흥미로운 요소를 잘 배치하여, 고아함도 있고 통속도 있고, 유머와 열정으로 뜨거운 피가 끓어오르기도 하고, 또 냉정한 이성으로 차가운 눈으로 지켜보기도 하며, 별도로 보통 사람들의 생활과 신변의 자질구레한 일을 덧붙이거나 간혹 웃음과 욕설로 뜻밖에 좋은 결과를 내면, 이런 문장의 맛도 배를 부르게 한다. 진정한 맛은 조화의 아름다움이다.

이런 생각을 하나하나 운용하여 이 책을 준비하던 과정에서 비록 어떤 곳은 비교적 서투르게 운용한 부분이 있지만 전체적으로는 스스로 만족했다.

친구들이 내게 다음과 같이 이야기하곤 했다. "자네가 전체적으로 조금 과해서, 남들이 자네에게 문자를 뽐낸다고 하거나 아무것도 아닌 것을 마치 대단한 것처럼 말한다고 흉보는 것이 걱정되지 않나?"

이런 걱정은 강의를 시작할 때부터 했었고, 이밖에 다른 염려도 많았다. 수많은 독자와 시청자를 대면하면서 어떻게 마음에 두려움이 없겠는가? 그러나 현재 이런 생각은 이미 내려놓았다. 나는 일찍이 얻고 잃는 것을 근심하고, 앞에 늑대가 있을까, 뒤에 호랑이가 있을까 쓸데없이 걱정하며 살았으며, 또 뜨거운 피가 끓어올라 온통 정신이 혼미하고 감정을 억제하지 못하고 흥분해 마지않을 때도 많았으나, 지금은 이미 마음에서 놓아버렸다.

나는 일을 할 때에는 평상심이 가장 중요하다고 생각한다. 일 자체에 주의력을 집중하고, 진심 진력으로 후회를 남기지 않으면 된다. 얼마나 많은 이름을 얻고, 얼마나 많은 이익을 얻으며, 얼마나 많은 사람이 이해하고 또는 이해하지 못하는지, 또 누가 좋아하고 누가 좋아하지 않는지 이런 걱정을 내려놓은 순간부터는 근심을 짊어질 필요가 없었다.

"바닷물이 들고나도 물이 아닌 것이 없고, 꽃이 피고 지는 것도 늘 인연이다."

마지막으로 다시 한 번 독자 여러분들의 관용에 감사드리고, 〈백가강단〉의 여러 선생들의 지도와 지지에도 감사드린다.

《마음을 움직이는 승부사 제갈량》을 다 쓰고 난 후 나 자신의 인생 길 위에서 또 한 번 착실하게 성장했음을 절실하게 느꼈다. 공명 선생에게 경의를 표한다.

| 차례

| 저자의말 | 서문을 대신하여　　　　　　　　　　　　　　　　　　　005

| 제1장 |
제갈량, 유비를 움직여 삼고초려를 연출하다

고거고타 高擧高打 : 스스로 재능을 드러내는 묘초　　　　　020
- 첫 번째 책략―사람들의 입을 빌려 신속하게 이목을 끈다　　024
- 두 번째 책략―차이를 만들어 주목을 끈다　　　　　　　　032
- 세 번째 책략―향기로 유혹해 수요를 일으킨다　　　　　　035
- 네 번째 책략―무대 위에서는 큰소리로 떠들고, 무대 밑에서는 목소리를 낮춘다　042

| 제2장 |
제갈량, 세를 움직여 연합을 책략하다

점거우세 占據優勢 : 약자가 승패를 잡는 길은 연합뿐이다　　　052
- 첫 번째 책략―실력이 엇비슷한 상대와 안정적인 연맹을 결성한다　055
- 두 번째 책략―주동을 피동으로 바꾸어, 상대방의 요구를 기다린다　060
- 세 번째 책략―우세를 점하여 합작을 제시한다　　　　　　065
- 네 번째 책략―감정적으로 화를 돋우고, 이익을 내세워 숙고하게 만든다　078

| 제3장 |
제갈량, 인재를 움직여 조직을 꾸리다

방수양어 放水養魚 : 형식에 얽매이지 않고 인재를 쓴다 086
- 첫 번째 책략 — 방수양어-물을 풀어 고기를 키운다 091
- 두 번째 책략 — 분조위마-먹이통을 나누어 말을 기른다 097
- 세 번째 책략 — 축소인봉-둥지를 만들어 봉황을 끌어들인다 103
- 네 번째 책략 — 궁신접수-물을 얻으려면 몸을 숙여야 한다 111

| 제4장 |
제갈량, 기강을 다스려 조직을 바로잡다

선엄후관 先嚴後寬 : 관대함과 엄격함을 결합해 대사를 이룬다 124
- 첫 번째 책략 — 먼저 엄하게 한 후에 관대하게 대한다 129
- 두 번째 책략 — 자리는 주되 권력은 주지 않는다 136
- 세 번째 책략 — 측근에게 엄격하게 하고 윗사람을 벌하여 권위를 세운다 142

| 제5장 |
제갈량, 자신을 낮추어 신임을 얻다

이퇴위진 以退爲進 : 능력이 뛰어난 부하가 어떻게 보스를 안심시키는가 152
- 첫 번째 책략 — 일할 때는 부채를 흔들지만, 생활에서는 무대를 만들어 준다 157
- 두 번째 책략 — 자신이 잘하는 것은 내려놓고, 조직이 필요로 하는 일을 우선한다 162
- 세 번째 책략 — 자세를 낮추어 의지함을 보여준다 167
- 네 번째 책략 — 적극적으로 난국을 수습하되 조급해하지 않는다 170

| 제6장 |
제갈량, 조직을 정비해 위기를 관리하다

각취각위 各就各位 : 민심을 안정시키는 훌륭한 처방　184
- 첫 번째 책략 — 지도 그룹을 먼저 안정시키고, 각자가 자신의 위치를 지키게 한다　193
- 두 번째 책략 — 상대가 요청하기를 기다린 후 문제를 해결해줌으로써
　　　　　　　　권위를 강화한다　199
- 세 번째 책략 — 담력과 식견을 내보여 믿음을 증가시킨다　204
- 네 번째 책략 — 원대한 목표를 제시하고, 투지를 격려한다　209

| 제7장 |
제갈량, 엄격하게 간부를 관리하다

엄숙기율 嚴肅紀律 : 문제가 있는 부하에게는 사정을 두지 않는다　216
- 첫 번째 책략 — 마지노선을 두고 여지를 남겨둔다　223
- 두 번째 책략 — 기율을 엄숙하게 하되, 마음을 부드럽게 한다　240

| 제8장 |
제갈량, 마음을 다스려 정세를 바로잡다

정위조군 靜爲躁君 : 성공은 마음을 다스리는 데서 비롯된다　250
- 첫 번째 책략 — 자세를 낮추면서도 긴 안목을 갖춘다　256
- 두 번째 책략 — 냉정함과 예리함을 갖추되, 마음을 활짝 연다　260
- 세 번째 책략 — 교육을 중시하고 자녀에 대한 책임을 다한다　268

| 제9장 |
제갈량, 정성을 다해 젊은 인재를 키우다

추랍결합 推拉結合 : 업무 능력과 인격 수양을 모두 중요시한다   278
- 첫 번째 책략 — 혜안으로 재능을 보고, 속안으로 성격을 본다   286
- 두 번째 책략 — 밀어붙인 뒤에는 반드시 끌어준다   295
- 세 번째 책략 — 중요한 일은 중점관리하고 작은 일에는 자율을 준다   299

| 부록 | 삼국지 제갈량전   313
        제갈량 연보   367

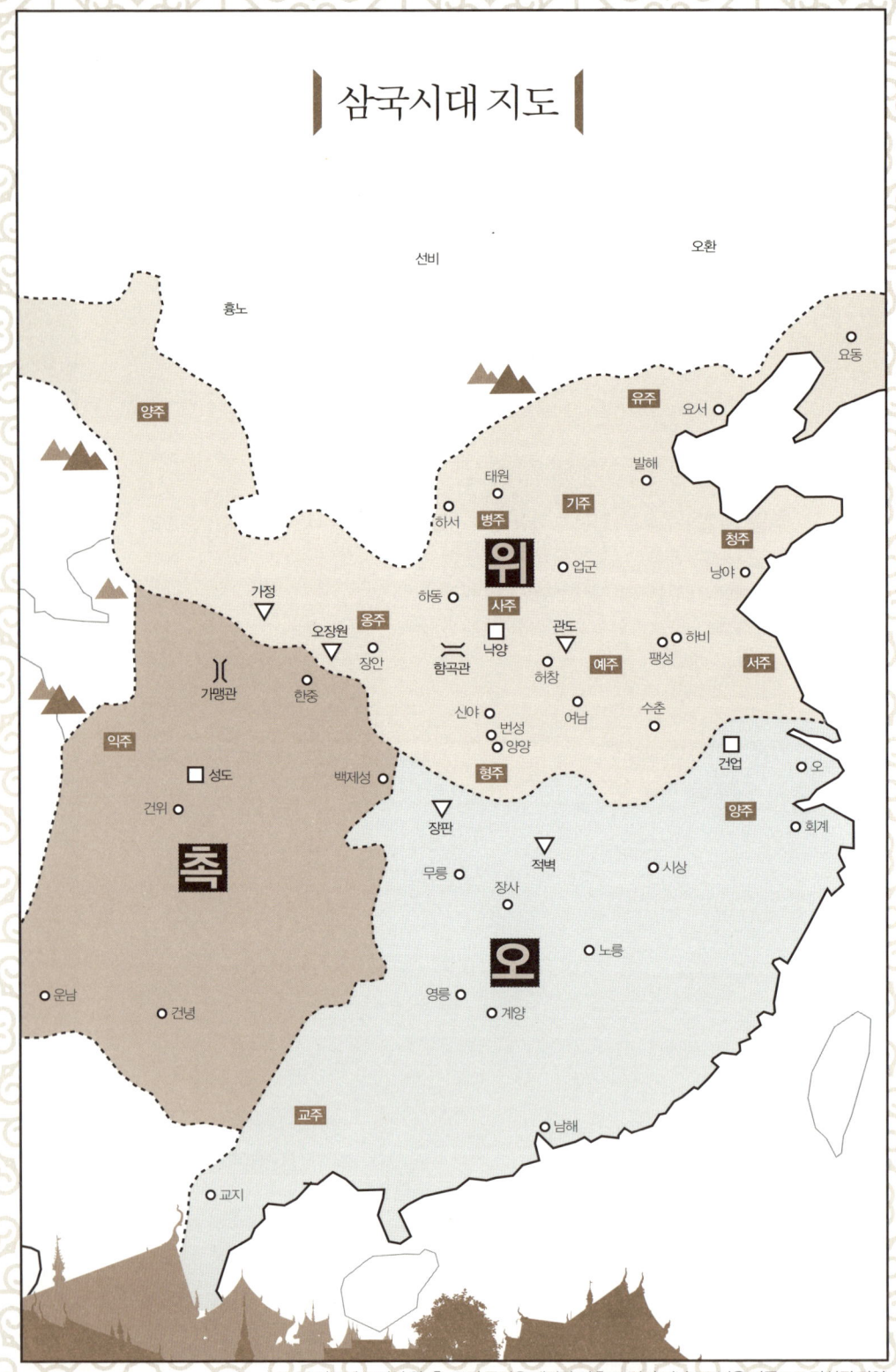

1장

제갈량,
유비를 움직여 삼고초려를 연출하다

| 들어가며* |

유비와 제갈량의 만남

●

●

《삼국연의》를 읽는 사람이면 유비가 제갈량을 만나는 '삼고초려' 장면에 이르러서야 비로소 유비집단의 앞날에 흥미진진한 기대를 갖게 된다. 사실 이전의 유비는 비록 관우, 장비와 도원결의를 하고 함께 '창업'을 선언한 이후에도 중앙 정권을 장악한 조조와 지방에 근거들 둔 원소 등 호족들의 틈바구니를 떠돌며 한참동안 자리를 잡지 못했다. 자신이 한 제국의 황숙이라는 명분 하나로 공손찬, 조조, 여포, 원소 등에 기대어 자립을 시도했지만 번번이 좌절하고 말았다. 사실 이는 유비 조직의 태생적인 한계였다. 수하에 관우와 장비 외에 어떤 인적 물적 기반도 없었던 유비가 물적 인적 기반이 풍부한 조조나 원소, 그리고 강동의 손씨 부자와 상대한다는 것은 처음부터 어려운 일이었다. 유비의 거듭된 실패는 사실 당연한 것이었다.

결국 유비가 조조에 밀려 형주로 내려와 유표에게 의탁했을 때 기세등등했던 유비 집단의 창업 정신은 서서히 빛이 바래가고 있었다. 그때 지난 일을 되돌아보며 유비는 누구보다도 변신의 필요를 느꼈고, 특히 인적 집단의 보강 없이 대업을 이루기는커녕 생존 자체도 불가능하다는 현실을 절감하고 있었다. 유비는 자신의 대업을 도와줄 인재가 절실하게 필요했다. 그때 그의 귀에 들려온 인재는 바로 '와룡'과 '봉추'였다.

 하지만 유비가 제갈량을 만나는 과정은 순탄하지 않았다. 이 책의 첫 번째 강의는 바로 여기에서 시작된다. 흔히 '삼고초려'라는 고사는 유비의 입장, 즉 리더의 입장에서 이야기되곤 했다. 하지만 이번 강의는 이를 제갈량의 각도에서 분석한다. '훌륭한 짐승은 나무를 택해서 보금자리를 짓고 훌륭한 신하는 군주를 택해 섬긴다良禽擇木而棲, 良臣擇主而事'는 말이 있다. 유비 집단이라는 벤처기업의 일원으로 들어가기 위해 매사에 빈틈없고 신중한 제갈량은 자신의 가치를 높이고 유비집단 내의 텃세를 물리치고 조직 내에서 자신의 위치를 명확하게 하기 위해 사전에 몇 가지 준비를 했다.

 《삼국지》의 〈제갈량전〉에는 유비가 제갈량을 '삼고초려' 끝에 만나 천하삼분의 계책을 듣고 난 후, 제갈량에 대해 못마땅해하는 관우와 장비에게 "나에게 공명이 있는 것은 물고기가 물을 만난 것과 같은 것이다. 원컨대 그대들은 다시는 언급하지 마라"라고 말하는 장면이 나와 있다. 공명은 분명 난세에 목숨이나 부지하려고 밭을 갈고자 하는 사람이 아니었다. 그는 자신을 관중과 악의에 비유할 만큼 가슴 속의 포부가 원대한 인재였다. 그러니 제갈량과 유비의 만남에는 분명 무엇인가가 있었다. 이제 자신을 인재라고 생각하는 사람들을 위한 제갈량만의 노하우를 배워보자.

---

* 각 장에 붙은 '들어가며'는 이 책의 역자가 독자의 이해를 돕기 위해 작성한 것입니다.

고거고타 高擧高打
스스로 재능을 드러내는 묘초

동한 건안 12년(서기 207년) 12월 엄동 시절, 하늘에서는 솜털 같은 눈이 내리고, 산하와 대지는 새하얗게 변했다. 형주 신야현의 관도에는 바람과 눈을 무릅쓰고 달려오는 몇 필의 말이 보였다. 그중 맨 앞에 달려오는 이는 40여 세쯤의 나이에 칠 척 오 촌 정도의 키와 긴 팔에 큰 귀, 위엄 있는 모습을 하고 있었다. 비록 그의 머리와 몸은 눈으로 뒤덮였지만 말을 멈추고 쉴 의사는 추호도 없어 보였으며, 도리어 뒤따르던 이들에게 빨리 따라오라고 재촉하고 있었다.

이 사람이 누구겠습니까? 바로 삼국시대의 영웅 유비 현덕입니다. 그렇다면 이런 폭설 속에서 유비는 따뜻하고 편안한 관청에 머무르지 않고, 이 황량한 교외로 나와 무엇을 하려고 했을까요?

그는 한 사람의 고인高人을 만나러 가는 길이었습니다. 이 고인이 바로 명성이 자자했던 제갈량입니다. 사서에 기록된 바에 따르면, 유비는 그해 겨울을 포함하여 전부 세 차례나 제갈량을 찾아간 뒤에 비로소 그를 만날 수 있었다고 합니다. 그리고 삼국의 역사는 이 삼고초려로 인해 다시 쓰이게 됩니다.

유비가 제갈량을 찾아간 일을 오늘날로 따지면 리더가 자발적으로 인재를 찾아가 초빙한 것과 같습니다. 여러분들 각자 생각해보십시오. 오늘날 우리가 직장을 구할 때 넥타이를 맨 단정한 양복 차림으로 직접 찾아간다고 해서 반드시 면접관의 마음에 들 수는 없습니다. 그런데 제갈량이라는 사람을 한번 보십시오. 지도자가 눈바람을 무릅쓰고 문 앞에까지 와 청하는데, 뜻밖에도 문을 닫고 나타나지 않습니다. 또한 당사자를 만나지 못한 지도자로 하여금 더욱 애가 타서 한 번도 아니고 두 번, 세 번 찾아오게 만듭니다. 그렇다면 제갈량은 도대체 어떤 책략을 사용하여 이렇게 큰 흡인력을 만들어낼 수 있었을까요? 이 문제는 충분히 생각해볼 만한 가치가 있습니다.

컨설턴트 출신으로 능력도 있고 말재간도 있는 한 친구가 있습니다. 한번은 헤드헌터가 그에게 한 대기업의 자리를 소개한 적이 있었습니다. 그는 원래 스스로에 대한 자신감으로 충만해 있었는데, 면접 후에는 풀이 죽어 돌아왔습니다. 그러고는 머리를 저으며 한숨만 내쉬길래 왜 그러는지를 물었습니다. 그러자 그는 가서 보니 능력 있는 사람이 너무 많아서 자신의 재능을 보여주는 것은 말할 것도 없고, 뚜렷한 인상도 남기지 못해서라고 대답했습니다.

요즘 시대에 능력을 키우는 일은 어렵지 않습니다. 하지만 능력은 있는 데도 아무도 알아주지 않으면 곤란하겠죠. 그래서 능력을 키운 이후 자신이 능력 있는 사람이라는 사실을 다른 사람들에게 어떻게 알릴 것인가가 사실 더 어렵다고 할 수 있을 것입니다. 재능을 밖으로 드러내려면 반드시 상대에게 선명한 인상을 남길 필요가 있습니다. 이를 위해서 가장 먼저 필요한 것이 '포장'이라는 두 글자입니다. 그래서 성공의 기본 공식은 '성공=능력+태도+기회+포장전시'라 할 수 있는데, 이 네 가지 요소 가운데 하나라도 빠져서는 안 되는 것입니다.

공명의 지혜

성공=능력+태도+기회+포장전시

제갈량(181~234년)

자는 공명, 호는 와룡, 낭야琅邪군 양도현陽都縣 사람으로, 삼국시기 걸출한 정치가, 전략가, 발명가였다. 27세 때 유비로부터 '삼고초려三顧草廬'의 예로써 초빙되어 '천하삼분지계天下三分之計'를 진언進言하였다. 유비가 죽고 충심으로 그의 아들 유선을 보좌하고 위나라에 항쟁했다. 절대적인 약세에도 불구하고 북벌을 시도하다 234년 병으로 인해 오장원에서 죽고, 정군산(지금의 섬서성 면현 동남)에 묻혔다. 지금도 성도에는 그의 충절을 기리는 무후사武侯祠가 있다.

제갈량도 바로 이런 문제에 부딪쳤습니다. 당시의 형주는 인재들이 넘쳐나던 곳이었습니다. 중원 대란의 시기, 형주 지역은 비교적 태평하여 많은 고인高人들이 모두 이곳으로 피난을 왔습니다. 여기에 현지의 인재까지 더해지니 당시 형주에는 수많은 걸출한 인물들이 운집할 수밖에 없었습니다. 이렇게 많은 인재들 중에서 두각을 드러내는 일은 확실히 매우 어려웠을 것입니다. 그러나 제갈량은 아주 쉽게 이 일을 해냅니다.

제갈량의 지혜 중 가장 먼저 탐구하려 하는 것은 공명 선생의 자기 홍보(PR)의 책략입니다. 좋은 사람이 되기는 어렵지 않을 수 있지만, 다른 사람들이 자신을 좋은 사람으로 믿게 하는 것은 비교적 어렵습니다. 홍보는 포장을 빼놓고 이야기할 수 없습니다. 생각해 보십시오. 취직을 하기 위해 이력서도 포장이 필요하고, 기업이 생산해내는 제품도 포장이 필요합니다. 연애를 하는 데도 잘생긴 남자든 예쁜 여자든 포장이 필요합니다. 미국 대통령도 경선을 하고 표를 모으기 위해서는 포장에서 벗어날 수 없습니다. "사람은 옷이 돋보이게 하고, 말은 안장이 돋보이게 하니, 포장이 제대로 되어야 비로소 남보다 앞서 나갈 수 있다"는 말도 있지 않습니까?

그렇다면 지혜의 화신 제갈량이 어떻게 자신을 포장했는지를 한 번 살펴봅시다.

사실 제갈량은 처음부터 이름 높은 사람은 아니었습니다. 《삼국지》〈제갈량전〉은 제갈량이 산동 임기臨沂 사람으로 어려서 부모를 잃고, 17세가 되던 시기 형주로 와서, 남동생과 두 여동생과 함께 어려운 나날을 보내고 있었다고 밝히고 있습니다.

그는 《출사표》에서 쓴 것처럼, 정말 "남양에서 엎드려 밭을 갈고, 진실로 난세에 목숨이나 건지고자" 했습니다. 공부만 한 샌님이 처음 괭이를 들고 농사를 짓는다고 생각해보십시오. 아마도 감자가 나무 위에 열리는지 땅속에서 열리는지, 오이의 꽃과 가지의 꽃이 어떻게 다른지, 이런 일은 전혀 알지 못했을 것입니다. 주위에 아는 사람 하나 없고 의지할 곳 하나 없으면서 단지 움막 하나를 지었는데, 오늘날로 말하면 도시와 농촌 경계에 무허가 건축물을 지어 임시로 몸을 맡긴 것이라 할 수 있을 것입니다. 이 시기의 제갈량은 영화에서 나오는 것처럼 그렇게 말쑥하거나 멋스럽지도 않았고, 오늘날 북경의 한 대학을 막 졸업하고 교외에서 사는 대학생들처럼 가까스로 가족을 부양하면서 일자리를 찾아야 하는 이중의 생활고와 마주하고 있었던 것입니다.

이런 피동적 국면을 되도록 빨리 벗어나기 위해 제갈량은 몇 가지 조치를 취합니다. 그래서 27세 때 저 유명한 '삼고초려'를 통해 당당하게 유비 집단의 핵심 지도자에 오릅니다.

그렇다면 제갈량은 도대체 '삼고초려'라는 역사적 사건에서 어떻게 자신을 포장했을까요? 결론적으로 말하면 비교적 전형적인 네 가지 노하우를 사용했을 뿐입니다.

첫 번째 책략
사람들의 입을 빌려 신속하게 이목을 끈다

"인재는 많고, 경쟁은 치열한데 시작 또한 밑바닥이다. 어떻게 이목을 끌 것인가?" 많은 사람들은 이런 상황에서 어찌할 바를 모르고, 생각할 수 있는 것이라곤 단지 채용박람회에 참가하여 여기저기 이력서를 내고 면접을 보기 위해 머리를 들이미는 정도일 것입니다. 하지만 제갈량은 그렇게 하지 않고, 집에 편안히 앉아서 모든 일을 다 처리했습니다.

그가 한 첫 번째 일은 입소문을 이용하여 자신을 포장한 것입니다. 여기에는 세 사람이 결정적인 역할을 합니다. 첫 번째가 서서徐庶, 즉 서원직徐元直입니다. 흔히 "서서는 조조 진영으로 간 후 한마디 계책도 내지 않았다"라고 말해지는 그 서서입니다.

《삼국지》에는 서서가 제갈량의 직업 경력에 중대한 영향을 끼쳤다고 기록하고 있습니다. 서서에 대해 《삼국지》 배송지 주는 《위략魏略》을 인용하여 이렇게 썼습니다.

> 서서의 원래 이름은 복福이고, 본래 한미한 집안 출신으로 어려서 임협任俠과 격검擊劍을 좋아했다. 중평(中平, 184~189년) 말, 일찍이 다른 사람을 위해 원수를 갚고는 얼굴에 회를 칠하고 머리를 흩트린 채 달아나다 관원에게 붙잡혔는데, (관원이) 그의 이름을 물어도

입을 닫고 말하지 않았다. 이에 관원이 그를 수레에 대우고 기둥에 묶고는 북을 치며 저자 거리를 돌아다녔으나 감히 그를 식별하는 자가 없었다. 그러다가 그의 도당들이 모여 그를 감옥에서 탈취하여 풀어주어서 거기서 벗어날 수 있었다. 이에 감격하여 칼과 창을 버리고 허름한 두건에 홑옷을 입고 학문으로 뜻을 바꾸었다. 처음 정사精舍에 나갔을 때 여러 유생들은 그가 예전에 도적질했다는 것을 듣고 그와 함께하려 하지 않았다. 이에 서복은 몸을 낮추어 아침에 일찍 일어나고 늘 홀로 청소하며 사람들의 뜻을 헤아려 행동하고, 경학을 배우고 익혀 그 뜻과 이치에 정통하게 되었다. 이윽고 같은 군郡 출신인 석도石韜와 서로 친하게 되었다. 초평(初平, 190~193년) 연간에 중원에 전란이 일자 석도와 함께 남쪽의 형주로 내려가 객이 되었다. 그곳에 도착한 후 또한 제갈량과 특별히 친하게 지냈다.

> **서서**
> 서서의 자는 원직이고, 영천(지금의 하남성 우주禹州) 사람이다. 한말 삼국시기의 인물로 본명은 복이다. 후에 친구를 위해 살인을 하고 도피하다가 이름을 서서로 바꾸었다. 이로부터 두루 명사들을 만나 사마휘, 제갈량 등과 친구가 되었다. 일찍이 신야의 유비 밑에서 일하다 후에 조조가 그의 어머니를 붙잡아 부득불 유비를 버리고 조조에 투항했다. 떠나기 전 유비에게 제갈량을 추천했다. 이후 서서는 위나라에서 관직을 받았고 우중랑장, 어사중승에 이르렀다.

서서는 소년 시절 격검을 좋아하고, 무예에 출중하고 사람됨이 의기를 중시하여 일찍이 다른 사람 대신 직접 복수하다 사람을 죽였는데, 관부에 잡혀 모진 고문을 당해 하마터면 생명을 잃을 뻔했습니다. 하지만 그 뒤 같이 지내던 무리에 의해 구출된 그는 무武를 버리고 문文을 좇아 열심히 공부했고, 중원 대란의 시기 형주로 내려가, 그곳에서 제갈량과 친구가 되었습니다. 이렇게 서서는 문무를 다 갖추고, 고난과 시련을 거쳤으며, 성격은 의연하고 강인하여 대담하게 생각하고 과감하게 행동하는 돌파형 인재에 속했습니다. 제갈량이 서서를 선택하여 우정을 발전시킨 것은 그가 독특한 안목을 갖고 있었음을 설명해줍니다. 후일 서서는 신야현의 유비에게 의탁한 후 제갈량을 적극 추천합니다.

당시 서서를 매우 신임하던 유비가 그에게 제갈량이 어떤 사람인지를 묻자, 서서는 자신보다 백 배 낫다고 말합니다. 이전에 유비가 들었던 것은 모두 소문에 지나지 않았는데, 지금 제갈량의 친구인 서서가 생생하게 눈앞에서, 제갈량의 재능이 탁월할 뿐 아니라 심지어 제갈량이 자신보다 훨씬 수준이 높다고 말한 것입니다. 이리하여 유비의 제갈량에 대한 앙모 지수는 단번에 대폭 상승하게 되고, 어떻게 하든 제갈량을 산속에서 끌어낼 결심을 하게 됩니다.

사람을 알려면 먼저 그의 친구를 보면 된다고 합니다. 그 사람이 어떤 사람인지를 알려면 먼저 그의 친구를 찾아가 평소 그가 친밀하게 교제하는 사람이 어떤 사람인지를 관찰하면 된다는 뜻입니다. 이것이 소위 말하는 "사물은 같은 종류끼리 모이고, 사람은 그 무리를 보면 알 수 있다物以類聚, 人以群分"는 것입니다. 종달새와 함께 있으면 반드시 노래할 줄 알고, 천리마와 함께 있으면 반드시 달릴 줄 압니다. 제갈량은 자신의 친한 친구가 유비를 알게 되기를 기다린 후 자신을 무대에 내세웠습니다. 제갈량은 이런 식으로 발탁되기를 기대한 것입니다.

이런 방법이 오늘날 우리에게 주는 교훈은 무엇일까요? 먼저 우리가 누군가를 이해할 필요가 있을 때 가장 효과적인 지름길은 그 주변에 있는 친구들이 어떤 사람인지를 보면 된다는 것이고, 반대로 우리가 자신을 내세울 필요가 있을 때는 스스로를 추켜세울 필요 없이 자기 주변의 뛰어난 친구를 보여주면 충분하다는 사실입니다. 이것이 바로 자신의 주위 사람을 내세워 자신을 드러내고, 주변 사람을 관찰하면 그 사람을 이해할 수 있다고 하는 것입니다. 뛰어난 재능을 가진 사람이라면 분명 이런 간접 수단을 사용하여 자신을 직접 내세우는 목적을 달성할 수 있을 것입니다. 이것이 바로 지혜입니다.

서서의 구두 소개 외에도 또 다른 두 사람의 중요 인사가 유비가 제갈량을 선택하도록 결정적인 작용을 했습니다. 이 두 사람은 누구일까요?

《자치통감》에는 인재를 찾아 나서기 위해 유비가 특별히 형주의 저명한 인력 자원 전문가인 사마휘를 찾아간 내용이 실려 있습니다. 사마휘가 유비에게 말합니다.

"유생儒生 속사俗士가 어찌 시무時務를 알겠습니까? 시무를 아는 자가 바로 준걸俊傑인데, 이런 준걸에는 복룡伏龍과 봉추鳳雛가 있습니다."

유비는 곧바로 이 두 사람의 별칭에 매료됩니다. '한 마리 용과 한 마리 봉황이 모두 준걸이라니 정말 좋구나.' 그리고 이 두 사람이 누군지를 묻습니다. 사마휘는 복룡이 제갈량이고, 봉추가 방통이라고 말합니다. 이때 처음으로 제갈량은 유비의 시야에 포착됩니다. 그것도 저명한 인력 자원 전문가의 추천이라는 아주 그럴싸한 방식이었습니다. 오늘날에도 구직을 하는 과정에서 전문가의 추천은 성공 확률이 매우 높은 경로입니다. 외지에서 온 청년 제갈량이 어떻게 이런 전문가의 인정을 받을 수 있었을까요?

우리는 소설《삼국연의》중 유비가 제갈량의 초려를 두 번째 찾아간 이야기에서 단서를 발견할 수 있습니다. 앞서 첫머리에서 묘사했듯이, 추운 한겨울 유비는 눈바람을 무릅쓰고 제갈량을 찾아가지만 제갈량은 감격하여 눈물을 흘리거나 열정적으로 마중 나오지 않고, 오히려 피하고 나타나지 않았습니다. 유비는 헛걸음을 하고 부득이 떠날 수밖에 없었는데, 문을 나서 막 말에 오르려 할 때 한 사람의 중요한 인물이 나타납니다.

《삼국연의》는 이 장면을 매우 우아하게 서술해놓고 있습니다.

> 작은 다리 서쪽을 보니 어떤 사람이 나귀를 타고 오는 중이었다. 머리에는 따뜻해 뵈는 모자를 쓰고 몸에는 여우 가죽옷을 걸쳤는데, 그 뒤에는 푸른 옷을 입은 아이 하나가 호로병을 든 채 따라오고 있었다. 눈길을 밟으며 오면서 입안에서는 시 한 수를 읊조리고 있었다.
>
> 한밤 북풍 차가운데, 먹구름 만 리 두터워라.
> ……
> 나귀 타고 작은 다리를 건너며
> 매화 시들까 홀로 탄식하네!
>
> 눈 개인 후 하늘은 맑고, 매화 향기 그윽한데,
> 나귀가 다리를 건너자 딸랑딸랑 방울소리 울려 퍼지네.

유비는 얼른 말에서 내려 예를 갖추고 통성명을 합니다. 이 사람이 바로 제갈량의 장인 황승언黃承彦이었습니다. '사위도 반은 자식이다'라는 속담이 딱 들어맞았습니다. 이 황 노인이 사위를 위해 친히 나선 것입니다.

제갈량의 혼인에 관해서 여기서 몇 마디 해야겠습니다.《양양기襄陽記》에 기록된 바에 따르면 황승언은 형주의 저명인사로 영향력이 매우 컸고 활동 역량도 매우 컸다고 합니다. 그는 제갈량에게 다음과 같이 제안합니다.

"그대가 부인을 고른다고 들었소. 내게 못생긴 딸이 있는데, 노란 머리에 얼굴이 검지만黃頭黑色, 그 재주가 서로 배필이 될 만하오."

제갈량이 흔쾌히 승낙하여 황 소저를 처로 맞게 됩니다. 마을 사람들은 이 일을 들어 농담 삼아 "공명이 신부를 택한 방법을 배우지 마라. 결국에는 황승언의 못생긴 딸에게 장가갔다莫作孔明擇婦, 止得阿承醜女"라는 이야기를 만들어냅니다.

그렇다면 황 소저는 정말로 못생겼을까요? 사실은 그렇지 않습니다. 흔히 "아들은 숙부에게 맡기고, 딸은 고모에게 맡긴다"라고 하는데, 황 소저의 부계와 모계의 용모를 한번 살펴보기로 합시다. 황승언 본인도 품위가 있었을 뿐 아니라, 황 소저의 작은 이모는 형주의 유명한 미녀였습니다. 그래서 유전인자로 보면, 외모는 분명 괜찮았을 것입니다. 그리고 사지 오관도 말짱했고 아무 문제도 없었습니다. 황 소저의 정확한 용모는《양양기》에 간략하게 '황두흑색黃頭黑色' 네 글자로 언급되어 있습니다. 오관에 문제가 있는 것이 아니라 피부와 머리색을 거론하고 있습니다. 즉 머리색이 노랗고 피부가 검었다는 이야기입니다. 오늘날의 눈으로 보면 황 소저는 단정하고 건장한 외모에, 건강한 피부색을 가지고, 머리는 노란색으로 물들인 현대적인 여성입니다. 우리 주변에도 이런 여성들이 매우 많지 않습니까?

그러나 동한 말년에 이런 용모는 당시 사람들의 미적 기준에 부합되지 않았을 것입니다. 이런 점에서 보면 제갈량은 남의 장단에 따라 움직이는 사람이 아니라, 일을 할 때 자신의 표준과 원칙이 있었음을 알 수 있습니다. 무릇 큰 재목은 왕왕 어떤 방면에서는 시류를 거스르는 경향이 있습니다.

제갈량은 이 혼인으로 현모양처를 얻은 것만이 아니었습니다. 이 혼인은 제갈량에게 두 가지 예상치 못한 기쁨을 가져다주었고, 그것이 후일의 활동에 중대한 영향을 끼쳤습니다. 이 기쁨을 가져다준 사람은 다름 아닌 제갈량의 장모였습니다. 그러면 어떤 기쁨인지 한번 알아봅시다.

제갈량의 장모의 성은 채蔡로, 이 채 부인은 형주에서 권세가 높은 채씨 집안 출신이었습니다. 형주의 대장군인 채모蔡瑁도 채씨 집안의 아들이었습니다. 당초 형주의 행정장관인 유표가 양양에 부임했을 때 오직 창 한 자루 들고 혼자 부임했기 때문에 주위에 도와줄 사람도 적고 힘도 약했습니다. 그때 채모와 같은 지방 호족 연합의 전적인 지지를 얻어 유표는 자리를 안정시킬 수 있었습니다. 이로 인해 유표는 채모에게 군대 지휘권을 맡긴 것입니다.

동한 연간은 문벌 출신을 매우 중시하던 시대였는데, 문벌 출신들이 등용과 승진에 훨씬 많은 기회를 얻을 수 있었습니다. 또한 문벌 귀족 간의 통혼 전통은 두 집안의 지위가 엇비슷한 점을 중시했습니다. 채가와 황가는 모두 명문 호족으로, 채 소저가 황승언에게 시집가서 채 부인이 되어 제갈량의 처인 황 소저를 낳았고, 그 황 소저가 제갈량의 부인이 된 것입니다.

이렇게 산동 청년 제갈량은 자연스럽게 채가와 황가 두 집안의 자원을 통합할 수 있었습니다. 이 외에 더 중요한 사실은 앞서도 말했듯이 황 소저의 작은 이모, 즉 제갈량 장모의 여동생이 대단한 미인이었다는 사실입니다. 이 채씨 집안의 아가씨가 유표의 눈에 들어 유표에게 시집갔고, 이렇게 되자 제갈량은 결혼하자마자 형주의 지방장관인 유표와 친척이 되었고, 유표는 제갈량의 처이모부가 된 것입니다. 당시에 이는 먼 친척 관계가 아니었습니다. 황가, 채가, 그리고 유표와의 특수 관계는 제갈량이 형주에 발을 붙이고, 인정을 받고 영향력을 확대할 수 있는 매우 유리한 조건을 만들어 준 것입니다.

제갈량에게 이런 배경이 있었기 때문에 접촉한 사람도 많았고, 자신을 드러낼 기회도 많았습니다. 시간이 흐름에 따라 점차 각 방면에서 뛰어난 인재라는 일치된 명성이 생겨났던 것입니다. 이것이 바로 제갈량이 어떻게 당시 전문가로부터 인정받을 수 있었던가에 대한 해답입니다.

이제 공명 선생에 대한 입소문은 만들어졌지만 그 입소문은 그때까지는 아직 충분하지 않았습니다. 한 사람이 두각을 나타내기 위해서는 필히 갖추어야 할 조건 세 가지가 있습니다. 하나는 누군가가 '당신은 능력이 있다'고 말하는 것이고, 두 번째는 그 말하는 누군가가 능력이 있어야 하며, 세 번째는 자신이 정말 능력이 있어야 하는 것입니다. 그러면 어떻게 하면 자신이 진정으로 능력 있는 사람인지를 알게 할 수 있을까요? 제갈량은 매우 고명한 방법을 사용했습니다. 그것은 바로 차이를 만들어, 주목을 끄는 것이었습니다.

| 두 번째 책략

차이를 만들어 주목을 끈다

《삼국연의》제37회〈사마휘의 명사 추천과 유현덕의 삼고초려〉중에는 사마휘가 유비를 찾아가 제갈량에 대해 다음과 같은 묘사하는 대목이 있습니다.

> 공명과 함께 공부한 이들은 모두 일하는 데 세밀하고 철저하려고 힘쓰는 데 반해, 유독 제갈량은 큰 줄기만을 보고 한 번에 전체를 파악했소. 일찍이 다른 사람과 함께 공부하던 시기, 이 공명 선생이 무릎을 껴안고 길게 탄식하며 주위의 몇 사람에게 말한 적이 있지요. "그대들은 벼슬길에 나아가면 자사刺史나 군수郡守, 태수쯤은 될 것이오."
> 그러자 모두가 무슨 뜻인지를 물었지만 공명은 웃기만 하고 대답하지 않았소.

이 단락은 결코《삼국연의》가 지어낸 허구는 아닙니다. 여러분도 알다시피《삼국연의》는 소설이지만, 이 소설은 억지로 이야기를 꾸며 자유롭게 펼쳐내는 그런 소설과는 다릅니다.《삼국연의》와《삼국지》를 대비해보면《삼국연의》가 진실한 역사 사건과 정확한 인물관계, 심지어 많은 사람들의 대화까지도 모두 역사의 원래 모습에 부합함을 금방 알 수 있습니다.《삼국연의》를 쓴 나관중은 역사학자가 먼저이고, 소설가가 다음이었다고 할 수 있습니다.

앞의 대목에서 우리는 두 가지 점을 알 수 있습니다. 하나는 제갈량이 공부하는 방식의 차별화를 강조하여 보통 사람과 다른 방법으로 보통과 다른 내용을 공부하였고, 그가 동문들 사이에서 독특한 입장을 가지고 독자적으로 행동했음을 보여줍니다. 두 번째 그는 자신의 직위에 대한 포부를 매우 높게 잡고, 자사나 군수에는 만족하지 못했다는 사실입니다. 이런 목표는 일반인이 감히 생각하기 힘든 것이었습니다.

독특한 방법, 원대한 목표는 제갈량이 동문들 가운데서 두각을 나타낼 수 있었던 비결이었습니다. 또한 그는 대담하게 자신에 대해 개념 포장을 더하여 자신의 별호를 와룡이라고 하고, 자신이 살던 지역을 와룡강이라 불렀습니다. 용은 존귀함의 상징으로 아주 높은 곳에 머물면서 절대 권위를 대표합니다. 제갈량은 대담하게 자신을 용에 비유하여, 자신이 형주에서 제일가는 명사임을 강조함으로써 사람들에게 깊은 인상을 심어준 것입니다.

동시에 그는 또 자신을 관중管仲과 악의樂毅에 비유했습니다. 관중과 악의는 춘추전국시대 역사에 혁혁한 이름을 남긴 사람입니다. 관중은 제 환공을 보좌하여 아홉 번 제후들을 규합하여九合諸侯, 천하를 바로잡은 명재상이고一匡天下, 악의는 약소국 연나라를 이끌며 강대한 제나라를 대패시키고 연이어 제나라 72개 성을 공략했던 명장입니다. 이 두 사람은 모두 군주를 보좌하여 패업을 이룬 동량이었습니다. 일반인이라면 감히 생각하기도 힘든, 게다가 나이도 젊은 20대의 제갈량이 뜻밖에도 이 두 사람과 자신을 동일한 위치에 놓은 것입니다.

제갈량의 책략이 자신의 뜻이 얼마나 큰지를 말하고, 자신의 수준이 얼마나 높은지를 이야기하는 것임을 알 수 있습니다. 이를 고

거고타高擧高打의 책략이라고 해봅시다. 일반인들은 이렇게 하면 너무 오만하고 겸손하지 못한 것으로 여길 것입니다. 그런데 왜 제갈량은 이런 방식을 썼을까요? 왜냐하면 그에게는 세 가지 유리한 조건이 있었습니다. 첫째로 확실히 수준 높은 재능이 있었고, 둘째로 앞서 언급한 전문가들의 지지와 동문들의 인정이 있었으며, 셋째로 형주의 인맥 무대에서 이미 기본을 구축했기 때문입니다. 그래서 그는 감히 '고거고타'의 방식으로 자신을 선전할 수 있었던 것입니다. 처세에서 떠벌리지 않고 조용히 말하는 것은 품격이고, 큰소리로 자신을 내세우는 것은 지혜입니다.

공명의 지혜

떠벌리지 않고 조용히 말하는 것은 품격이고, 큰소리로 자신을 내세우는 것은 지혜이다.

제갈량은 '형주에서 최고의 인재가 되려면 반드시 순위 1등인 전문가가 되어야 한다'고 결심했습니다. 후에 그의 책략은 실재로 효과를 봅니다. 사마휘, 황승언, 서원직 등이 전파하자, 사람들은 점차 '복룡봉추'의 두 인재를 인정하게 되고, 제갈량은 희망대로 1등의 위치를 차지하게 됩니다.

1등을 차지하는 것이 도대체 어떤 장점이 있을까요? 심리학에서 연구한 바에 따르면 1등은 95퍼센트의 사람들의 관심을 끌 수 있고, 2등은 단지 3퍼센트의 관심을, 3등은 겨우 1퍼센트의 관심을 끌 뿐이고, 4등 이하에 관심을 갖은 사람은 거의 없다고 합니다. 두각을 나타내려면 반드시 1등을 해야 합니다. 예를 들어봅시다. 세계

최고봉이 에베레스트 산인지는 누구나 다 압니다. 그러나 두 번째 높은 산이 무엇인지를 다시 물으면 혹시 아시나요? 이를 아는 사람은 매우 적습니다. 다시 세 번째 높은 산을 물으면 그것을 아는 사람은 더욱 적습니다. 세 번째는 그것이 얼마나 높은가에 상관없이 전 세계 보통 사람들에게 기억되지 않습니다.

그래서 충분한 관심을 얻고자 한다면 반드시 1등을 쟁취해야 합니다. 조건을 갖추고 있으면 1등을 해야 하고, 조건이 갖추어지지 않으면 조건을 만들어서라도 1등을 해야 합니다. 이것이 제갈량이 당시 자신을 포장할 때 견지했던 기본 원칙이었습니다.

그리하여 입소문도 나고 사람들의 관심도 끌었으니, 제갈량은 유비에게 한 편의 드라마를 준비하게 합니다. 어떤 드라마일까요? 이제 세 번째 노하우를 살펴보기로 하죠.

세 번째 책략
향기로 유혹해 수요를 일으킨다

여기까지 이야기했으니 이제는 다른 문제 하나를 이야기해보겠습니다. 그것은 삼국시대 고사에 대한 이해의 문제입니다. 사실 삼국시대 고사 안에는 두 명의 제갈량이 있습니다. 어째서 두 명일까요? 한 명은 《삼국지》 등 사서에 기록된 제갈량의 진신(眞身, 진짜 모습)으로, 그것은 역사의 본래 면목을 체현한 객관적인 진실입니다. 또 다른 한 명은 소설 《삼국연의》에서 만들어진 제갈량의 화신化身으로 많이 과장된 요소를 포함하고 있습니다. 그렇지만 이런 요소에는 1

천 년이 넘는 중국 고전의 지혜가 농축되어 있습니다. 오늘 우리가 삼국시대를 보면서 제갈량을 해석하는 것은 역사를 읽으며 인물을 고증하는 것인 동시에 더 나아가 수천 년의 농축된 지혜를 이해하는 것이기도 합니다.

이런 관점에서 말하면 제갈량, 이 세 글자는 한 인간을 대표할 뿐 아니라, 중국인의 정신과 중국적 지혜를 포괄하고 있습니다. 그래서 제갈량의 진면목을 이야기하지 않으면 근본이 없게 되고, 화신을 언급하지 않으면 혼이 없게 됩니다. 이 양자를 결합해야만 음미할 맛이 나게 마련입니다.

'삼고초려', 이 고사는 본래 진신의 지혜와 화신의 지혜가 결합한 고사입니다. 먼저 '삼고초려'의 고사가 생겨난 데는 중요한 전제가 있습니다. 그것은 '보스' 유비의 심리 상태입니다. 제갈량은 유비의 심리 상태를 장악한 이후에 비로소 손을 썼습니다. 그렇다면 당시 유비의 심리 상태는 어떠했을까요? 한편에서는 조급했고, 다른 한편에서는 의심했습니다.

삼고초려 전의 유비의 사업은 밑바닥에 처해 있었습니다. 출도 이래 그는 처음 공손찬에 의지하다 후에 조조, 여포, 원소에 의탁했습니다. 유비는 삼국 내에서 가장 빈번하게 직업을 바꾼 '간부'라고 할 수 있습니다. 그러나 비록 이렇게 많은 '회사'를 전전했어도, 유비는 여전히 자신에게 적합한 위치를 찾지 못했습니다. 사람들은 종종 자기 자신을 보지 못합니다. 사람이 자신의 얼굴을 보려면 거울이 필요하듯이 사람이 자신의 마음을 보려면 다른 사람이 필요한 법입니다.

유비 주변에는 그를 도와 지난 일을 돌이켜 미래를 계획할 수 있는 사람이 없었습니다. 유비는 북방에서 발을 디딜 수 없게 되자 남쪽으로 내려가 형주 유표에게 의탁했습니다. 이곳에서 그는 남에게 얹혀사는 기분이 어떤 것인지 깊이 체득했습니다. 단지 두 명의 형제인 관우와 장비가 임시로 신야라는 작은 현에 주둔했을 뿐이었습니다. 하지만 이 시기 중원을 둘러보면 군웅들이 사방에서 일어나던 형세는 이미 지나갔고 새로운 형세가 점차 분명해졌습니다. 강동의 손권은 이미 6군 80주의 근거지를 갖고 한쪽에서 패권을 차지하고 있었고, 중원을 일소한 조조는 강적 원소를 물리치고 세력을 요동에까지 뻗쳤습니다. 즉 한 명은 남쪽의 복건과 광동에 자리 잡고 '말에게 장강의 물을 먹이고 있었고(북쪽으로 나오려 기회를 노린다는 의미)', 한 명은 '동쪽 갈석碣石에서 창해를 바라보고' 있었습니다(조조의 〈관창해〉라는 시 인용).

> **유비**(161~223년)
> 촉한 소열제昭烈帝. 자는 현덕, 탁군 탁현(지금의 하북 탁주) 사람이다. 전해지는 말에 따르면 한나라 중산정왕中山靖王 유승劉勝의 후대라고 한다. 황건의 난으로 천하가 어지러워지자 관우, 장비와 함께 기의했고, 제갈량을 얻고 손권과 연합하여 적벽대전을 승리로 이끌었다. 이후 서촉으로 들어가 익주를 차지했다. 220년 조비가 한나라 헌제의 양위를 받아 위의 황제가 되자, 221년 그도 제위에 올라 한의 정통을 계승한다는 명분으로 국호를 한漢(蜀漢)이라 하였다.

　다른 경쟁자들의 사업은 모두 번창하고 있는데, 이미 마흔이 넘었는데도 발 디딜 땅조차 없던 자신을 되돌아보는 유비의 마음은 얼마나 조급했겠습니까?

　그러나 조급한 것과 동시에 유비의 마음에는 확신이 없었습니다. 형주에는 확실히 인재가 있었습니다. 유비의 마음속에는 '제갈량은 확실히 명성이 높지만 그의 재능이 도대체 얼마나 되는지, 들리는 말처럼 그렇게 큰지 어떤지, 자신의 조직에서 필요한 역할을 할 수 있을 것인지 아닌지'에 대해, 조금의 확신도 없었습니다.

　조급하고 확신이 없는 리더에게 '욕금고종欲擒故縱'의 책략은 가장

합당한 것이었습니다. 이제 다시 '삼고초려'의 현장으로 돌아가 어떤 흥미 있는 일들이 일어났는지를 살펴봅시다. 나관중의 《삼국연의》는 지혜로 가득 차 있는데, 역사의 기본 사실을 견지하는 동시에 공백 부분을 아주 생동감 있는 세부 묘사로 보충하고 있습니다. 이 세부 묘사에는 풍부한 생각이 포함되어 있어서 음미할 만한 가치가 있습니다. 유비가 처음 제갈량을 찾아간 때는 아주 맑은 날로 그는 별 어려움 없이 순조롭게 제갈량의 거처를 찾을 수 있었습니다. 《삼국연의》에서는 첫 번째 방문을 두 부분으로 나누어 세밀하게 묘사해놓고 있는데, 그 첫 번째는 다음과 같습니다.

> 다음 날 현덕은 관우, 장비, 그리고 종복들과 함께 융중으로 갔다. 멀리서 바라보니 산비탈에 몇몇 사람들이 호미를 들고 밭을 매면서 노래를 부르고 있었다.
>
> 푸른 하늘 둥그런 덮개 같고
> 땅은 바둑판 같구나.
> 세상 사람들이 흑백을 나누어
> 오고 가며 영욕을 다투네.
> 영화로운 자는 스스로 평안하고
> 욕된 자는 정히 쓸데없이 바쁘네.
> 남양에 은자가 있어
> 높은 곳에 누워 잠자기에도 모자라네.
>
> 유비가 노래를 듣고 말고삐를 당겨 농부에게 물었다.

"이 노래는 누가 만들었는가?"

"와룡 선생이 지은 것입니다."

그러고는 와룡 선생이 사는 곳을 물으니 농부가 자세히 설명해주었다. 곧 유비는 농부에게 감사를 전하고 말을 채찍질해 제갈량이 사는 와룡강에 도착했다.

여기서 우리는 의문을 제기하지 않을 수 없습니다. 농부들은 그들이 부른 노래를 어디서 배웠을까요? 그들은 분명 음악 학원에 가서 배우거나 혹은 인터넷상에서 다운로드하지는 않았을 것입니다. 농부에게는 분명 곡을 가르친 선생이 있었을 것입니다. 그 음악 선생이 바로 제갈량이었습니다.

'제갈량이 시골의 농부에게 음악교육을 했다!' 이 일은 매우 흥미를 끕니다. 왜 그랬을까요? 이유는 단 하나, 농부의 입을 빌려 자신을 홍보하기 위한 것이었습니다. 여러분 모두 알다시피 자기가 자신을 홍보하는 것은 어렵습니다. 또 자화자찬보다는 다른 사람을 통해 자신을 홍보하도록 해야 합니다. 이를 바로 '타인을 통한 자기 홍보'라고 합니다. 제갈량은 융중에 은거하면서도 사실 자신을 홍보하기 위한 노력을 줄곧 멈춘 적이 없었음을 알 수 있습니다. 원대한 포부를 가진 사람이라면 어느 때 어느 곳에서라도 홍보를 잘해야 합니다. 그것도 자기 주변에서부터 즉 바로 눈앞에 있는 사람부터 시작해야 합니다. '술 향기는 골목이 깊은 것을 걱정한다(물건이 좋아도 다른 사람이 알아주지 않을까 걱정한다)'고 합니다. 한 사람의 성공은 자신을 드러내고 홍보하는 것을 떠나서 생각할 수 없습니다. 그래서 우리의 관점을 이렇게 비유할 수도 있습니다. '차가운 맥주를 팔 때는 먹음직스러운 거품을 뿜내야 하고, 소갈비구이를 팔 때 는 지글거리는 소리를 뿜내야 한다.' 자기 홍보를 잘하는 사람에게 성공의 기회가 주어지는 것입니다.

> **공명의 지혜**
>
> 차가운 맥주를 팔 때는 거품으로 사람을 유혹해야 하고, 소갈비구이를 팔 때는 지글거리는 소리로 손님을 사로잡아야 한다. 자기 홍보를 잘하는 사람에게 성공의 기회가 주어진다.

두 번째 세부 묘사는 이렇습니다.

> 유비가 초려 앞에 도착한 후 말에서 내려 몸소 문을 두드리자 안에서 동자 한 명이 나왔다. 유비가 앞으로 나아가 말했다.
> "대한大漢 좌장군, 의성정후宜城亭侯, 예주목豫州牧, 황숙 유비가 특별히 선생을 뵈러 왔다고 전해다오."

보통의 사람이라면 이렇게 많은 직함을 듣고서 설사 존경을 표하지는 않더라도 분명 조금은 두려워할 것입니다. 유비는 자신의 직함을 알림으로써 자연스럽게 신분을 드러내어 상대를 제압하려는 목적을 담고 있었을 것입니다. 그런데 제갈량 집안의 동자는 뜻밖에도 어떤 반응도 보이지 않고, 도리어 문을 막아서고는 도무지 유비를 문 안으로 들이지 않았습니다. 그렇다면 한번 생각해볼까요? 제갈량이 정말 집에 없었을까요? 아니면 집 안에 있으면서 만나지 않으려 했던 것일까요? 나는 후자일 가능성이 조금 더 높다고 생각합니다. 왜냐하면 일반 사람들의 예의에 비추어볼 때 멀리서 손님이 오면 먼저 들어오게 해서 잠시 쉬면서 물이라도 마시게 하는 것이 상식적인 예의입니다. 하물며 상대의 신분이 대한 좌장군 황숙임에랴……. 동자가 막아서서 들어가지 못하게 했다는 것은 설명이 조금 필요한 문제입니다.

그렇다면 제갈량은 왜 유비를 피하려 했을까요? 앞서 말했듯 그는 스스로를 관중과 악의에 비견했습니다. 관중과 악의는 모두 명군을 만난 후 비로소 원대한 구상을 펼칠 수 있었습니다. 그렇다면 훌륭한 지도자가 직접 초빙하러 온 절호의 순간에 왜 제갈량은 바로 나타나지 않았을까요?

공명 선생이 유비를 피한 원인은 대체로 두 가지 정도로 생각됩니다. 하나는 '당신 유비가 나보고 산을 내려오라고 청하는데 그것이 진심인지 거짓인지, 진심이라면 이 진심이 얼마나 오랫동안 계속될지, 이것은 한번 검증이 필요하다'는 심산입니다.

또 하나는 '나 같은 재능을 가진 사람은 쉽게 얻을 수 없다. 그렇지 않으면 귀하게 여길 줄을 모른다. 귀하게 여기도록 하기 위해 나는 약간의 어려움을 줄 것이다'라는 계산입니다. 이는 심리학 법칙에서 말하듯 물건을 얻는데 어려움이 많으면 많을수록 얻었을 때 더욱 귀하게 여기고, 맛있는 밥상을 오래보면 볼수록 먹을 때 훨씬 맛있다고 느끼는 것과 같은 이치입니다.

사람도 마찬가지로, 쉽게 얻은 사람은 귀하게 여겨지지 않는 경향이 있습니다. 또한 너무 순순하게 대하면 오히려 의심을 살 수도 있습니다.

상대가 요구를 제시하면 설령 마음속으로 원한다고 해도 객관적

이유를 찾아 한번 튕기는 것이 필요한 법입니다.

　이는 마치 남자가 청혼했을 때, 여자가 속으로는 원하면서도 말로는 "나도 너와 결혼하고 싶어. 하지만 결혼은 중요한 일이니 부모님이 동의해야 가능해"라고 말하는 것과 같습니다.

　이와 반대로 만약 남자가 청혼했을 때 여자가 바로 이렇게 말한다고 해봅시다. "좋아, 좋아! 아유, 왜 이제야 말하는 거니? 우리 언제 결혼할까? 나는 당장 너랑 결혼하고 싶어!" 그러면 남자는 아마 "아아, 너를 놀리려고 그랬다!"라고 말하며 도망칠지도 모릅니다.

　제갈량이 고수한 원칙은 설령 상대가 제시하는 조건을 받아들이기를 원한다고 하더라도 약간의 위기감은 형성해야 한다는 것입니다. '내가 너를 위해 일을 하려고 한다. 속으로는 원하지만, 겉으로는 호락호락하게 보이지 않을 것이다'라는 자세를 보여야 한다는 것입니다.

네 번째 책략

무대 위에서는 큰소리로 떠들고, 무대 밑에서는 목소리를 낮춘다

전부터 제갈량에 대한 요란한 입소문을 듣고 그를 주목하게 된 유비는, 마음은 급하고 그의 자질은 확신할 수 없는 상황에서 제갈량을 두 번이나 찾아가지만 두 번 모두 만나지 못합니다. 그러니 제갈량에 대한 유비의 관심은 더욱 높아져만 갑니다. 마침내 세 번째 방문, 즉 삼고초려했을 때 비로소 제갈량은 얼굴을 비칩니다. 여러분,

제갈량을 본 유비의 심경이 어떠했을지 한번 생각해보시길 바랍니다. 한마디로 흥분 그 자체였을 것입니다. 제갈량을 직접 만나보니 유비의 눈앞은 온통 환한 빛으로 가득하고, 그 빛 하나하나가 제갈량의 신상에 걸쳐 있는 듯했습니다. 그 느낌이 어떠했겠습니까? '제갈량, 듣던 대로 정말 눈부시구나!'

이런 상황에서 제갈량이 어떻게 해야 하는지를 이야기해봅시다. 어떤 사람은 이렇게 말할 수 있습니다. "기왕 오늘 하루 내내 기다렸으니, 바로 통보하여 될 수 있는 대로 자신의 재능을 내보이고, 평생 배운 바를 전부 유비에게 내보이는 것이 당연하지 않겠는가?" 이렇게 하면 괜찮을까요? 물론 가능합니다. 그러나 이러한 자세는 경지가 그리 높지 않습니다. 제갈량은 훨씬 고명한 기교를 썼습니다. 그 기교가 바로 '고조출장高調出場, 저조설화低調說話'로, 무대에 나설 때는 큰소리를 치지만, 말할 때는 조용한 목소리로 이야기하는 것을 말합니다. 이것은 무슨 이야기일까요? 다시 《삼국연의》의 이야기로 돌아가 봅시다.

유비, 관우, 장비 세 사람이 초려 앞에 이르러 문을 두드리자 동자가 나와 맞았다. 유비가 "어린 신선 같은 너를 또 수고롭게 하는구나. 유비가 선생을 만나러 왔다고 아뢰어다오"라고 하자, 동자는 "오늘 선생님은 계시기는 합니다만 지금 초당에서 낮잠을 주무시고 계십니다"라고 했다.

유비의 태도는 아주 공손했다. 관우, 장비 두 사람에게는 문 앞에서 기다리라고 하고, 자신은 조심스럽게 걸어 안으로 들어갔다. 초당에 이르러 제갈량이 잠자고 있는 모습을 보고는 유비는 단정하게 계단 아래에 서 있었다. 한참 동안을 서 있었지만 제갈량은 일어나지 않았다. 이를 본 장비가 성질을 참지 못하고, 안으로 들어가 불을 싸지르겠다고 소리쳤으나 관우에게 제지당했다. 유비는 이 두 사람을 계속 문 밖에서 기다리게 했다.

이렇게 소란스러운 상황이 계속되었지만 공명 선생은 여전히 잠에서 깨어나지 않고 있습니다. 여러분 잊지 마십시오. 장비의 큰 목소리는 당양교當陽橋에서 "한 번의 호통으로 다리를 끊고 물을 거꾸로 흐르게 했다"고 할 정도로 우렁찼습니다. 화가 난 장비의 고성을 설마 공명 선생이 정말로 듣지 못했을까요? 아니면 듣기는 했지만 일부러 못 들은 체 한 것은 아닐까요? 나는 후자라고 생각합니다.

이렇게 한 시진, 즉 두 시간이 지난 뒤 제갈량은 잠에서 깼습니다. 여러분, 유비는 이렇게 계단 아래에서 꼬박 세 시간을 서 있었습니다.

제갈량이 이처럼 유비를 소홀히 대접한 것은 사실 유비의 진정성을 시험하고자 한 것이었습니다. 인간관계의 경험이 풍부한 유비도 아마 이 점을 마음속 깊이 알고 있었을 것입니다. 오늘 우리와 같은 보통 사람들도 생각할 수 있는 것을 천하를 돌아다니면서 애초부터 사람 보는 지혜가 남달랐던 유비가 그것을 몰랐겠습니까? 물론 장비는 알지 못했을 것입니다. 제갈량이 대접을 소홀히 하고, 시험하면 할수록 유비는 이 사람의 재능을 확신하게 됩니다.

이것이 바로 '고조출장'으로 고자세를 취하면서 상대는 저자세를 취하게 하는 것입니다. 사실 제갈량의 이런 행동은 한편으로는 유비가 일을 이루도록 도와준 것이기도 합니다.

'당신 유비는 인재를 갈망하지 않습니까? 이제야 조금 이름을 알린 은사에게 당신이 이처럼 수고를 마다하지 않고 진심으로 대했으니, 이 소문이 퍼져 나가면 천하가 당신이 인재를 사랑함을 알고, 이후 더 많은 인재들이 적극적으로 당신에게 달려올 것입니다.'

삼고초려는 유비와 제갈량 두 사람이 공동 감독과 주연을 맡은 인재 초빙의 드라마였습니다. 두 사람 모두 주동적으로 자신에게 적합한 역할을 알고 연기했던 것입니다.

계속 《삼국연의》의 이야기를 봅시다.

유비가 세 시간을 서서 기다린 이후 공명 선생은 마침내 일어나 옷을 갈아입고 나와 유비를 맞았다. 두 사람이 손님과 주인의 자리에 앉자 동자가 차를 내왔다. 제갈량의 첫마디는 겸허한 말이었다.

"전에 장군께서 남기신 서신을 보고 백성과 나라를 근심하는 마음에 감동했습니다. 하지만 저 제갈량은 아직 어리고 재주도 여물지 않았는데, 장군의 대업을 지체시킬까 두렵습니다."

이에 유비가 말한다.

"당신을 추천한 사마덕조나 서원직의 말이 어찌 허언이겠습니까? 바라건대 저를 버리지 마시고 가르침을 주시길 바랍니다."

그러자 제갈량이 말한다.

"장군께서 말씀하신 두 분은 확실히 높은 선비이나 저는 그들과 비견할 수 없습니다. 저는 한낱 밭 가는 농부에 지나지 않는데 어찌 천하의 일을 입에 담을 수 있겠습니까? 장군께서는 아름다운 옥을 버리시고 저 같은 쓸모없는 돌덩이를 찾지 마십시오."

여러분, 제갈량이 그렇게 대단한 재능을 갖고 있다고 한다면 왜 유비의 면전에서는 자신을 홍보하지 않고 도리어 계속해서 겸허하게 사양하고 스스로를 낮게 평가했을까요? 이것은 중국식 지혜로, 물러남으로써 나아가는 '이퇴위진以退爲進'입니다. 처음에는 할 수 없다고 사양한 후 정말 잘할 수 있음을 보여주는 것이지요. 자신을 낮추는 말은 실재의 재능을 돋보이게 하는 역할을 합니다. 이것이 바로 '저조低調', 즉 겸허한 어조로 대하는 면접의 자세입니다.

공명의 지혜

처음에는 할 수 없다고 사양한 후 정말 잘할 수 있음을 보여준다. 자신을 낮추는 말은 실재의 재능을 돋보이게 하는 역할을 한다.

자신을 낮추는 말을 하는 이유는 두 가지입니다. 하나는 듣는 이의 만족도를 높이기 위해서입니다. 우리는 다른 사람과 대화할 때 상대에 대해 심리적 기대를 갖게 되는데, 기대를 넘어서면 만족하고 기대에 미치지 못하면 불만이 생기게 됩니다.

예를 들어 누군가 나에게 "조형, 요번 시험에서 몇 등이나 할 것 같아?"라고 묻자, "당연히 1등이지! 1등 쯤은 아무 문제없어"라고 말했다고 칩시다. 그런데 시험 결과 3등을 하면 주위 사람들은 분명 비웃으며 이렇게 말할 것입니다. "저 녀석 정말 건방져. 자기 주제를 몰라!" 만족도가 내려가는 것을 금방 알 수 있을 것입니다.

반면 몇 등이나 할 것 같냐는 물음에 "보통 정도, 한 중간 정도 할 거야"라고 대답한 사람이 3등을 하면 주위 사람들은 바로 "저 녀석 정말 잘하네. 중간 정도 할 줄 알았더니 3등을 하네. 괜찮네"라며 만족하게 됩니다. 겸허한 어조를 통해서 주위 사람들로 하여금 자신에 대한 기대를 낮추게 한 다음, 이후 진정 자신의 실력을 내보이게 될 때 사람들의 만족도를 더욱 올라가게 하는 책략인 것이지요.

두 번째 이유는 상대에게 자기가 한 말에 대해 더욱 깊은 인상을 주기 위해서입니다. 중요한 생각이나 번뜩이는 지혜는 처음부터 바로 말해서는 안 됩니다. 또 당신이 나에게 말할 기회만 주면 바로 이야기하겠다는 태도도 안 됩니다. 먼저 듣는 사람의 정서 상태를 격발시킬 필요가 있습니다. 사람들의 주의력이 일정의 임계점에 이르기를 기다린 후 비로소 이야기를 시작해야 합니다. 이것을 "상대를 조급하게 한 후 상대에게 내 생각을 이야기한다"고 하는 것입니다.

이상의 두 가지로부터 우리는 분명한 메시지를 얻을 수 있습니다. 사실 겸허하게 낮은 톤으로 말하는 것은 미덕일 뿐 아니라 일종의 처세의 지혜이기도 합니다. 주먹으로 힘주어 때리려면 먼저 뒤로 뺀 후에 내지르는 법입니다. 제갈량의 겸허한 톤은 바로 이런 효과를 위한 것이었습니다.

두 번의 고사 이후 적당한 시기에 이르자 제갈량은 옷깃을 바로 하고 단정하게 앉아 곁에 있는 사람을 물리고 유비와 천하대세를 논하기 시작합니다. 이 이야기는 그렇게 긴요하지는 않았지만, 유비의 마음은 정말 구름이 걷히고 달이 모습을 드러낸 듯 눈앞이 환해지는 기분이었을 것입니다. 여기에서 이후의 '불타는 적벽, 형주를 취하고 서천을 얻는 천하삼분의 계획'이 도출되었습니다. 그래서 후세 사람들이 제갈량이 "초려에서 나오지 않고도 먼저 천하삼분 계책을 정했다"고 찬탄한 것입니다.

이때 제갈량은 단지 27세였습니다. '자고로 영웅은 소년에서 나온다'는 말이 정말인가 봅니다.

청년 준재 제갈량이 하산하던 시기, 유비의 사업은 가장 심각한 상황에 처해 있었습니다. 신야를 잃고 번성樊城과 형주를 지키지 못했으며, 대오는 뿔뿔이 흩어지고, 맹우라고 생각하던 사람들은 조조에게 투항했습니다. 부인마저도 당양 전장에서 죽었습니다. '눈앞에 있는 1만여 명에 의지하여 어떻게 조조의 수십만 대군을 상대할 것인가? 탈출구는 어디에 있을까?' 모두가 초조해하며 거의 절망하던 시기에 제갈량이 출현했습니다. 그는 조용하고도 당당하게 유비를 위해 진지하게 천하 형세를 분석하고 근사한 전략을 수립합니다. 이 전략으로 유비는 곧바로 위기 상황에서 벗어나게 됩니다. 그렇다면 이 전략의 기초는 무엇이었고, 그는 이 전략을 어떻게 수립했을까요?

2장

제갈량,
세를 움직여 연합을 책략하다

| 들어가며 |

연합에 유리한 게임의 법칙

•
•

　유비는 '삼고초려'를 통해 제갈량을 얻고 유비 집단의 약점을 보완했다. 그리고 《융중대》에서 제갈량은 유비에게 천하삼분의 계책을 이야기했다.

> 만일 형주와 익주益州를 차지하여 그 요충지를 지키고 서쪽으로는 각 융족(戎族)과 화목하게 지내고, 남쪽으로는 이월夷越을 안무하며, 밖으로는 손권과 화친을 맺고, 안으로는 정치에 힘쓰고, 천하에 변화가 생긴다면 한 명의 상장上將에게 명하여 형주의 군대를 완현宛縣과 낙양으로 진군하도록 하며, 장군 자신은 익주의 병력을 이끌고 진천秦川으로 출격한다면, 백성들이 어찌 감히 단사호장(簞食壺漿, 대나무 그릇에 담은 밥과 호리병에 담은 국)을 들고 장군을 환영하지 않겠습니까? 실로 이와 같이 한다면 패업은 성취될 것이고, 한 왕실은 부흥할 것입니다.

　제갈량이 제시한 전략의 첫 번째 전제는 먼저 형주를 차지하고 손권과 연합하여 북쪽의 조조에 대항하는 것이었다. 하지만 근거지가 되는 형주는 이미 조조에게 항복해 넘어가버렸고 유비는 가까스로 하구로 피신해 겨우 몸만 추스르는 처지에 몰려 있었다. 이

제 믿을 바는 손권밖에 없었다. 하지만 손권과의 연합 문제는 더욱 난감했다. 막 싸움에 패한 빈털터리 유비를 손권이 무얼 믿고 동맹으로 인정하고 선택하겠는가?

그 당시 손권은 군대를 모아 시상柴桑에 있으면서 싸움의 승패를 관망하고 있었으나, 오나라 조정은 대부분 투항파가 주를 이루고 있었다.

이 절체절명의 순간, 이제 방금 유비 집단의 브레인이 된 제갈량은 자진하여 오나라로 가서 손권을 설득하고 오나라와의 전략적 제휴를 성공적으로 이끌어낸다. 이어 시작된 역사적인 적벽대전에서 손권과 유비의 연합군은 조조의 대군을 크게 물리치고, 유비는 형주를 수복하여 마침내 유비 집단이 꿈에 그리던 물적 기반을 확보한다.

사실 맨손으로 창업한 유비 집단이 지금껏 버텨올 수 있었던 것은 오로지 유비의 명망과 한실 부흥이라는 창업 정신에 있었다. 그런데 그것이 한계에 이른 시점에서 마침내 유비는 제갈량을 만났고, 제갈량은 유비 집단이 가진 유일한 자원을 활용하여 마침내 손권과의 전략적 제휴를 달성하고, 천하삼분의 첫발을 내딛었다. 이로 인해 제갈량은 위기에 처한 유비 집단의 해결사로 역할을 공고히 한다.

이제 게임이론의 대가 제갈량이 어떤 방식으로 위기를 돌파할 수 있었는지 그 전략적 사유와 설득 커뮤니케이션의 노하우를 살펴보도록 하자.

점거우세 占據優勢
약자가 승패를 잡는 길은 연합뿐이다

서기 208년 8월 어느 날, 유비가 머물던 번성樊城의 집무실, 사람들은 쥐죽은 듯 말이 없고, 유 황숙은 벽력처럼 화를 내고 있었습니다. 그의 손에는 번뜩이는 칼이 들려 있었고, 칼날은 어떤 사람의 목을 겨누고 있었는데 곧바로 죽일 듯한 기세였습니다. 이렇게 긴장된 장면은 유비의 일생에서 거의 보기 힘든 일이었습니다. 이처럼 유비를 분노하게 만든 사람은 바로 형주의 모사인 송충宋忠이었습니다.

유비가 격노한 이 사건을 이해하려면 먼저 당시 유비의 심정을 이야기할 필요가 있습니다. 당시 유비의 심정은 상당히 좋지 못했습니다. 유표가 세상을 떠난 것이 한 이유였고, 조조 대군이 압박해 오는 것이 두 번째 이유였습니다. 이렇게 초조하고 불안할 때 형주 모사 송충이 왔다는 보고를 받자, 유비는 전적으로 송충이 자신과 연합하여 조조에 대적할 계획을 가지고 온 것으로 생각했습니다. 그런데 생각지도 않게 송충이 가져온 소식은 그 자리에 있던 사람 모두를 분노하게 했습니다. 그것은 유종劉琮이 싸움 한 번 하지 않고, 뜻밖에도 조조에게 항복했다는 소식이었습니다. 유비는 분노하며 송충에게 말합니다.

"너희들은 어찌 일을 그렇게 하느냐? 미리 한마디도 하지 않고,

화가 문 앞에 닥쳐서야 이야기하는데, 이건 너무 하지 않느냐?"

비록 유비가 칼로 송충의 목을 겨누기는 했으나 유비는 결국 유비였습니다. 비록 분노하기는 했지만 잔인한 수단을 쓰지 않았습니다. 만일 보스가 분노하면, 옆에 있는 사람들에게 가장 필요한 일이 무엇이라고 생각합니까? 그것은 바로 진정시키는 것입니다. 만약 보스의 분노를 잠재울 사람이 없으면 그야말로 진퇴양난에 빠져 아주 곤란하게 됩니다. 여러 사람들이 설득하자 유비는 화를 가라앉히고, 탈출구를 찾아 결국 송충을 용서합니다.

유비는 줄곧 사람 사이의 이미지를 중시해서 여러 사람 앞에서 화를 낸 적이 별로 없었습니다. 그러나 이번에는 화를 참지 못하고, 분노하는 모습을 사람들 앞에 보였습니다. 분석해보면 그의 분노에는 아주 깊은 원인이 있었음을 알 수 있습니다. 그것은 유종의 투항이 유비가 출도한 이래 줄곧 견지해오던 일종의 생존 방식을 철저하게 파괴했기 때문이었습니다.

그렇다면 유비의 생존 방식은 무엇이었을까요? 간단하게 분석해보면 바로 알 수 있습니다. 공손찬과 친교를 맺고, 도원에서 결의하고, 세 번 서주를 양보하고 장판파에서 자신의 아이를 내던지기까지 유비의 생존 방식은 한마디로 '남에게 의존하는 것'이었습니다. 구체적으로 말하면, 정이 통하는 사람에게 의존하고 도의로 뭉친 사람들에게 의존하는 것이었습니다. 그는 친척과 동문을 찾아다녔고, 정을 중히 여겨 눈물을 흘렸으며, 자신을 낮추었기에 온화하고 선량한 사람으로 보일 수 있었습니다. 스스로를 황숙으로 칭하고, 천하가 자신에게 맡겨진 것으로 여기며, 밤낮으로 재난에서 백성을 구해야 함을 역설했습니다. 이런 모든 것들이 유비의 생존을 지속시키는 방식이었던 것입니다.

그런데 유비는 한 차례 한 차례 자신이 견지하던 것들에 의해 상처를 입습니다. 특히 형주에서 유비는 유표를 한 가족이라고 여기고 정을 많이 주었으며, 실제로 여러 공헌을 했고 부당한 대우에도 반항하지 않고 자신의 120퍼센트를 투자했다고 여겼는데, 결정적 순간에 정情과 도의道義 모두 효력을 잃고 말았던 것입니다. 이런 상황에서 그가 화를 안 낼 수 있었겠습니까? 유비의 분노에는 절망과 패배 의식이 짙었고, 이 상황에서 그는 앞으로 자신이 어떻게 해야 할지를 정말 알지 못했던 것입니다.

결정적 순간 다른 사람의 도움이 가장 필요한 시기에 도리어 버림받는 일은 우리 주변에서도 흔히 일어나는 일입니다. 그 당시 도처에 위기가 잠복해 있었지만, 유비는 어디에도 도움을 청할 데 없는 고립무원의 상황에 직면해 있었습니다. 군사는 단지 몇 천에 불과하고 군량과 마초는 거의 떨어져 가고 있는데, 앞에는 강적이 노리고 있고 뒤로는 장강이 가로막고 있었습니다. 근거지도 없고 원병도 없는데, 조조의 수십만 대군은 수시로 쳐들어올 수 있는 상황이었습니다. 그런 상황에서 유비에게는 딱 하나의 탈출구가 있었습니다. 어떤 출구일까요? 그것은 바로 난관을 벗어날 수 있도록 도와줄 맹우를 가장 빠른 시간 내에 찾아내는 것이었습니다.

모두들 아시다시피, 사회에서 자리를 잡고 일을 이루려면 반드시 다른 사람의 도움이 필요한 법입니다. 예나 지금이나 마찬가지입니다. 다른 사람의 도움을 얻으려면, 분명 여러 방법을 취해야 합니다. 예를 들어 우물을 파려할 때 인력이 모자라면, 어떤 방법으로 이웃 사람들을 도와달라고 설득할 수 있을까요? 일반적으로 생각할 수 있는 것은 이익으로 유인하는 것이겠죠. 돈으로 사람을 고용하여 일을 진행하는 것입니다. 만약 돈이 없다면 그땐 감정을 이용하여 평소 쌓인 정에 기대어 도와달라고 설득하는 수밖에 없습니다. 그런데 평소 쌓인 정이 별로 없다면 그럴 땐 어떻게 해야 할까요? '그림의 떡'으로 설득할 수 있을 것입니다. "우물을 다 파면 너에게 절반을 주겠다"라고 할 수 있겠죠. 그런데 만일 이렇게 말해도 사람들이 믿지 않는다면, 또 어떻게 해야 할까요? 유비 앞에 놓인 현실은 사실 이와 같았습니다. 줄 돈도 없고, 정에 호소하려 해도 쌓인 정도 없었으며, 사전에 사람들에게 나누어줄 것을 약속해도 사람들이 도무지 믿질 않고, 천천히 신중히 상의해보려고 해도 시간은 없으니 도대체 어떻게 해야 할까요? 결정적 순간, 공명 선생이 유비에게 세 가지 유효한 책략을 제시합니다.

첫 번째 책략
실력이 엇비슷한 상대와 안정적인 연맹을 결성한다

유비의 생존 방식에는 독특한 특징이 있습니다. 간단하게 말하면, 먼저 정에 호소하여 상대인 행정장관으로 하여금 자신을 받아들이게 한 후, 널리 인의를 베풀고 현사들을 예로써 대하여 다른 사람의 기반 위에서 자신의 세력을 발전시키는 것입니다. 이와 동시에 약자이지만 도의의 옹호자 역할을 맡은 뒤, 만약 이들과 사이가 틀어져 싸우게 된다 하더라도 많은 사람의 동정과 지지를 충분히 확보하는 것입니다. 현실적으로 싸움이 불가능한 때에는 다시 다른 곳을 찾아 나섭니다.

이런 생존 방식은 사실 매우 취약했습니다. 예를 들어 유비가 막 형주에 도착했을 때, 유비에 대한 유표의 감정은 매우 깊었습니다. 그래서 군대도 주고 근거지도 주었습니다. 그러나 이런 밀월은 오래가지 못했습니다. 유비의 재간과 호소력은 금방 유표의 의심을 샀습니다. 유표는 암암리에 유비에 대비하기 시작합니다. 유표는 어떤 초식을 생각했을까요?《삼국지》〈선주전〉에는 "박망博望에서 하후돈, 우금을 막게 했다"라고 쓰여 있습니다. 보십시오. 유비가 눈에 거슬리자 바로 강대한 적과 싸우게 했으니, 차도살인借刀殺人의 냄새가 짙게 나지 않습니까? 이런 국면은 사실 유비의 생존 방식에서 초래된 것입니다. 유표로서는 유비가 자신의 기반에서 세력을 넓히며 자신의 담 모퉁이를 허물고 있으니 당연히 용인할 수 없었을 것입니다. '네가 이런 식으로 나온다면, 나는 너를 차도살인하겠다!' 그래서 감정의 연맹은 항상 이익의 시험과 위기의 시련을 이겨낼 수 없습니다. 마음에 드는 사람이라고 해서 반드시 당신을 도울 수 있는 것은 아닙니다.

위기의 순간, 제갈량은 유비에게 새로운 조력자로 손권을 찾게 했습니다.

제갈량은 오나라 손권을 아주 잘 이해하고 있었습니다.《융중대》에서 제갈량은 손권을 철저하게 분석하여 말합니다.

"손권은 강동을 지배한 지 벌써 삼대가 지났습니다. 형세는 험하고 백성들이 귀부하고 있으며, 현명하고 재능 있는 사람을 쓰고 있으니, 이는 의지할 수는 있지만 도모할 수는 없습니다."

이 짧은 말 속에 훗날 촉한 입국의 기본 정책, 즉 '동오와 연합하고, 동북으로는 조조와 대적한다'라는 정책이 포함되어 있습니다. 왜 조조가 아니라 손권과의 연합을 견지해야 했을까요? 설마 조조는 눈에 거슬리지만, 손권은 마음에 들어서였을까요? 만일 어느 날 손권이 마음에 들지 않거나, 혹은 조조가 마음에 들게 되면 그때는 어떻게 해야 할까요?

사실 당시 사람들이나 지금 사람들 모두 제갈량이 이 기본 국책을 제정하던 시기의 고심을 잘 알고 있지는 못합니다. 유비 자신도 완전히 이해하지 못했습니다.

공명 선생의 지혜를 한번 분석해봅시다. 준비한 것은 현대 게임이론의 분석 방법입니다.

> **유표**(142~208년)
> 자는 경승景升, 산양山陽 고평高平(지금의 산동성 추성鄒城) 사람이다. 동한말 반동탁 연합에 참여한 군웅의 한 명으로 유비와 같은 한실의 종친이었다. 진수는 《삼국지》에서 유표를 원소와 묶어 다음과 같이 평했다. "유표와 원소는 모두 위용이 있으며, 넓은 도량과 식견으로 이름이 당세에 알려졌다. 유표는 한남을 점거하고 섰으며, 원소는 하삭에서 웅위를 보였으나, 모두 겉으로는 너그럽고 속으로는 꺼리며, 모략을 좋아하나 결단이 없었으며, 재주가 있어도 쓰지 못하고, 좋은 것을 들어도 받아들일 수 없었으며, 적자를 폐하고 서자를 세우고, 예의를 버리고 편애를 숭상했으니, 그 후사가 고통을 받고, 사직이 기울어져 엎어진 것이 결코 불행이 아니었다."

먼저 조조, 손권, 유비 세 사람의 실력을 보면 분명 조조가 1등, 손권이 그 다음이고, 유비는 가장 약했습니다. 먼저 조조를 살펴봅시다. 여러분 생각해보십시오. 조조가 연맹을 맺을 사람을 찾는다고 하면 손권이 좋겠습니까, 아니면 유비가 좋겠습니까?

만약 잘 모르겠다면, 더 본질적인 문제인 '누구를 살아남게 하는 것이 조조에게 더 유리할 것인지'를 생각해봅시다. 답은 당연히 유비일 것입니다. 왜냐하면 손권을 없애면 유비만 남게 되니, 유비를 무시한다한들 말썽을 피울 수 없고, 역으로 관리한다면 쉽게 손에 얻을 수 있기 때문입니다. 그래서 조조는 유비를 선택할 것입니다.

그렇다면 손권은 어떨까요? 이 문제를 잘 모르겠다면, 우리는 다시 간단한 문제로 돌아가서, 누가 살아남는 것이 손권에게 유리할지를 생각해봅시다. 당연히 유비겠죠. 그는 분명 유비를 선택할 것입니다. 왜냐하면 일단 조조를 없애면 자기가 첫째가 되고, 우위는 더 분명해지기 때문입니다. 그래서 손권도 유비를 선택할 것입니다.

조조가 "유비, 난 널 좋아해!", 손권도 "유비, 나도 널 좋아해!"라고 말합니다. 이런 것을 뭐라고 할까요? 바로 약자의 흡인력이라 할 수 있습니다. 가장 약한 사람은 각 방면에서 환영받습니다. 왜냐하면 그는 위협이 되질 않으니까요.

그렇다면 마지막으로 유비를 생각해봅시다. 만약 유비가 연맹을 맺을 한 사람을 선택해야 한다면 손권이 좋을까요, 조조가 좋을까요? 잘 모르겠다면 다시 기본 문제로 돌아가, 누가 살아남는 것이 유비에게 좋을지 생각해봅시다. 당연히 손권이겠죠. 왜냐하면 손권과는 실력이 비교적 근접해 있기 때문입니다. 조조를 소멸한 후 손권과는 한 판 붙을 수 있겠지만, 만약 손권이 없고 조조가 남는다면, 실력 차가 너무 커 싸워볼 기회조차 얻지 못할 수 있기 때문입니다. 2등이 없어지면, 3등이 없어질 날은 멀지 않을 것입니다.

유비는 누구를 좋아할까요? 당연 손권입니다. 손권이 살아남으면 장래에 또 다른 한 판을 기대할 수 있기 때문입니다. 이것을 바로 '실력이 엇비슷한 상대와 안정적인 연맹을 결성한다'라고 하는 것입니다. 실력 차가 너무 크면 선두에 있는 사람은 꿈틀꿈틀 욕망을 발동시키고, 뒤쳐진 사람은 벌벌 떨며 불안해서 잠을 이루지 못할 것입니다.

그렇다면 조조는 유비를 선택하는 것이 가장 유리하고, 손권도 유비를 선택하는 것이 가장 유리한데, 유비는 손권을 선택하는 것이 가장 유리하니, 게임은 손권과 유비가 연합하여 조조를 치는 것으로 결론이 났습니다. 그렇다면 조조가 상대해주는 사람도 없이 고립된 것은 혹시 그의 인품에 문제가 있거나, 못생겼거나 말이 귀에 거슬려서일까요? 이는 전혀 관계가 없습니다. 이런 현상을 '영웅의 고독'이라고 하죠. 재주가 가장 뛰어난 1등은 늘 고립되기 마련입니다. 누구도 1등과는 연합하려 하지 않습니다. 원리는 아주 간단합니다. '연맹이 성공하면 영광과 실속은 모두 1등의 것이 되고, 연맹이 실패하면 곧바로 남남이 된다. 평화 시에는 네가 대장이지만, 싸움이 시작되면 네 실력이 강해서 내가 먼저 죽을 텐데, 내가 왜 너와 연합해야 하는가? 나는 그럴 수 없다!'

이를 종합해보면 우리는 간단한 결론, 즉 세 개의 세력이 싸우는 과정에서는 2등과 3등이 연합하는 것이 1등에 대적하는 가장 지혜로운 선택이라는 결론에 도달할 수 있습니다.

공명의 지혜

세 개의 세력이 싸울 경우, 2등과 3등이 연합하여 1등에 대적하는 것이 가장 지혜로운 선택이다.

제갈량은 바로 이런 법칙을 알았습니다. 그는 유비를 위해 손권과 연합하여 조조에 반격하는 전체 전략을 확정했습니다. 영원한 감정은 없고, 영원한 이익만 있을 뿐입니다. 적의 적은 내 친구이기 때문에 실력이 엇비슷하면 연합하는 것이 안정적인 전략입니다. 이런 기본 외교 원칙은 여기서 아주 잘 관철되었습니다. 연합에서 감정 문제는 왕왕 애매한 상황을 만들기도 하지만, 이익은 늘 분명

합니다.

그러니 우리는 자신을 도울 사람을 찾을 때 '실력이 엇비슷한 사람과 연합해야 비교적 안정적일 수 있다'는 제갈량의 책략을 빌릴 수 있습니다. 또한 연합했을 때는 이해를 분명하게 드러내고, 위험을 명확히 이야기해야 한다는 교훈도 얻을 수 있습니다.

우리는 흔히 한 사람의 가장 근본적인 변화는 방법을 바꾸는 것이 아니라 방향을 바꾸는 것이라고 말합니다. 우리는 왜 스승을 찾습니까? 스승을 찾는 것은 공부하는 방법을 배우기 위해서가 아니라, 먼저 정확한 방향을 찾고자 하기 위함입니다. 제갈량이 유비에게 가져다준 것은 이렇게 방향을 바꾸는 변화였습니다. 그는 유비에게 손권만이 가장 적합한 조력자이고, 반드시 손권과 연합해야 한다고 이야기합니다. 그러나 여러분 생각해보십시오. 손권도 바보는 아닙니다. '유비는 신야를 버리고 번성을 나와, 장판파에서 크게 패해 군대도 이미 무너졌는데, 내가 뭘 근거로 유비와 연합해야 하나?'라고 나올 수 있는 것입니다.

손권과의 연합을 달성하기 위해, 제갈량은 두 번째 책략을 계획합니다.

두 번째 책략

주동을 피동으로 바꾸어, 상대방의 요구를 기다린다

앞에서 우리는 '우물을 파려는데 역량이 부족하다. 그러면 어떤 방법으로 다른 사람을 설득하여 도움을 받을 수 있을까?'라는 문제를 제기했습니다. 사실 물이 부족하지 않은 사람들에게 도와달라고 설득하는 것은 아주 어렵지만, 물이 없어 갈증을 느끼는 사람을 이끌고 우물을 파는 일은 아주 쉽습니다.

공명의 지혜

물이 부족하지 않은 사람들에게 도와달라고 설득하는 것은 어렵지만, 물이 없어 갈증을 느끼는 사람을 이끌고 우물을 파는 일은 아주 쉽다.

이 문제의 관건은 우물을 파는 문제를 목마름의 문제로 얼마나 잘 바꾸느냐에 달려 있습니다. 먼저 상대가 곤란한 지경에 처해 있다고 느끼게 한 다음, 합작을 제의하면 성공 가능성이 훨씬 높아집니다. 제갈량이 유비에게 준 아이디어가 바로 이랬습니다.

《자치통감》에는 유표가 죽었다는 소식이 전해졌을 때, 손권은 노숙을 형주로 파견하여 허실을 살피게 했다고 나옵니다. 노숙이 남군南郡에 이르렀을 때 유종은 이미 투항한 뒤였습니다. 그래서 노숙이 길을 바꿔 유비를 만나러 옵니다. 만난 장소는 당양의 장판파였습니다.

원문에는 "노숙이 손권의 뜻을 알리고, 천하의 형세를 논하며 은근한 뜻을 나타냈다肅宣權旨, 論天下事勢, 致殷勤之意"라고 쓰여 있습니다. 무슨 뜻일까요? 바로 노숙이 유비에게 당시의 형세를 분석하고, 손권을 대표해서 선의와 호감을 드러냈다는 것입니다. 이 14글자에서 우리는 노숙 측이 새로운 정세에 대해 충분한 마음의 준비가 없었고, 조금은 갈피를 잡지 못하고 긴장하고 있었음을 느낄 수 있습니다.

> **노숙**(魯肅, 172~217년)
> 자는 자경子敬, 임회臨淮 동성東城(지금의 안휘성 정원定遠) 사람이다. 208년 조조가 하북을 평정하고 형주를 점령한 후 강동을 노리자 손권의 신하들은 모두 조조에게 항복하여 오나라의 평화를 지키자고 주장하였으나, 노숙은 홀로 유비와 결탁하여 형주를 점령, 조조와 항전하자고 주장하였다. 노숙은 당양으로 가서 유비와 동맹을 맺고, 주유의 활약으로 조조를 적벽대전에서 대패시켰다. 210년 주유를 이어 강동의 군권을 거느리게 되었다. 217년 여몽呂蒙을 후임으로 선정하고 병사하였다. 노숙은 손권에게 천하삼분지계를 건의하였으며, 사람됨이 온화하였다.

이치로 따지면 이는 유비 집단이 구하고자 해도 얻을 수 없는 것이었습니다. 만약 보통 사람이었다면 바로 "그럼 우리 연합합시다. 우리는 지금 매우 어려운 처지에 있는데, 일찍부터 동오와 연합하기를 희망했습니다"라고 말했을 것입니다.

그러나 경지가 높지 않습니다. 왜냐하면 그 속에는 위험이 포함되어 있기 때문입니다. 만약 연맹 과정에서 약한 쪽이 지나치게 절박함을 표현하면, 오히려 좋은 국면을 상실하고 연맹을 건설하는 데 불필요한 어려움과 곤란을 겪을 수 있기 때문입니다. 역사와 현실은 모두 이를 증명하고 있습니다.

제갈량은 이에 대해 일찍부터 준비하고 있었습니다. 그와 유비는 잠시 합작의 의도를 숨깁니다. 노숙이 대세를 논하자, 유비와 제갈량은 허허 웃으면서 따라서 대세를 논합니다. 노숙이 참지 못하고 유비에게 묻습니다. "장군은 어떻게 하실 생각이십니까?"

그렇다면 다시 이 시점에서 유비가 "나는 너희 손 장군을 만나러 가서 그와 연합하려 한다"라고 말해야 하는지 아닌지 한번 생각해보겠습니다.

물론 유비는 이렇게 말하지 않았습니다. 유비는 "나는 창오蒼梧 태수 오거吳巨에게 의탁하려 한다"라고 말합니다. 노숙은 유비가 오거에게 의탁하려 한다는 말을 듣자 얼른 권합니다.

"손 토로討虜 장군은 총명하고 인혜仁惠로워 덕망이 있고, 어진 선비를 예의와 겸손으로 대하여 영웅호걸이 모두 의탁하고 있으며, 이미 6군에 기대어 정병과 군량이 풍부하여 충분히 대사를 이룰 수 있습니다. 당신은 왜 우리 손 장군과 연합하지 않습니까? 오거는 평범한 사람이고, 너무 멀리 떨어져 있어 의지할 곳이 못 됩니다."

노숙의 말을 다 듣고 난 유비의 반응은 어땠을까요? 사서에는 딱 세 글자 "유비는 크게 기뻐했다備甚悅"고 쓰여 있습니다. 이 세 글자는 매우 미묘합니다. 유비는 왜 그렇게 기뻐했을까요? 주된 이유는 노숙이 조급한 탓에 유비가 마음속에 품고 있던 연합 제의를 자발적으로 먼저 꺼냈기 때문입니다.

이렇게 되고 보니, 구조 요청이 연합으로 변했습니다. 이런 변화는 유비에게 매우 중요했습니다. 훗날《자치통감》에는 "유비가 노숙의 계책을 써 악현의 번구로 들어가 주둔했다備用肅計, 進住鄂縣之樊口"라고 기록하고 있습니다. "비용숙계備用肅計", 즉 유비가 노숙의 건의를 받아들여 번구에 진주했음을 말한 것입니다.

여기서 다시 생각해봐야 할 것이 있습니다. 왜 일부로 노숙의 계책을 썼다고 했을까요? 유비 자신의 생각이 없었겠습니까? 유비가 모든 일을 노숙의 안배에 따라서 했다는 모습을 연출한 것으로 이해할 수 있습니다. '봐라, 당신이 내가 오거를 찾아가는 것을 막아 당신의 말대로 했다. 당신이 번구로 가라고 해서 또 당신의 말을 들었다'라고 말입니다.

이것은 '주동을 피동으로 바꾼 것'이라 할 수 있습니다. 이렇게 하면 모든 사람들이 이렇게 생각할 것입니다.

'동오가 연맹을 생각했으니, 동오가 수익자이고, 그들은 응당 연맹에 더 큰 책임을 져야 한다.'

이렇게 구조 요청을 연맹의 형식으로 바꾸고, 또 연맹에서 주동적이 아닌 피동적인 입장으로 바꾸는 책략을 통해 제갈량은 자신의 조직이 변통할 수 있는 아주 많은 여지를 찾아냈습니다.

현대인의 직장생활이나 일상생활 속에서 우리 모두는 이렇게 합작의 세세한 문제에 대해 관심을 기울여야 합니다. 우리가 곤란에 직면했을 때, 특히 다른 사람의 도움이 필요한 시기에, 엉엉거리며 억지로 다른 사람의 도움을 애걸해서는 안 됩니다. 행복은 애걸해서 얻을 수 있는 것이 아닙니다. 성공 또한 애걸해서 얻을 수 있는 것이 아닙니다.

다른 사람의 도움을 구할 때, 우리는 정말 유비의 태도를 배워야 합니다. 마음을 가라앉히고, 상대의 말을 듣고, 말이 끝나면 다시 상대가 자기의 곤란을 보도록 유도한 후, 상대의 건의를 받아들여 상대의 안배에 따라 일을 해야 합니다. 이렇게 해야 연맹이 안정되는 법입니다.

이상에서 유비와 제갈량은 일을 꽤 잘 풀었다고 할 수 있습니다. 그러나 이런 모든 것들은 단지 계획일 뿐이었고, 노숙과의 교류 영역에 머물러 있을 뿐이었습니다. 이런 중요한 일을 손권이 받아들여 허락을 할까요? 만약 그가 받아들이지 않으면 그때는 어떻게 해야 할까요? 이제는 도대체 어떻게 손권을 설득하고, 또 누가 그 임무를 담당할 것인가가 문제의 관건이 되었습니다. 결정적 시기, 다시 제갈량에 기대어야 합니다. 우리 공명 선생은 노숙을 처리한 후에 친히 강동으로 가 손권을 만나고, 손권을 설득하는 과정에서 자신의 세 번째 묘초를 사용합니다.

| 세 번째 책략

우세를 점하여 합작을 제시한다

앞에서 삼국시대 고사에는 두 명의 제갈량이 있다고 말한 적이 있습니다. 하나는 역사 속 본래 모습을 체현한 제갈량의 진신이고, 다른 하나는 소설《삼국연의》가 만들어낸 제갈량으로, 중국의 천 년 이상 동안의 지혜를 농축한 제갈량의 화신입니다.

그렇다면 공명 선생은 어떻게 손권을 설득했을까요? 먼저《삼국연의》에 나오는 지혜의 화신으로서의 제갈량을 만나봅시다. 제43회 〈제갈량 설전군유舌戰群儒〉에는 제갈량이 손권을 설득하는 정교한 과정이 기록되어 있습니다. 사실 제갈량이 동오의 선비들과 벌인 설전에서 사용한 가장 주요한 방법은 딱 하나였습니다. 그것은 내용적으로는 이치를 무척 따지면서도, 태도상으로는 이치를 전혀 따지지 않는 것이었습니다.

손권은 제갈량을 만나기 전에 먼저 자신의 수하에 있는 모사들을 만나게 하는데, 그 목적은 매우 분명했습니다. 제갈량이 진짜 인재인지, 아니면 가짜 인재인지를 알아보고자 한 것이었습니다. '당신이 만약 우리 모사들을 설득하지 못한다면, 나도 당신을 만나볼 필요가 없다'라는 심산이었지요.

그래서 제갈량이 처음 직면한 상황은 일의 성패가 달린 면접이었습니다. 면접관은 강동 6군 81주의 영재들이었습니다. 잘하면 도움을 얻어 난관을 극복할 수 있지만, 잘못하면 도움을 얻지 못하는 것은 말할 것도 없고 목숨을 보전하기도 어려웠습니다. 그리고 또 하나의 관건은 이 면접에서 점수를 매기는 사람이 손권이라는 사실이었습니다. 만약 면접관이 만족한다고 해도, 손권이 만족하지 못하면 모든 일이 헛수고로 끝날 수 있었습니다.

그래서 우리는 논변의 목적이 상대를 설득시키는 것이 아니라 관중과 평가자에게 자신의 재주를 보여주는 것이라고 말합니다. '설전군유'가 막 시작되던 시점에서, 제갈량은 이 점을 아주 잘 알고 있었습니다.

노숙이 제갈량을 인도하여 당상으로 올라가니, 장소張昭, 고옹顧雍 등 20여 명이 옷차림을 바로 하고 단정하게 앉아 기다리고 있는 것에서부터 이야기는 시작됩니다. 제갈량은 유비 집단의 운명을 걸고 혼자서 스무 명을 상대해야 했습니다. 그렇다면 제갈량은 어떻게 했어야 할까요? 사실, 제갈량에게는 두 가지 노선이 있었습니다. 하나는 저자세를 취하여 부드러운 말과 웃음 띤 얼굴로 다수의 동정을 사는 가련형 노선이고, 또 하나는 고자세를 취하면서 끝까지 강경한 말로 뭇사람들의 면전에서 한마디 한마디를 진지하게 말하고, 절대 양보하지 않는 뻣뻣한 노선이었습니다.

보통 사람이라면 다른 사람에게 도와달라고 할 때 어떤 노선을 택할까요? 분명 저자세일 것입니다. 부드럽게 이야기할 수밖에 없었겠죠. 그러나 제갈량은 그렇게 하지 않았습니다. 그는 손권이 영웅이라는 사실을 잘 알았습니다. 그러면 영웅과의 합작은 어떻게 해야 할까요? 가련하게 보이는 사람은 영웅의 보조 역할밖에 할 수 없습니다. 영웅을 설복시키는 사람이어야 영웅의 동반자가 될 수 있습니다. 영웅은 무릎 꿇는 사람을 친구로 선택할 리가 없기 때문입니다.

그래서 문에 들어서는 그 순간부터 제갈량은 강동의 모사들과 끝까지 논쟁할 준비를 했습니다. 기세로 그들을 압도하고, 취할 만한 것이 하나도 없다고 깎아내리며, 심하게 욕을 퍼부어댈 것을 각오했으며, 그럼에도 불구하고 구구절절 이치에 맞게만 말한다면 손권과 강동의 모사들이 자기에게 기회를 줄 것이라고 생각했습니다.

그래서 제갈량이 '설전군유'에서 채택한 기본 초식은 '내용상으로는 이치를 무척 따지면서도 태도상으로는 이치를 전혀 따지지 않은 것'이었습니다. 이 말은 무슨 말일까요? 도대체 이치를 따진다는 것인지 안 따진다는 것인지, 이제 공명 선생이 어떻게 말하는지를 한번 살펴봅시다.

첫 번째 토론자는 강동의 이름 높은 장소였습니다. 그가 채택한 것은 우회 전략입니다. 그는 먼저 한담을 나누듯이 공명에게 묻습니다.

"선생께서 융중에 높이 누워 스스로를 관중과 악의에 비유하고 계신다는 말씀을 들은 지가 오래되었습니다. 과연 그러한지요?"

제갈량의 방식은 '네가 크다고 이야기하면, 나는 반드시 작다고 이야기하고, 네가 높다고 생각하면 나는 반드시 낮다고 이야기하는 것'입니다. 먼저 동의하지 않고 이유를 만들어 바로 회답합니다.

"그것은 저의 인생 자체를 그저 작게 축소해 말한 것이지요."

장소는 신중하게 방어하면서 계속해서 묻습니다.

"근자에 듣기론 유비께서 선생의 초려에 세 번이나 찾아가서 다행히 선생을 얻었다고 하던데, 이는 그야말로 물고기가 물을 만난 격이라, 금방 형주와 양양을 석권할 것 같더니 엉뚱하게도 하루아침에 조조의 손에 들어갔다고 하니, 무슨 의견이 있으신지요?"

> **장소**(張昭, 156~236년)
> 자는 자포子布, 팽성(지금의 강소성 서주) 사람이다. 손책이 창업하자 장사長史, 무군중랑장撫軍中郞將이 되었고 문무의 일을 그에게 물어서 처리할만큼 정치에 능하였다. 손책은 임종 직전에 장소에게 아우 손권을 부탁했다. 당시 손권에게 의탁하고 있는 선비들은 자신의 안위에 따라 머물 곳을 결정하였으므로 스스로 신하로 여기지 않았는데, 장소와 주유 등은 손권이 함께 대업을 이룰 수 있으리라고 여기고 마음을 맡기고 손권에게 복종했다. 《오서》에 따르면, 손권이 정벌을 나갈 때 장소를 뒤에 남겨 지키고 막부의 일을 거느리게 했다. 관직은 보오장군에 이르렀고 시호는 문후다.

장소의 말은 제갈량에게 '당신은 관중과 악의가 아닌가? 그런 큰 능력을 가진 걸 알고 유비가 어떡하든 당신을 찾았는데, 어째서 형양荊襄의 아홉 군을 얻지 못했는가? 너무 큰소리치는 것 아니냐?'고 묻는 것입니다.

제갈량은 책망을 받자 세 가지의 도리로 이야기를 합니다.

"첫째, 우리가 형주 일대를 취하기란 손바닥 뒤집듯 쉬운 일이나, 우리 주군께서 몸으로 인의를 행하시느라 차마 같은 가문의 터전을 빼앗을 수 없어 애써 사양하신 것이오. 둘째, 조조도 실력으로 형주를 얻은 것이 아니라, 어린 유종이 간신의 말만 믿고 은밀히 투항한 것뿐입니다. 셋째, 지금 우리 주군은 강하江夏에 주둔하시며 따로 좋은 계책을 가지고 있으니 이는 몇몇 평범하고 한가한 사람들이 이해할 수 있는 일이 아닙니다."

제갈량은 기본적으로 말을 시작할 때는 원칙을 내세우지 않고 일단 반대하고 이어 이유를 들어 설복시킵니다. 이성으로 도리를 말한 후, 말 끝머리에 다시 상대를 폄하하는 한두 마디의 감정적인 말을 던집니다. 이를 "이치는 중간에서 말하고, 앞뒤 양쪽에서 무례를 범한다"라고 합시다. 이는 매우 미묘한 이야기 방식입니다. 말을 할 때 상대를 공격하고 상대의 입을 막으려면, 이런 방법이 무척 효과적입니다. 과연 온화하던 장소가 화를 내기 시작합니다. 그는 조금 격앙되어 제갈량에게 다음과 같이 말합니다.

"그렇다면 선생의 언행이 일치하지 않는 것이 아니요? 첫째, 선생은 스스로를 관중과 악의에 견주었는데, 관중은 환공을 도와 제후들 가운데 패자가 되게 하여 천하를 바로잡았고, 악의는 약한 연나라를 세워 일으킨 뒤 제나라의 칠십여 성을 항복시켰소이다. 그러니 이 두 사람은 진정 영웅이라 할 수 있지요. 그런데 선생은 어떠했습니까? 유비는 선생을 얻기 전에는 천하를 종횡하며 성채에 할거했습니다. 그런데 선생이 유비를 섬긴 이래로 계속 싸움에 지기만 해서, 조조가 오자 신야를 버리고 번성으로 달아나더니 당양에서 패하고 하구로 가서 몸 둘 땅조차 없게 되었습니다. 왜 선생이 세상에 나왔음에도 좋은 일을 하지 못하고, 오히려 유비가 선생을 얻기 전보다 못하게 되었습니까? 설명 좀 해주십시오."

이를 듣고 난 공명은 경멸의 눈초리로 상대를 보면서 먼저 야멸찬 한마디를 던진다.

"붕새가 만 리를 나는 뜻을 뭇 새가 어찌 알겠소?"

이 한마디로 강동의 모사들은 평범한 일개 범부와 같은 뭇 새가 되어버렸습니다. 이것 또한 앞서 말한 '도리는 중간에, 야멸찬 말은 앞뒤에'라는 오래된 초식의 하나입니다.

그리고 제갈량은 다음과 같이 치밀한 전략 분석을 전개합니다.

> 첫째, 사람이 중병이 들면 먼저 몸이 편안해지도록 잘 보살피다가, 몸이 어느 정도 건강해지면 독한 약으로 다스려 병의 뿌리를 제거해야 생명을 온전히 구할 수 있는 법이오. 그러나 만약 형세를 고려하지 않고 처음부터 독한 약을 처방하는 것은 죽음을 자처하는 일이오. 우리는 병사도 적고 장수도 적었으니, 이는 바로 몸이 아주 허약한 경우라 할 수 있소. 그래서 경솔하게 정면으로 교전하지 않

았소. 시세를 살펴 책략을 선택하는 사람이 진짜 영웅인 것이오. 형세를 고려하지 않고 명을 희롱하면 죽기밖에 더하겠소?

둘째, 비록 이렇게 열악한 상황에서도 우리는 여전히 하후돈, 조인의 간담을 서늘하게 했으니, 이것이 바로 관중과 악의의 수준이 아니겠는가?

셋째, 유종이 조조에게 항복한 일은 우리의 주공이 난리를 틈타 같은 집안의 땅을 뺏을 수 없다고 하여 일어난 일인데, 이것이 바로 대인의 대의인 것이오. 그리고 당양에서 패한 것은 우리 주공이 차마 백성을 버리지 못하고 공생공사하려 한 것이니 우리 주군이야말로 진정 어질고 의로운 사람이 아니오?

넷째, 승부는 병가의 상사로, 옛날 한 고조 유방이 항우에게 여러 차례 패하였으나 결국 해하垓下의 싸움으로 큰 공을 이루었소. 이런 도리는 허풍이나 떨고 말만 하는 사람들은 이해할 수 없는 것이오. 그런 자들은 앉아서 의논하고 서서 따지면서 아무도 자신을 따라올 사람이 없다고 큰소리를 치지만, 실제의 임기응변에는 백에 하나도 능한 게 없으니 천하의 웃음거리만 될 뿐이외다.

말이 여기에 이르니 장소는 한마디도 대꾸를 하지 못합니다.

그러나 이때 동오는 제갈량에게 성대한 만찬을 준비했습니다. 장소는 단지 첫 번째 코스 요리였을 뿐 뒤에 아직 세 코스가 더 남아 있었습니다. 한 코스 한 코스 넘어갈 때마다 훨씬 매워집니다. 처음에 장소가 전략을 이야기했다면, 두 번째 코스에서는 우번虞翻과 보즐步騭이 형세를 논합니다. 세 번째 코스에서는 설종薛綜과 육적陸績이 그 출신을 이야기하고, 네 번째 코스에서는 엄준嚴畯과 정덕추程德樞가 학술을 이야기합니다. 계속 살펴봅시다.

장소의 첫 번째 정면 공격이 실패하자 동오 쪽에서는 두 번째 공격을 시작합니다. 이번에는 우번입니다. 그는 큰 소리로 말합니다.

"지금 조조는 백만의 병사에다 수천 명의 장수를 이끌고 위풍도 당당하게 강하를 삼키려고 하는데 공의 생각은 어떻소?"

여기서 공명은 '전투를 확대하지 않고, 화력을 집중하여 핵심 관점을 부정하는' 방법을 채택합니다.

"조조의 군사들은 모두 원소와 유표의 패잔병들과 오합지졸로 이루어져 비록 그 수가 백만이라 한들 조금도 두려울 것이 없소이다."

우번은 재차 냉소하며 반박합니다.

"당양에서 패하고 하구에서 갈 곳도 없이 구차하게 남에게 구원을 청하는 처지에 하나도 두렵지 않다고 장담하니 이는 허황된 말로 사람을 속이자는 것 아니오!"

사실 우번의 말은 사실입니다. 제갈량이 처한 현실은 그러했습니다. 그러나 사람들이 말하는 것이 모두 사실이라 해서 제갈량이 이를 수긍하느냐는 또 다른 문제입니다. 수긍하지 않으면 염치없는 것처럼 보이고, 수긍하면 무능하게 보였을 것입니다. 어떻게 해도 점수를 잃는다면 전략적으로 어떤 선택을 해야 할까요? 공명은 여기서 조그만 기교를 사용합니다. 반격할 수 없는 이런 질책을 받았을 때, 또는 바로 대응할 방법이 없을 때 가장 좋은 방법은 대응하지 않고 수비를 공격으로 전환하여 문제를 상대에게 넘겨주는 것입니다. 그래서 공명은 조용히 웃으면서 말합니다.

"우번 선생은 우리가 조조를 두려워한다고 말하지만, 아시다시

피 우리는 수천 명에 불과한 인의의 군사로써 감히 조조에 대적했었소. 그런데 이곳 강동은 정예 군사와 풍족한 양곡뿐만 아니라 장강의 험준한 지세도 갖추고 있는데도, 오히려 그 주인에게 도적 앞에 무릎을 꿇고 항복하라 권하니 천하의 비웃음 소리가 들리지 않는지요? 이 점에서 우리는 참으로 조조를 두려워하지 않는다고 할 수 있소. 당신네들과 비교하면 우리가 훨씬 용감하지요."

이 말로 우번은 말문이 막혀 물러갑니다. 우번이 퇴장하자, 다음 타자 보즐이 나섭니다. 보즐은 훨씬 직접적으로 묻습니다.

"공명께서는 장의張儀와 소진蘇秦의 일을 본받아 지금 강동에 유세하러 오셨소이까?"

이 질문과 앞의 우번의 질문은 같은 내용입니다. 수긍하지 않으면 염치가 없는 것이고, 수긍하면 무능하게 보일 것입니다.

공명이 사용한 전략은 앞에서의 '수세에서 공세로 전환하는' 책략입니다. 대답하기 힘든 질문에는 차라리 대답하지 않고, 바로 질문을 새롭게 바꾸어서 상대를 공격하는 방법입니다. 그래서 공명은 냉정하게 말합니다.

"소진과 장의는 뛰어난 유세가이기도 하지만, 그들은 호걸이기도 합니다. 소진은 일찍이 여섯 나라의 재상을 지냈고, 장의는 두 번이나 진秦나라 재상이 되어 나라와 백성을 바로 세운 인물로, 어려운 시기에 용감하게 나서서 강폭함을 두려워하지 않았습니다. 그들은 강한 자에게 벌벌 떨고 약한 자를 업신여기며 죽음을 무서워하는 그런 자들과는 비교할 수 없지요. 그대들 몇몇은 조조의 대군을 보고 그들이 퍼트린 터무니없는 소문만 믿고 두려워 벌벌 떨며 항복을 청하고 있으면서 어찌 장의와 소진을 비웃을 수 있단 말이오?"

단시간에 보즐도 아웃되고 맙니다. 두 번째 공격이 지나간 이후, 곧바로 세 번째 공격이 시작됩니다. 이제 배경과 출신 문제, 즉 인신 공격이 시작됩니다. 설종이 묻고 제갈량이 대답합니다.

"공명은 대체 조조를 어떤 사람이라고 생각하시오?"

"조조는 한나라의 도적인데, 새삼 뭘 물으시는 게요?"

"틀렸습니다. 현재 조조는 천하의 3분의 2를 차지하고 있고, 백성의 마음이 모두 그에게 기울고 있소. 유비는 하늘의 뜻을 모르고 강자와 싸우려 하니, 이는 마치 계란으로 바위를 치는 것과 같은데 어찌 패하지 않겠소?"

사람에 대한 평가 문제에 이르면 각자 자기가 옳다고 주장하여 시비를 가리기가 쉽지 않습니다. 이렇듯 논쟁의 소지가 있는 애매한 문제에 대한 제갈량의 책략은 무엇이었을까요? 그것은 바로 문제를 이야기하지 않고, 인품을 이야기하는 것입니다. 처음부터 문제 자체에 얽혀 들어가는 것이 아니라, 질문자 자신의 입장과 가치관을 질문하여 기세로 상대를 압도하는 방법입니다. 설종이 말을 마친 이후 공명은 역성을 내며 말합니다.

"모름지기 사람은 세상에 태어나 충과 효를 입신의 근본으로 삼는 법이오. 조조는 이름은 한나라 재상이라고 하나, 실은 한나라의 역적이오. 국가의 봉록을 받으면서도 보답을 생각하지 않고, 도리어 반역하려는 마음을 품고 있으니, 천하가 모두 분노하고 사람들이 이를 갈고 있소. 당신이 이런 사람을 영웅으로 생각할지는 몰라도 조조는 사실 불충불효한, 염치도 모르는 소인배요. 당신은 처신을 어떻게 해야 되는지에 대해 아무것도 모르면서 나와 사람 됨됨이에 대해 이야기하려 하시오. 더불어 얘기할 상대가 못 되니 다시는 입을 열지 마시오!"

말을 마치자 설종이 부끄러워 대답하지 못합니다. 이 광경을 보고 바로 모사 육적이 일어나, 유비의 출신에 대해 다음과 같이 질문합니다.

"조조는 비록 천자를 옆에 끼고 제후들을 호령하고 있지만, 어디까지나 한나라 재상 조참曹參의 후예이외다. 당신네 유비는 비록 중산정왕中山靖王의 후손이라고 하지만 아무 증거도 없고, 우리가 알기론 그저 돗자리나 짜고 짚신이나 삼던 사람이거늘, 어찌 조조와 맞서 싸울 수 있겠소이까?"

공명이 미소 지으며 말합니다.

"당신이 과거 원술의 면전에서 귤을 훔쳤던 그 육적이지요?"

이는 상대의 아픈 곳을 건드리는 책략입니다. 먼저 상대의 단점을 드러내고 날뛰는 위세를 꺾은 연후에 다시 말하는 것입니다. 만약 말은 청산유수요, 기세는 무지개와 같은 상대를 만나면 어떻게 그를 압도해야 할까요? 제갈량의 방법, 즉 '먼저 상대의 조그만 약점을 드러낸다'는 방법을 참고할 수 있을 것입니다. 예를 들어 공개 심사를 받아야 하는 친구가 있는데 그의 바지가 지저분하고 양말은 구멍이 났으며, 이에 고춧가루가 끼었다면 "이런 공개 심사 장소에서는 용모에 신경 써야 한다. 이것이 심사위원과 심사에 관계된 사람들에 대한 존중이다. 최소한의 존중도 없이 무슨 처신 문제를 이야기하겠는가? 먼저 의복부터 정리하고 와라"라고 말하는 것과 같습니다. 이것이 바로 단점을 드러내는 전술입니다.

육적의 기세를 꺾은 후 제갈량은 계속 앞의 책략을 사용하여 질문자의 입장과 가치관을 다그칩니다.

"조조가 조참의 자손이라면 그 집안은 대대로 한나라의 신하였는데, 지금은 임금을 거스르고 난리를 꾀하고 있소. 이는 임금을 기만하는 것은 물론 조상을 기만하는 것일 뿐 아니라, 한실의 난신亂臣이기도 하면서 조씨 가문의 적자賊子로서 행동하는 것이나 다름없소. 우리의 유 황숙은 당당히 제실의 핏줄을 이은 분으로, 당금의 황제가 족보를 뒤져 벼슬을 내리셨는데 어찌 증거가 없다고 말할 수 있겠소? 또한 한 고조 유방이 시골 패현의 정장亭長 신분으로 마침내 몸을 일으켜 천하를 얻었으니, 돗자리 짜고 짚신을 삼은 게 뭐가 문제가 되겠소? 영웅은 출처를 묻지 않는다고 했소. 당신의 소견은 어린아이와 같으니 족히 높은 선비와 더불어 한자리에서는 논할 위인이 못 되오."

육적도 부끄러워 말도 못 하고 얼굴만 붉힙니다. 이렇게 하여 동오의 세 번째 공격도 실패로 돌아갔습니다. 이제 네 번째 공격을 담당할 두 사람이 남았습니다. 이들은 이제 학문에 대해 이야기합니다. 먼저 나선 이는 엄준입니다.

"공명의 말씀은 모두 억지로 이치를 벗어났소. 모두 정론이 아니니 더 논할 것도 없소. 그런데 공명은 대체 어떤 경전으로 공부하셨소?"

제갈량은 이런 유형의 질문에 대처하는 것에는 노하우가 있는 사람입니다. 그의 타법은 처음부터 응대하지 않는 것이지요. 상대의 공격을 받아 "나는《논어》를 공부했소"라고 하면 상대에 코가 꿰어 계속 추궁당할 것입니다. "그럼《논어》다섯 번째 구절은 뭐요?" 한순간에 피동으로 떨어집니다. 제갈량의 타법은 피동적인 것을 주동적으로 만드는 것입니다. 직접적으로 상대의 질문 자체를 부정하는 것입니다. 그는 직접적으로 이렇게 말합니다.

"그럼 하나 묻겠습니다. 옛 문장이나 글귀를 따지는 것으로 대업을 이룰 수 있다고 생각하십니까? 여러분은 이윤伊尹, 주공周公, 강태공, 그리고 장량張良과 진평陳平같이 대업을 이룬 사람들이 평생 무슨 경전으로 공부했다는 말을 들어본 적이 있습니까? 이들 영웅들은 국가를 일으켜 세우고, 천하를 자신의 일로 여겼지, 어찌 일개 서생으로서 구차스럽게 붓과 벼루를 끼고 앉아 검다느니 누르다느니 붓방아나 찧으며 문장 희롱하기를 능사로 삼았겠습니까?"

한순간에 엄준도 한 방 먹고는 바로 물러납니다. 그러자 정덕추가 일어나 큰 소리로 말합니다.

"공이 큰소리는 치지만 제대로 된 학문이 없으니 선비들의 웃음거리나 되지 않을까 걱정이오."

이 말은 곧 '당신은 〈백가강단〉에 나올 정도로 말은 청산유수지만, 우리 학술 권위자는 여전히 당신을 인정하지 못하니, 당신은 안 됩니다'라는 의미입니다.

이런 식의 직접적인 부정에 대해서는 어떻게 대응해야 할까요? 그냥 직접적으로 긍정하는 것은 어떨까요. 이 장면에서 큰 소리로 "난 배울 만큼 배웠고, 그것도 잘 배웠소. 그리고 능력도 있소!"라고 자화자찬한다면 좀 가벼워 보이겠죠. 그럼 다른 방법은 어떨까요? 방법을 바꾸어 "당신이 나를 인정하지 않지만, 나도 권위자가 무슨 대단한 것이라고는 여기지는 않소. 권위는 무슨 개뿔, 그런 놈들은 모두 미친놈이오." 이렇게 안하무인격으로 말하는 것도 또한 별로 효과가 없을 것입니다.

이런 두 방법이 다 안 된다면 그럼 어떻게 해야 할까요? '분류 배

제법'이라는 하나의 방법을 추천합니다. 바로 권위자를 둘로 나누어서 상대에게 말하는 것입니다. 생각 있고 품격 있는 고명한 권위자를 언급해 그들은 모두 높은 식견으로 나를 알아봤기 때문에 나를 지지하지만, 몇몇 나를 지지하지 않는 사람들은 그들 자신에 문제가 있어서 나를 지지하지 않는 것이라고 말하며, 나는 좋은 사람이라고 설명하는 것입니다. 공명 선생이 사용한 것이 바로 이런 책략이었습니다.

그는 침착하게 다음과 같이 말합니다.

"유자儒者에는 군자와 소인의 구별이 있소. 군자는 임금에게 충성하고 나라를 사랑하며, 바른 것을 지키고 간사한 것을 싫어하니, 그 덕이 당대에 미치고 그 이름은 후세에 길이 남습니다. 반면 소인은 그저 책벌레처럼 글줄이나 파고 문장을 다듬는 데만 교묘하여 붓만 들면 천언만어千言萬語가 쏟아져 나오지만 가슴속에는 한 가지 방책도 없습니다. 군자가 나를 지지하면 괜찮지만, 소인이 나를 지지하면 나도 잠을 잘 수가 없습니다."

정덕추도 한순간에 벙어리처럼 말을 잇지 못합니다.

공명 선생은 네 가지 주제에 대해 일곱 사람의 질문과 질책에 대응했습니다. 표현은 매우 적절했고, 여유가 있었습니다. 《삼국연의》의 이 단락은 도전적인 질문에 직면했을 때 응답하는 고수들의 기교를 보여주고 있습니다. 그렇지만 이 논전은 전체 일의 전주 부분에 해당하는 것이었습니다. 손권을 설득하는 가장 중요한 일이 아직 남아 있었기 때문입니다. 그럼 공명 선생은 어떤 책략으로 손권을 설득했을까요?

| 네 번째 책략

감정적으로 화를 돋우고,
이익을 내세워 숙고하게 만든다

앞에서 우리는《삼국연의》중 '설전군유'의 한 대목을 이야기했습니다. 그것은 소설 속의 지혜의 화신이 변론의 기교를 뽐낸 장면입니다. 이어 제갈량이 손권을 설득하는 것은 역사의 진실에 속하는 장면입니다.《삼국지》와《자치통감》에서는 시상柴桑에서 제갈량이 손권을 만났다고 기록되어 있습니다. 손권은 앞서 말한 동오의 모사들과 달리 투항파가 아니었습니다. 그는 망설이며 의심하고 있었습니다. 제갈량이 손권에게 결정적인 한마디 말을 던지자, 손권은 그 말에 기대어 마침내 유비와 연합하여 북쪽으로 조조와 대치하는 결정을 내립니다. 그렇다면 도대체 제갈량은 손권에게 무얼 말한 걸까요? 한번 살펴봅시다.

사서에서 제갈량은 손권에게 "손 장군 당신이 형세에 근거하여 책략을 선택하길 희망한다"고 말하며, "만약 싸울 수 있으면 빨리 손을 쓰고, 할 수 없다면 차라리 빨리 항복하라"고 말합니다. '현재 당신은 겉으로는 복종한다고 하나, 암암리에 망설이며 결정을 미루고 있다. 사태가 급박한데도 결단을 내리지 못하니 재난이 곧 닥칠 것이다'는 말입니다.

제갈량은 여기에서 아주 냉정하게 손권과 책략의 문제를 분석합니다. 이 분석은 손권을 설득하는 과정에서 관건이 되는 작용을 합니다. 그것은 손권의 입장에서 중립을 지키는 것이 좋은지 나쁜지에 대한 문제입니다. 일반인은 보통 관망의 책략을 채택하곤 합니다. '너희 둘이 싸우면, 나는 특정 태도를 취하지 않고 중립을 지킬 것이다. 너희 둘 다 지지하지 않을 거야. 이게 좋지 않은가!'라고 말입니다. 그런데 자세히 생각해보면 중립 책략은 상당히 피동적인 책략입니다.

어느 한쪽을 지지하고 나선다면 당신은 분명 한 명의 친구는 가질 수 있습니다. 만약 중립을 지킨다면, 당신은 두 사람 모두의 적이 되거나, 둘 모두와 어떤 관계도 맺지 못하겠지요. 일단 이 두 적들이 연합하게 되면 가장 먼저 운수 사나운 사람은 바로 중립을 취한 사람이 될 것입니다.

그래서 제갈량은 손권에게 '조만간 한쪽을 선택해야 한다면, 당신 손 장군은 빨리 선택해야 한다. 물론 어느 쪽을 선택해도 무방하지만, 당신이 선택하지 않으면 당신은 피동적이 되고, 양쪽 다 잃을 수 있다'라고 말한 것입니다.

이는 매우 뛰어난 방법입니다. 다른 이에게 권할 때 가장 긴요한 것은 자신의 입장을 내려놓고, 우선적으로 상대의 입장에 서서 문제를 고려하는 것입니다.

그러자 손권이 묻습니다.

"만약 그렇다면, 너의 주공 유비는 왜 조조에 항복하지 않는가?"

이번에 제갈량은 격장법激將法을 사용합니다. 그는 격앙되어 말합니다.

"저의 주공 유비는 황실의 후예로, 걸출한 재

손권(182~252년)
자는 중모仲謀, 오군 부춘富春현(지금의 절강 부양富陽) 출신이다. 삼국시기 오국의 개국황제로 229~252년 재위했다. 208년 손권과 유비가 동맹을 맺고, 적벽에서 조조를 격파하여 천하삼분의 기반을 형성했다. 동맹인 유비가 형주를 반환하기로 한 약속을 계속 어기자 219년 결국 관우가 형주를 비운 사이에 여몽, 육손 등에게 지시하여 형주를 되찾는 데 성공하였고 근거지를 잃은 관우를 생포하고 참수했다. 이로 인해 이릉대전이 일어났으나 육손의 기지로 유비를 무찔렀다. 222년 손권은 오왕을 칭했고, 229년 황제를 칭하여 정식으로 오나라를 건립했다. 젊었을 적의 손권은 손책 이상의 인재 관리능력으로 오나라에서 인정을 받을 만큼 종합적으로 훌륭한 군주였다. 그러나 후사 문제에 있어서 육손과 대립하였고 이로 인하여 그의 사후 오나라 정권 쟁탈전이 가속화되었다.

능은 세상을 덮었고 많은 선비들이 우러러 흠모하는 것은 물이 바다로 흘러가는 것 같은데, 만일 일이 성공하지 못한다면 이것은 곧 하늘의 뜻인 것입니다. 어찌 다시 조조의 신하가 될 수 있겠습니까!"

이는 자신의 약한 실력을 내보이면서 동시에 격장법을 사용한 것입니다. 손권은 바로 말려들었습니다. 그는 격앙되어 말합니다.

"나는 오의 땅 전부와 10만 병사를 바치고 다른 사람의 통제를 받을 수는 없소. 나의 생각은 결정되었소!"

그러나 손권은 아직 믿음이 부족합니다. 그는 제갈량에게 묻습니다.

"그대들은 방금 패배하였는데, 아직 조조에 대항할 힘이 있소?"

이번에 제갈량은 손권에게 청심환 한 알을 줍니다. 제갈량은 3단계의 설득 책략을 사용했습니다.

첫 번째는 자신을 확대하는 것입니다. 우리가 비록 장판파에서 패했지만 아직 1만여 정예병이 있고, 공자 유기劉琦의 강하의 군대도 1만 이상이 있다고 말합니다.

두 번째는 적을 축소하는 것입니다. 조조는 멀리서 와서 군대는 피로가 심하고, 기병이 밤낮으로 3백 리를 달려 전투력이 크게 감소했다고 말합니다.

세 번째는 객관적 조건을 판단하는 것입니다. 북방 사람들은 수전에 익숙하지 않고, 또한 형주 백성이 조조에 투항한 것은 형세의 핍박에 의한 것이지 정말로 심복한 것이 아니라고 말합니다. 그리고는 마지막으로 결론을 내립니다.

"지금 장군께서 진실로 용맹한 장수에게 명하여 수만 명의 병사를 인솔하도록 하고, 저희 주군과 한마음으로 협력한다면 틀림없이 조조의 군대를 격파시킬 수 있을 것입니다."

이 한마디에 손권은 크게 기뻐하며, 관망하며 머뭇거리던 태도를 바꾸게 됩니다. 서기 208년 10월, 손권은 주유에게 3만의 병사를 통솔하여 적벽에 진을 치게 합니다. 이렇게 해서 유명한 적벽대전이 서막을 올리게 됩니다.

유비는 적벽대전에서 유리한 기회를 잡아 마침내 피동 국면에서 빠져나와서 새로운 사업의 전기를 맞이합니다. 후에 형주를 얻고 서천西天을 취하고 한중漢中을 빼앗아, 원대한 계획을 크게 펼칩니다. 앞에서도 말했듯이 '대사업의 성공은 무엇보다 용인의 성공에 달려 있고, 강력한 간부 집단은 사업 성공의 기초'인 것입니다.

그런데 유비 집단의 간부 구성 성분은 상당히 복잡했습니다. 배경으로 보면 창업 구성원이 있었고, 또 형주 팀이 있었으며, 또 서천에서 항복한 팀도 있었습니다. 일의 방식으로 보면 신중한 사람, 모험적인 사람, 전략형, 실행형이 있었고, 정적인 측면에서 보면 친구였던 사람, 적이었던 사람, 마음에 드는 사람과 거슬리는 사람이 있었습니다. 이렇게 방대한 간부 집단을 어떻게 정리하여 안배해야 할까요? 어떻게 사람들이 재능을 다 발휘하게 하고, 적절한 근무처에 배치해야 할까요? 이런 도전에 직면하여 공명 선생은 어떤 대책을 마련했을까요? 다음 장에서 살펴보겠습니다.

3장

제갈량,
인재를 움직여 조직을 꾸리다

| 들어가며 |

다양한 인재를 등용하는 법

　이제 형주를 얻고 유비의 사업은 날개를 달았다. 유비는 그동안의 떠돌이 생활에서 벗어나 자립의 근거지를 찾은 것이다. 적벽의 패전으로 북쪽의 조조는 향후 몇 년간은 더 이상 형주를 넘보지 못할 것이고, 손권과 유비의 연맹은 아직 공고했다. 특히 주유의 뒤를 이어 새로 도독이 된 노숙은 유비와의 동맹에 무게를 두고 있었다.

　외부의 우환이 어느 정도 정리되자 유비는 제갈량이 《융중대》에서 말한 천하 대계를 위한 전략을 하나하나 실현해간다. 즉 형주를 기반으로 익주를 취하는 전략을 본격적으로 가동한 것이다. 이를 위해 가장 먼저 필요한 것이 새로 편입된 영릉, 계양, 장사 세 군을 관리하는 것이었고, 형주에 포진된 여러 인재들을 흡수하는 것이었다.

　적벽대전 후 처음으로 군사중랑장軍師中郎將이라는 정식 직책을 얻은 제갈량이 본격적으로 유비 집단에서 자신의 역할을 수행한 시기도 이 시기이다. 이때 맡은 첫 번째 역할이 새로 수복한 영릉, 계양, 장사 세 군을 관리하는 것이었고, 명망과 실력을 갖춘 형주의 인재들을 흡수하여 이들이 마음껏 일할 수 있는 환경을 만드는 것이었다.

　이제 유비 집단의 인력풀은 과거에 비해 훨씬 다양하고 풍부해졌다. 과거 정과 의리로 대표되던 유비식 인사 스타일만으로는 더 이상 형주의 다양한 인재들을 포괄하기가 어려워진 것이다. 제갈량에 필적하는 천재 봉추 방통을 등용 과정에서 일어난 우여곡절이 이를 잘 보여준다.

유비가 이끄는 벤처기업은 이제 고정적인 수입도 생겼고, 제갈량에 이어 방통이라는 특급 인재를 영입했다. 하지만 인재를 영입했다고 문제가 해결되는 것은 아니다. 한 연못에 두 마리 용이 머무를 수는 없다. 그리고 유비 집단에게는 아직 이루지 못한 전략적 목표가 남아 있었다. 제갈량은 《융중대》에서 이렇게 말했다.

> 익주는 험하고 견고하지만, 옥토가 천 리나 되는 천부天府의 땅입니다. 한 고조 유방은 이곳을 기초로 하여 제업帝業을 이루었습니다. 그 땅의 주인인 유장劉璋은 어리석고 나약하며, 장로張魯가 북쪽을 차지하고 있는데, 인구가 많고 나라는 부유하지만 백성들을 보살피는 일을 알지 못하므로 지혜롭고 능력 있는 선비들은 현명한 군주를 얻기 원하고 있습니다.

어떻게 합류한 인재들을 잘 활용하여 근거지 형주를 잘 보전하고 새로운 서천(익주)을 취할 것인가? 유비 집단의 COO(Chief Operating Officer)로서 제갈량은 조직의 과제와 인사상의 고려를 멋지게 조합하여 이 문제를 해결한다. 게다가 유장의 사신으로 온 장송을 후대하여 서천의 지형도를 얻고 그곳의 인사들에게도 분명한 메시지를 던진다.

제갈량의 섬세한 인재 활용 전략이 어떻게 조직의 목표와 결합하여 효과를 발휘할 수 있었는지 확인해보자.

방수양어 放水養魚
형식에 얽매이지 않고 인재를 쓴다

동한 건안 15년(서기 210년) 봄, 형주 소속의 뇌양현未陽縣의 현청에서는 삼장군 장비 장익덕이 노발대발하여 목청껏 소리 지르고 있고, 이에 놀란 주위 사람들은 한마디도 감히 대꾸하지 못하며 전전긍긍하고 있었다. 장비가 맞이한 사람은 한 사람의 취객이었다. 흐트러진 옷에 관은 삐뚤어지고, 허리띠도 매지 않은 채, 얼굴은 시커멓고 네모난 턱과 짧은 수염, 작은 눈에 짙은 눈썹, 콧구멍은 하늘을 보고, 입안 가득 술 냄새를 풍기고 비틀거리는 꼴이 아주 익살스러웠다. 비록 장비가 노발대발하고 있었지만, 이 사람은 전혀 개의치 않고, 눈을 가늘게 치켜뜨고 입가에 웃는 듯 마는 듯 미소를 짓자, 장비는 화가 끝까지 올라 얼굴이 새빨개지며, 거친 숨을 몰아쉴 뿐이었다.

장비는 살아가면서 늘 술에 취하여 다른 사람을 멸시하곤 했는데, 뜻밖에도 술에 취해 다른 사람도 아닌 자신을 멸시하는 사람을 만나리라고는 예상치 못했을 것입니다. 옆에 있던 손건孫乾이 힘껏 말리지 않았다면 장비는 분명 이 사람을 한 대 쥐어박았을 것입니다.

도대체 어떤 사람이 감히 장비 앞에서 이렇게 방자하게 굴 수 있었을까요? 이 사람이 다름 아닌 그 유명한 봉추 선생 방통龐統 방사원龐士元이었습니다. 우리는 삼국시대에 이름을 높였던 '복룡과 봉추'를 잘 알고 있습니다. 복룡이 제갈량이고, 봉추는 바로 이 사람 방통을 이르는 말이었습니다.

> **장비**(?~221년)
> 자는 익덕益德(《삼국연의》와 《화양국지》에는 자가 翼德이다)으로 탁현 사람이다. 촉한의 오호장군의 한 명으로 관직은 거기장군에 이르렀고, 서향후로 봉해졌다. 흔히 《삼국지》에 "관우와 장비는 모두 만 명의 적을 대적할 수 있다張飛關羽者 皆萬人之敵也"라고 기록될 정도로 당대 최고의 장수로 평가받았다.

그렇다면 방통은 왜 장비를 이렇게 화나게 했을까요?《삼국지》에 기재된 바에 따르면, 이 시기 방통의 신분은 뇌양현의 현령이었습니다. 삼국 시기 뇌양현은 영릉군 관할에 속해 있었는데, 서기 208년 유비가 적벽대전에서 승리하자 영릉군을 겸병하여 뇌양이 유비의 관할 현이 된 것입니다. 이해 봄 장비가 뇌양에 파견되었습니다. 그의 신분은 사방순사四方巡查使로, 유비가 특별히 현지 간부를 시찰하는 책임을 맡긴 것이었습니다.

상식적으로 상부에서 조사팀이 오면, 일개 지방관은 도시를 잘 정비하고, 열을 지어 기다리며 성대한 환영 의식을 행하고, 조사팀장이 지방의 맛있는 음식을 맛볼 수 있도록 융숭하게 대접한 후 엄숙하고 빈틈없이 업무 보고를 할 것입니다. 그러나 여러분이 보시다시피 방통 방 현령은 이런 몇 가지 기본적인 행동은 하나도 하지 않고, 대담하게도 술을 마시며 장비를 희롱하고 조사팀을 멸시했으니, 이래서야 되겠습니까? 그렇다면 방통은 왜 상급 조사팀을 이처럼 오만무례하게 대했을까요?

이유는 아주 간단합니다. 방통은 자신이 불공정한 대우를 받고 있다고 생각했습니다. 본래 방통은 제갈량이 그랬듯이 물고기가 물을 만나서 원대한 포부를 펼칠 것을 기대하며, 호방한 마음으로 유비에게 의탁했습니다. 그런데 유비는 외모로 사람을 취하여 그에게 100리의 작은 현을 맡깁니다. 방통의 생각은 이랬습니다. 조조도 자신을 만났을 때 공경을 다했지만, 자신은 조조 같은 간웅을 경시해서 유비에게 의탁했는데, 본디 인재를 아낀다고 알려진 유비의 태도가 냉담하기로 간상奸相 조조만도 못할 줄을 생각하지도 못했던 것입니다.

그렇다면 왜 유비는 방통이 눈에 거슬렸을까요?

이유는 아주 간단합니다. 방통은 사람에게 혐오감을 일으키는 외양을 갖고 있었을 뿐 아니라 사람들이 아주 싫어하는 성격을 갖고 있었습니다. 성격이 바로 운명이라고 하죠. 이 말은 방통의 신상에서 그야말로 남김없이 체현되었습니다.

아주 간단한 일에서 방통의 문제를 알아낼 수 있습니다. 삼국시대 인물 중 몇몇 고수들 가운데 구직하며 일을 찾을 때, 조조, 손권, 유비 세 사람의 CEO를 동시에 만난 사람은 아마도 방통 한 사람이었을 것입니다. 뿐만 아니라 이들 세 사람의 CEO는 성격은 다르고, 사람됨과 처세 방식이 판이하지만, 비교적 일치했던 것은 방통에 대한 인상이 그리 좋지 않았다는 점입니다. 재수 없는 일도 한 번이나 두 번이면 우연이라 할 수 있겠지만, 재수 없는 일이 계속되면 그것은 분명 필연이라고 할 수 있습니다. 이런 필연이 방통에게서 일어난 것은 바로 그의 성격이 오만무례하여 상대가 듣기 거북해 하는 말도 곧장 말했기 때문입니다.

우리는 앞서 이야기했듯이 제갈량의 구직 책

> **방통**(179~214년)
> 자는 사원士元으로 형주 양양 사람이다. 유비의 모사로서 군사중랑장에 임명되어 유비의 서천 정벌을 도왔다. 재주와 지혜는 제갈량과 이름을 견주었고, 별호는 봉추였다. 《삼국지》의 저자 진수는 방통을 "사람을 평가하는 것과 경학經學, 계책을 생각해내는 것을 좋아하였으므로 당시 사람들은 그를 고아하고 준수한 사람이라고 했다. 그를 위나라의 신하들과 비교하면 방통은 '순욱荀彧과 형제뻘'이다"라고 평했다.

략은 무대에 나설 때는 큰소리를 치지만, 직접 만났을 때는 낮은 자세로 이야기하며, 다른 사람들이 자신을 좋게 말하게 하고, 자신은 겸허하게 보이는 것이었습니다. 이렇게 해야 체면도 살고 애정도 생기지 않겠습니까? 그런데 방통 선생은 이와는 정반대였습니다. 그는 무대에 나설 때는 낮은 목소리로 말하면서 만나서는 오히려 큰소리를 쳤습니다. 집요하게 달라붙어 사람을 만나게 해달라고 해서 한 번 만나주면, 오만무례하기 이를 데 없고 오로지 귀에 거슬리는 말만 했습니다.《삼국연의》중에는 손권이 방통을 만난 일에 대해 이렇게 묘사하고 있습니다.

> 손권이 그 사람을 보니 짙은 눈썹에 들창코요, 시커먼 얼굴에 짧은 수염을 달고 있어 생김새가 괴이하여 마음이 탐탁지 않았다. 이어 손권이 물었다.
> "공은 평생 무엇을 주로 공부하셨소?"
> 방통이 말했다.
> "한 가지에 얽매이거나 고집할 필요 없이 상황에 따라 변화에 대응할 뿐입니다."
> 그러자 손권이 또 물었다.
> "공의 재주와 학문은 공근(주유)과 비교하면 어떠하오?"
> 방통이 말했다.
> "제가 배운 바는 공근과는 크게 다릅니다."
> 손권은 평생 주유를 가장 좋아했는데, 방통이 그를 경시하자 마음이 적이 불쾌했다. 한참을 지나 방통에게 말했다.
> "공은 잠시 물러가시오. 공을 써야 할 때가 있으면 다시 부르겠소."

이렇게 방통은 재주는 있지만 사람들이 좋아하지 않는 전형적인 사람이었고, 그래서 윗사람에게 준 첫인상이 매우 나빴습니다. 현대 심리학 연구에 따르면, 빠른 템포의 사회생활에서 처음 3분간 형성된 첫인상이 사람과 사람의 교제 과정에서 결정적 작용을 한다고 합니다. 만약 이 첫인상이 좋지 못하면, 아마도 이후에 개선될 기회가 없을 수도 있습니다.

《삼국지》〈방통전〉에는 유비 역시 방통에 대한 첫인상이 좋지 않았고, 그가 술을 먹고 일을 그르치는 등 잘못을 저지르자 대노하여 방통을 면직시켰다고 기록되어 있습니다.

그러나 여기서 우리는 유비에 대해 살펴볼 필요가 있습니다. 속된 말로 "금도 완벽한 순금은 없고, 사람도 완벽한 사람은 없다"고 합니다. 조금의 문제도 없는 사람이 어디 있겠습니까? 오로지 간단한 인상 하나만으로 이렇게 큰 인재를 푸대접한 것은 유비의 용인 방법에 문제가 있음을 말해줍니다.

사람을 선발하는 것은 그냥 눈에 드느냐 거슬리느냐를 보는 것이 아닙니다. 특히 중요한 직위에 있는 핵심 인재는 전면적인 관찰과 꼼꼼한 고려가 반드시 필요합니다. 만약 유비가 줄곧 눈에 드느냐 거슬리느냐라는 초식에 따라 사람을 뽑았다고 한다면, 사업은 아마도 위기에 직면했을 것입니다. 방통의 문제가 드러난 후, 공명 선생은 유비에게 몇 가지 키포인트를 알려줍니다. 제갈량의 이런 도움으로 유비는 이 문제를 잘 해결하고, 한 가지 격식에 연연하지 않고 인재를 쓰는 효과를 달성하게 됩니다.

방통과 같은 사람은 소수가 아닙니다. 우리 주변의 많은 사람이 이런 유형에 속합니다. 삼국에서 유비가 훗날 만난 법정法正이나 장송張松 등이 이런 유형이 속합니다. 이런 사람들의 특징은 무엇일까요? 바로 얼핏 보기에 눈에 거슬리고, 성격도 문제가 있지만 확실한 재주가 있다는 점입니다. 그렇다면 이런 인재는 어떻게 관리해야 할까요? 제갈량에게는 인제 관리에 관한 세 가지의 특별한 성공 책략이 있었습니다.

| 첫 번째 책략

방수양어放水養魚 - 물을 풀어 고기를 키운다

《삼국지》와《삼국연의》 모두 방통이 이 사건으로 좌천되었음을 기록하고 있습니다. 유비는 방통이 현을 다스리지 않았다는 구실로 뇌양현의 현령직을 면직합니다. 이 소식을 접한 동오의 노숙은 유비에게 편지를 씁니다.

"방사원은 백 리를 다스리는 재원이 아닙니다. 마땅히 치중治中이나 별가別駕의 직을 맡겨 처음부터 그 뜻을 펼 수 있게 해야 합니다."

노숙이 편지를 쓸 때 주유는 이미 세상을 떠났고, 노숙이 막 주유를 대신하여 동오의 대도독이 된 때입니다. 이 시기의 노숙의 말은 처음보다는 무게감이 훨씬 더합니다.

여러분은 기억하실 것입니다. 제갈량이 산을 내려온 그해 연이어 사마휘, 황승언, 서서 등이 나타나 제갈량을 칭찬했고, 그의 재능은 최종적으로 유비의 인정을 받았습니다. 이렇게 다른 사람을 통해 자신을 홍보할 줄 아는 것이 제갈량의 총명한 점입니다.

하지만 방통은 영향력 있는 사람의 힘을 빌리지 않았습니다. 방통이 유비를 만나러 왔을 때 원래는 노숙과 제갈량의 추천서를 가슴에 품고 있었지만, 이를 꺼내 유비에게 보여주려 하지 않았습니다. 방통의 구직에 대한 생각은 이러했을 것입니다.

'나는 전문가의 추천에 의지하지 않고, 저자세를 취하지도 않고, 내 재능을 내보이지도 않고, 단지 도도한 자세로 천하를 주름잡겠다.'

이에 대한 대다수 사람들의 반응은 이러할 것입니다.

'네가 못생긴 것은 너의 잘못이 아니지만, 네가 이렇게 못생겨 사람들에게 혐오감을 일으킨다면 그것은 너의 잘못이다.'

여러분이 만약 일자리를 찾고 있는 방통과 같은 사람을 만난다면, 방통을 고용하시겠습니까? 분명 그렇지 않을 것입니다.

이 일은 우리에게 교훈을 줍니다. 주위 사람들의 인정을 얻고자 한다면, 전문가 혹은 권위자의 추천은 필수 불가결한 것입니다. 또한 전문가의 추천이 있다고 하더라도, 떠벌리지 않도록 주의해야 합니다. 절대 오만해서는 안 됩니다.

다시 본론으로 돌아가 봅시다. 노숙의 이 편지를 받고 유비의 태도는 조금 바뀌게 됩니다. 바로 그때 제갈량이 돌아와, 유비를 보고 묻습니다. "방 군사는 요즘 잘 지내십니까?"

여러분, 제갈량이 쓴 단어를 주목하면 참 재미있습니다. 제갈량은 방 현령이라고 하지 않고, 방 군사라고 불렀습니다. 이로부터 우리는 하나의 정보를 얻을 수 있습니다. 제갈량은 유비가 방통을 궁벽한 지역의 현령으로 보낸 사정을 알지 못했다는 사실입니다.

이 말은 제갈량이 생각하지 못했던 두 가지를 반영하고 있습니다. 첫 번째 생각지 못한 점은 방통이 오만하여 추천서를 내보이지 않았을 뿐 아니라 주군에게 미움을 샀다는 것이고, 두 번째 생각지 못한 점은 유비가 첫인상으로만 방통을 뇌양현으로 내려 보낸 것이었습니다.

그렇다면 제갈량은 이런 사정에 대해 어떻게 말했을까요? 그는 말합니다.

"사원은 백리지재가 아닙니다. 가슴속에 든 배움은 저보다 10배 낫습니다. 저는 일찍이 그를 천거하는 글을 써주었는데, 주공께서는 아직 받지 못하셨습니까?"

제갈량도 방통이 만리지재萬里之才임을 강조하면서 그가 백 리의 일, 즉 작은 고을의 현령직은 할 수 없다고 말합니다. 공명의 이 의견은 노숙과도 일치합니다. 만리지재가 백리지사를 할 수 없다는 이런 인재 이론에 대해 여기서 생각해볼 만한 몇 마디를 이야기하고자 합니다.

여러분 모두 동한 연간의 한 고사를 알고 있으리라 생각합니다. 동한 시기 진번陳蕃이라는 한 소년이 있었습니다. 스스로 자신이 훌륭하다고 여기고, 한마음으로 대업을 이룰 생각만 하고 있었습니다. 어느 날 절친한 설근薛勤이 그의 집이 지저분하고 어질러진 것을 보고 그에게 말했습니다.

"선비가 어찌 물청소를 하지 않고 빈객을 맞이하신 거요?"

그러자 진번이 말했습니다.

"장부의 처세는 천하를 청소하는 것인데, 어찌 집안일을 하겠소?"

설근은 즉각 반문했습니다.

"집 하나도 청소하지 못하는데, 어찌 천하를 청소할 수 있겠는가?"

제갈량, 인재를 움직여 조직을 꾸리다

이 전고에서 우리는 인재의 유형, 즉 집안을 청소하는 인재와 천하를 청소하는 인재의 관계에 대한 논제를 이끌어낼 수 있습니다. 또한 이를 통하여 세 가지 유형의 인재를 분류할 수 있습니다. 첫 번째 유형은 집이든 천하든 다 청소할 줄 아는 인재로, 큰일이나 작은 일 모두 다 잘하는 인재입니다. 우리는 이런 유형의 인재를 '통재通才'라고 부릅니다. 예를 들면 제갈량이 바로 이런 유형의 인재이지요. 군사, 외교, 민정 모두 잘 처리합니다. 무슨 일을 맡겨도 눈에 띄는 성적을 냅니다. 이런 사람은 최고이지만 얻기가 힘듭니다. 봉황의 털과 기린의 뿔처럼 드물고 귀한 인재입니다.

두 번째 유형은 천하를 청소할 줄은 알아도 집은 청소할 줄 모르는 인재로, 우리는 이들을 '전문 인재'라 부릅니다. 이런 유형의 사람이 가진 기능은 눈에 띄게 한계가 있어서, 한 방면의 일만 잘합니다. 큰일을 하면 작은 일은 못하고, 이 일을 하면 저 일을 해내지 못합니다. 이런 인재를 관리하는 핵심 포인트는 무엇일까요? 그것은 과거에 그가 일을 잘했는지 못했는지에 의거하여 한두 가지 잘못으로 모든 것을 부정하지 말아야 하는 것입니다. 왜냐하면 이런 사람에게 가장 필요한 것은 합리적인 안배이기 때문입니다. 만약 그를 적합하지 않는 직위에 배치하면 아주 평범해질 수 있습니다. 그러나 그가 평범하다고 해서 그를 도태시켜 좌천시키거나 해고해서는 절대 안 됩니다. 이런 인재를 평가할 때도 반드시 일이 제대로 안배되었는지를 먼저 살핀 후 성과를 평가해야 합니다. 안배가 잘못되면 성적이 나오지 않고, 안배가 잘되었으면 크게 빛날 것입니다. 방통이 바로 이런 종류의 인재에 속합니다. 그래서 제갈량과 노숙은 유비에게 방통이 일개 현에서 일을 못한 것을 가지고 그가 재능이 없다고 단정하지 말라고 건의한 것입니다. 사실 방통이 재능이 없는 것이 아니라 유비가 방통을 적절하게 안배하지 못한 것을 지적한 것이지요.

현대에도 매우 유사한 현상을 볼 수 있습니다. 리더들은 흔히 어떤 사람이 과거 어떤 직위에서 맡은 일을 못한 것 때문에 그 사람이 능력이 없어 쓸 수 없다고 단정합니다. 방통 같은 인재를 이렇게 그냥 능력 없는 사람으로 규정하여 쓰지 않고 버리면 어찌 안타깝지 않겠습니까? 타구(가래통)가 아무리 좋아도 밥을 담을 수는 없고, 차 주전자茶壺는 아무리 낡았어도 용정차龍井茶를 담을 수 있음을 알아야 합니다. 어느 물건이든 쓸 데가 있고, 어느 사람이든 무대가 있기 마련입니다. 쓸모가 있는지 없는지는 사실 어떻게 안배하는지에 전적으로 달려 있습니다. 그래서 통재는 쓰기 좋지만 전문 인재는 쓰기가 어렵습니다.

세 번째 유형의 인재는 단지 집안 청소만 할 줄 알지 천하를 청소할 줄 모르는 인재로, 평재平才라 이를 수 있습니다. 이런 유형의 인재가 갖는 특징은 사소한 일은 매우 잘한다는 것입니다. 탁자를 닦거나, 마당을 쓸거나, 화장실을 청소하는 일은 아주 잘하지만, 그에게 독자적으로 한 방면을 맡아 중요한 역할을 하게 하면 아마도 큰 문제가 일어날 수도 있습니다. 이런 사람은 단지 모범 근로자라는 명예만 주어야지, 권력을 주어 무거운 책임을 맡겨서는 안 됩니다. 왜냐하면 그는 큰일을 할 능력이 없기 때문입니다.

유비는 공명의 설득으로 갑자기 깨달음을 얻어 곧바로 장비에게 뇌양현을 찾아가 방통을 형주로 청하게 합니다. 사서는 여섯 글자로 유비와 방통이 만난 정경을 묘사하고 있습니다. "與善譚, 大器

之(방통과 깊은 이야기를 나누고 그를 큰 그릇으로 여겼다)." 그러고는 방통을 부군사중랑장으로 삼아 공명과 함께 전략을 내고 군사를 조련하게 했습니다.

그럼 여기서 간단하게 정리해봅시다. 방통과 같은 전문가형 인재는 어떻게 써야 할까요? 그것은 바로 방수양어, 즉 물을 풀어 고기를 키우는 것입니다. 작은 연못에서는 작은 물고기를 키우고, 큰 연못에서는 큰 물고기를 키웁니다. 인재를 조그만 물웅덩이에 넣으면 단지 빠끔거리는 미꾸라지가 될 뿐이지만, 커다란 바다에 넣으면 비바람을 부르는 교룡蛟龍이 될 수 있습니다. 큰일을 하려는 사람이라면 반드시 인재를 위해 하늘과 바다를 준비할 포부와 기백이 있어야 합니다.

공명의 지혜

인재를 조그만 물웅덩이에 넣으면 단지 빠끔거리는 미꾸라지가 될 뿐이지만, 커다란 바다에 넣으면 비바람을 부르는 교룡이 될 수 있다.

방통은 군사가 된 이후 마침내 자신의 재능을 펼칠 공간을 갖게 됩니다. 그가 유비에게 제시한 첫 번째 책략은 서천西川을 취하는 것이었습니다. 서천을 취하는 문제에 대해 공명은 분명하게 지지를 표했습니다. 그러나 구체적인 집행 과정에서 공명은 교묘하게 두 번째 책략을 운용하게 됩니다.

어떤 책략일까요? 그것은 '분조위마分槽喂馬', 즉 먹이통을 나누어 말을 기르는 방법을 말합니다.

| 두 번째 책략

분조위마 – 먹이통을 나누어 말을 기른다

《삼국지》 배송지 주는 《구주춘추九州春秋》를 인용하여 다음과 같이 기록하고 있습니다.

> 방통이 군사를 맡은 이후 유비에게 권하여 말했다.
> "형주는 황폐해져 못 쓰게 되었고, 인물은 바닥났습니다. 동쪽에는 오나라 손권이 있고, 북쪽에는 조씨가 있어 양쪽에서 적의 공격을 받으니 발전하기에 불리합니다. 지금의 익주는 부강합니다. 호구는 백만에 이르고 물산이 풍부하여 대업을 이룰 기반이 될 수 있습니다."
> 하지만 유비는 머뭇거리며 말했다.
> "나와 조조는 물과 불처럼 서로 용납할 수 없는 상대이네. 나는 모든 일을 조조와 반대로 할걸세. 그가 조급하게 하면 나는 느긋하게 하고, 그가 난폭하게 하면 나는 어질게 하고, 그가 간계를 쓰면 나는 충과 신을 쓸 것이네. 이렇게 해야만 대사를 이룰 수 있을 것이네. 지금 작은 이익을 위해 유씨 친척의 땅을 취하는 것은 천하의 신의를 잃어버리는 것이니, 나는 결코 그렇게 할 수 없네."

위의 글에서도 알 수 있듯이 유비는 확실히 평판을 특별히 중시하는 리더였습니다. 명성을 생명보다도 더 중히 여겼습니다. 이는 일종의 소박한 브랜드 관념입니다. 오늘날의 눈으로 보면, 유 황숙은 브랜드 매력도를 아주 중시한 리더였습니다. 그는 무형 자산의 가치를 알고 있었습니다. 이 점은 현대사회를 사는 사람들이 본받을 만한 점입니다.

유비가 이렇게 고집을 부리자 방통이 다음과 같이 유비를 설득합니다.

> 현재 천하의 형세는 변화무쌍하여 한 가지 책략으로 천하를 안정시킬 수 없으니, 반드시 시세에 따라 응변해야 합니다. 계책으로 얻은 다음에 인의로써 지키면 안 될 것이 뭐가 있겠습니까? 주군이 마음 아파하는 유씨 동종 형제들은 천하를 얻은 후 다시 큰 땅에 봉하면 되지 않겠습니까? 지금 손을 쓰지 않아서 다른 사람이 먼저 가져간다면, 끝내 남을 이롭게 할 뿐입니다.

이상의 대화를 통해서 우리는 방통의 사유 방식의 특징을 알 수 있습니다. 그는 틀에 박히지 않고, 변통에 능하며 각종 진부한 규정에 속박당하지 않습니다. 이는 전형적인 창의적 사고의 특징입니다. 바로 유비 집단에서 가장 결여된 것이지요.

이익과 도의의 문제에 대하여 유비는 대립적 사유를 통해 이익과 도의를 상충되는 것으로 보았습니다. 그러나 방통은 동일 사유를 통해 이 두 가지가 결코 모순되지 않는, 함께 얻을 수 있는 것으로 여겼습니다. 바꾸어 말하면 방통이 보기에 돈을 버는 일과 원대한 이상을 실현하여 국가와 사회에 조금이라도 봉사하는 것은 모순이 아니었습니다. 나아가 만약 돈이 있으면 더 잘 기여할 수 있지 않겠는가라고 생각했습니다. 고리타분한 조문을 애처롭게 껴안고 남이 구제해주길 바라기보다는, 적극적으로 손을 써 실리를 얻고 다른 사람을 구제하는 것이 훨씬 낫다고 본 것이지요.

　방통의 설득으로 유비는 군사를 이끌고 서천에 들어갈 결심을 합니다. 그렇다면 와룡과 봉추 이 두 사람을 함께 데려갈까요, 아니면 한 사람만 데려갈까요? 이 문제에 대해 제갈량은 유비를 대신해 미리 생각해놓은 것이 있었습니다.

　《삼국연의》의 제60회 〈장송이 양수楊修를 난처하게 만들고, 방사원은 서천에 뜻을 두다〉의 한 장면에는 매우 의미심장한 단락이 있습니다.

> 유비는 방통의 논리를 듣고 난 후 짐짓 크게 깨달은 듯 가장하며 "금과옥조와 같은 말씀 폐부에 새기겠습니다"라고 말했다. 그리고 이어 공명을 불러 병사를 일으키고 서쪽으로 갈 의논을 함께했다.

　유비와 방통이 서천을 취하는 일을 상의할 때 제갈량은 참여하지 않았고 오히려 회피하는 태도를 취했습니다. 유비가 제갈량을 청한 이후 제갈량이 서천을 취하는 일에 대해 내놓은 대답은 이랬습니다.

　"형주는 중요한 땅임으로 반드시 병사를 나누어 지켜야 합니다."

　다른 사람들은 나아가 얻는 것을 말했지만, 공명 선생은 집안을 지키는 일을 말하고 있음에 주목해야 합니다.

　유비는 말합니다.

　"그것 좋군요. 나는 방통, 황충, 위연을 데리고 서천으로 가겠습니다. 군사께서는 사람들을 데리고 집을 지키십시오."

　공명이 이를 흔쾌히 받아들입니다. 여기서 한번 분석해봅시다.

공명이 주동적으로 집을 지키겠다고 했지만 그것은 사실 군사적 관점에서 출발한 전략적 통찰력일 뿐만 아니라 인사의 관점에서 출발한 인재 전략이기도 했습니다. 이 책략을 '분조위마', 즉 말은 구유를 나눠서 키워야 한다는 메시지라고 할 수 있습니다.

분조위마의 책략이란 무엇일까요? 한 농장주가 두 마리의 천리마를 키운 후 그 말을 팔아 돈을 좀 만들려고 준비하고 있었습니다. 어느 정도 키운 후 그는 문득 이 두 마리의 천리마가 먹이를 먹지 않아서 몸이 점점 말라가고, 또 몸에 상처까지 생긴 것을 발견했습니다. 이에 초조하여 다급하게 전문가를 찾았습니다. 말 전문가가 급히 달려와서 한 번 보고는 말합니다. "이건 문제가 있군요. 어째서 이렇게 말을 키우는 것입니까?"

농장주가 무엇이 문제인지를 묻자 말 전문가는 답합니다.

"이 천리마는 역량은 뛰어나지만, 성질이 급하고 서로 불복합니다. 그래서 함께 먹이를 먹을 때 서로 빼앗으려 치고 물고 싸워 살도 안 찌고 상처를 입었습니다. 말 먹이통을 둘로 나누고 그 중간에 거리를 두어, 말들이 각각 자신의 공간에서 먹게 해주면 내 보증하건대 며칠 안 되어 살도 찌고 건강해질 것입니다."

과연 말 전문가가 말한 대로 하자 며칠이 안 되어 두 마리 말 다 살도 찌고 건강해졌고, 농장주는 좋은 가격으로 말을 팔게 됩니다. 이런 책략은 다음과 같이 설명할 수 있겠습니다.

'두 필의 천리마를 하나의 먹이통에서 먹게 하지 마라. 마찬가지로 능력 있는 두 사람에게 한 가지 일을 동시에 안배하지 마라. 그들은 겉으로는 싸우지 않지만 암암리에 다투게 된다. 설령 자신들이 싸우지 않는다 하더라도 그들의 부하나 그들을 따르는 이들이 대

신 싸울 것이다. 그래서 그들을 나누어놓아야 한다.'

《수호지》에도 이런 지혜가 나와 있습니다. 매번 싸움이 있을 때마다 항상 송강宋江은 오용吳用과 함께 인마를 통솔하고, 노준의盧俊義는 주무朱武와 함께 인마를 통솔합니다. 이러한 예가 바로 '두 마리의 천리마는 같은 먹이통에서 먹이를 먹게 하지 않고, 두 영웅이 동시에 한 가지 일을 하게 하지 않는다'는 것입니다.

공명의 지혜

두 마리의 천리마는 같은 먹이통에서 먹이를 먹게 하지 않고, 두 영웅이 동시에 한 가지 일을 하게 하지 않는다.

이 책략에는 또 다른 이야기가 남아 있습니다. 농장의 주인은 말을 팔고는 두 마리의 새끼 돼지를 키웁니다. 본래는 살찌게 키워 팔려고 했으나, 며칠 지나지 않아 이 두 마리 새끼 돼지는 먹이를 먹지 않고 점점 말라갑니다. 농장주는 급해서 돼지 박사라는 전문가를 찾았습니다. 돼지 박사가 급하게 와서 말합니다. "당신은 정말 어리석군요. 돼지우리는 당신 집 응접실이 아닌데, 무슨 생각으로 서로 떼어 놓았습니까?" 농장주는 말 박사가 나누어 키우라고 해서 그랬다고 하자, 돼지 박사는 그 말은 틀렸으니 그 말을 듣지 말라고 하고 먹이통을 반드시 합치라고 합니다. 농장주는 왜냐고 묻습니다. 돼지 박사는 말합니다.

"들은 적 없습니까? 돼지는 혼자서 먹는 것을 좋아하지 않고, 두 마리가 모이면 다투면서 먹고, 세 마리가 모이면 뺏어서 먹고, 한 무리의 돼지는 죽어라 먹습니다. 경쟁이 있어야만 그들의 식욕이 증가하고 그들의 성장이 촉진됩니다."

농장주는 발을 구르며 말합니다. "아, 일리가 있네요."

과연 먹이통을 합친 후 새끼 돼지들은 서로 먹으려고 덤비게 되고 며칠이 안 되어 살찌고 건장해져 좋은 가격에 팔 수 있었습니다. 농장주는 돈을 받은 후 돌이켜 생각해보았습니다. '두 사람의 전문가가 한 사람은 나누라고 하고, 한 사람은 합치라고 하는데, 도대체 나눠야 할까 합쳐야 할까?' 어떻게 할지 생각이 나지 않자 마침내 저마猪馬 논단을 개최하여 토론을 진행했습니다. 여기서 전문가들은 일치된 결론을 내놓았는데, 그것은 바로 상대를 보고 나눌지 합칠지를 결정하자는 것이었습니다.

유능하지도 않고 일에 의욕이 없는 직원에 대해서는 한 가지 임무에 여러 사람을 붙여 경쟁 속에서 성장을 촉진하게 해야 합니다. 하지만 유능하고 의욕도 넘치는 천리마형 직원에게는 각자의 일을 주어야 합니다. 이런 책략을 '말은 구유를 나누어 키우고, 돼지는 구유를 합쳐서 키운다'라는 뜻의 '분조위마', '합조위저合槽喂猪'라 이를 수 있겠습니다.

이렇게 제갈량은 자신이 주동적으로 남아 지키겠다고 요청하고는 서천의 임무를 방통 한 사람이 담당하게 했습니다. 이는 기교가 매우 뛰어난 방법입니다. 한 방면에서는 전략상의 고려를 하여 남아서 근거지를 지키고, 다른 방면에서는 인사상의 고려를 하여 방통과 역할을 나누어 각각 맡은 일을 관할하게 한 것입니다. 이는 각자가 능력을 발휘하는 데 보탬이 되었을 뿐 아니라, 공동으로 전체 목표를 실현하는 데도 공헌하게 했습니다.

재능 있는 사람들의 성격은 종종 별납니다. 방통은 작은 일 하는 것을 좋아하지 않았고, 법정은 마음이 조금 옹졸했습니다. 그리고 유비 집단 중에서 상당히 별종에 속하는 또 한 사람의 재주꾼인 유파劉巴는 자부심이 강하고 다른 사람을 업신여기는 특징을 갖고 있었습니다. 게다가 그가 무시했던 사람은 다름 아닌 유비였습니다. 이렇게 조금은 오만한 재주꾼들을 제갈량은 어떻게 관리했을까요? 여기서 제갈량의 세 번째 인재 책략인 '안주할 곳을 만들어 봉황을 끌어들인다'는 '축소인봉築巢引鳳'이 나옵니다.

세 번째 책략
축소인봉 – 둥지를 만들어 봉황을 끌어들인다

> 유파, 자는 자초子初, 영릉 사람으로 어려서부터 재주로 이름이 났다. 형주목 유표가 여러 차례 그를 불러 임용하려 했으나 모두 거절했다《삼국지》〈유파전〉).

적벽대전 전야, 조조가 형주로 내려와 유비와 대치하던 시기 제갈량을 대표로 하는 그 지역의 인재들 대부분은 유비에 의탁했는데, 유독 유파만이 유별나게 유비를 버리고 조조에 의탁합니다.

유비는 유파에 대해 다섯 가지의 원망이 있었습니다. 그 첫 번째 원망이 바로 형주의 인재들이 머리를 숙이고 각각 귀순하던 시기, 유파가 자신을 버리고 조조에 의탁한 것입니다.

두 번째 원망은 유파가 조조를 대리하여 남방의 장사, 영릉, 계양

3군에 투항을 권유하고, 배후에서 유비를 습격하려고 기도한 것입니다. 다행이도 적벽이 불타오르고 조조가 대패하여 북쪽으로 돌아가자 유파는 목적을 이루지 못했습니다.

세 번째 원망은 조조가 적벽에서 실패한 후에 생긴 것으로, 유파는 마침 영릉에 있었고 제갈량도 영릉에 있었습니다. 이에 공명은 비교적 넓은 마음으로 이전의 앙금을 털어버리고 유파에게 귀순을 설득하는 편지를 썼으나, 유파는 단번에 거절했습니다. 사서에는 "선주가 이를 매우 한스러워했다先主深以爲恨"고 적고 있습니다.

네 번째 원망은 훗날 유장이 서천에 들어간 유비를 영접할 때, 당시 유장의 수하로 있던 유파가 다시 유비와 맞선 일입니다. 그는 유비를 효웅梟雄이라고 부르면서 오자마자 문제를 일으킵니다. 유장이 유비를 보내 가맹관葭萌關에서 장로를 치게 하자, 유파는 또 저지하며 말합니다.

"만약 유비가 장로를 토벌하면, 그것은 호랑이를 산에 풀어놓는 것입니다."

다섯 번째 원망은 유비가 성도를 포위했을 때 많은 사람들이 귀순하려 했으나, 유파만이 유장을 지지하며 일전 불사를 주장한 일입니다.

그래서 유비의 수하에는 유파를 싫어하는 사람이 적지 않았습니다. 그런데도 성도를 점령한 후 유비는 수하들이 유파의 목숨을 해칠까 두려워 미리 군중에 "유파의 목숨을 해치는 사람은 목숨을 내놓아야 할 것이다"라는 명을 내립니다. 이후 유파는 마침내 유비에게 귀순합

유파(184~222년)
자는 자초子初. 동한말 형주 영릉 증양烝陽(지금의 호남 소동邵東) 사람으로, 형주의 명문 출신이다. 재주와 이름이 널리 알려져, 유표, 유장, 조조가 그를 불러 수하로 삼으려 했다. 유비가 서천에 들어간 후 전날의 앙금을 떨어버리고 유파를 중용했다. 유파는 청렴하고 자신을 지켜 촉나라의 중신이 되었다.

니다.

삼국시대 인물 전체 중에서 이렇게 철저하게 뒤돌아보지도 않고 유비에 끝까지 대항했던 인물은 아마도 유파 이외에는 없을 것입니다. 유비 자신조차도 유파가 왜 이렇게 자기를 반대하는지 몰라 답답해했습니다.

훗날 어느 한 사건으로 유비는 마침내 그 이유를 알게 됩니다. 한번은 장비가 유파와 친한 척하며 유파를 보러 갔는데 유파는 뜻밖에도 거들먹거리며 다른 쪽에 앉고는 아예 장비를 상대하지 않아 장비가 크게 분노한 적이 있었습니다.

제갈량이 나서서 유파에게 말합니다.

"장비는 비록 군인이지만 당신 유 선생을 경모했소. 지금 우리 주공이 문사와 무장을 받아들이고 합쳐서 대사를 안정시키려 하는데 일심 단결이 매우 중요하오. 선생께서는 너무 고결하게 있지 마시고 그들과 교제하는 게 어떻습니까?"

유파는 도리어 오만하게 말합니다.

"대장부의 처세는 천하의 영웅과 교제해야지, 어찌 이런 수준 낮은 군인 나부랭이와 말을 섞을 수 있겠습니까?"

여기에서 동한 시대 지식인들 사이에는 청담淸談 사상이 유행했음에 주목해야 합니다. 그들은 종종 출신이 빈한한 보통 사람들을 깔보았고, 총칼을 휘두르는 교양이라고는 하나도 없는 군인들을 특히 깔보았습니다.

유파의 장비에 대한 태도에서 유파가 유비를 반대한 이유를 추론할 수 있습니다. 이유는 아주 간단합니다. 오늘날의 말로 하면, 유비의 출신이 비천하고 학력도 높지 않은 것이 마음에 들지 않았던 것입니다.

그런데 이렇게 잘난 체하고 안하무인이던 유파를 제갈량은 아주 추앙했습니다. 사서에는 제갈량이 유파를 이렇게 평가했다고 기록되어 있습니다.

"군막 안에서 전략을 세우는 것은 나는 자초보다 못하다運籌策於帷幄之中, 吾不如子初遠矣!"

그러면 유파와 같은 사람은 어떻게 관리해야 할까요? 유비는 관용으로 그를 대우해주고 직위를 주었지만, 유파는 여전히 감동하지 않았습니다.

우리는 흔히 측근이라는 사람들이 이렇게 말하는 것을 듣곤 합니다. "이렇게 오랫동안 함께하면서 나는 그에게 마음을 다 주었는데 그는 어째서 감동하지 않을까요?" 사실 원리는 매우 간단합니다. 사람을 이해하는 것은 그의 욕구needs를 이해하는 것이고, 사람을 감동시키는 것은 그의 욕구를 충족시켜주는 것입니다. 욕구를 이해하고 이를 충족시키면 이 사람은 자연스럽게 죽을 때까지 당신과 함께할 것입니다.

공명의 지혜

한 사람을 이해하는 것은 그의 욕구needs를 이해하는 것이고, 한 사람을 감동하게 하는 것은 그의 욕구를 충족시켜주는 것이다.

그렇다면 유파와 같은 청렴 고결한 사람은 도대체 어떤 것을 필요로 했을까요? 우리는 한 고사를 통해 오묘한 이치를 깨달을 수 있습니다.

《장자》〈추수편秋水篇〉에는 다음과 같은 이야기가 나옵니다.

> 혜자惠子가 양나라의 정승으로 있을 때 장자는 그를 찾아가려 했다. 어떤 사람이 혜자에게 말했다. "장자는 이제 자네를 대신해서 양나라의 재상이 되고자 하오."
> 그러자 혜자는 겁을 먹고 장자를 찾으려 사흘 동안 온 도시를 밤낮으로 수색했다. 장자가 이를 듣고 혜자를 찾아가서 말했다.
> "남방에 새가 있는데 그 이름은 원추(鵷鶵, 전설상 봉황새의 일종)라 하네. 자네는 아는가? 이 새는 남해에서 북해로 날아가는데 오동나무가 아니면 앉지도 않고 대나무 열매가 아니면 먹지도 않으며, 물맛이 단 샘물이 아니면 마시지도 않네. 그런데 마침 부엉이 한 마리가 썩은 쥐 한 마리를 가지고 있다가 원추가 날아가는 것을 보고, 빼앗길까 두려워 헉 하고 화를 내며 소리를 질렀다 하네. 자네는 이 부엉이처럼 이제 양나라 정승 자리를 빼앗길까 나에게 화를 내고 있네그려."
> 혜자는 이 말을 듣고 매우 부끄러워했다.

이 이야기 속에서 장자는 청렴 고결한 뛰어난 인물의 전형입니다. 그는 높은 벼슬과 많은 녹봉, 부귀영화를 부패하고 구역질나는 썩은 고기처럼 여기고 거들떠보지도 않습니다. 그가 필요한 것은 오동나무이고 대나무 열매이며, 단맛이 나는 샘물입니다.

무엇이 오동나무입니까? 그것은 의미 있는 직위와 숭고한 사업입니다. 무엇이 대나무 열매이고 단맛이 나는 샘물일까요? 그것은 청렴함과 담백함으로 충만한 생활입니다.

유파는 바로 그런 사람이었습니다. 그에게 필요한 것은 정도, 자리도 아니었습니다. 유파처럼 재주가 넘치고 청렴 고결한 긍지를 가진 인재가 가장 필요로 하는 것은 자신의 재능을 충분히 발휘할 수 있는, 그가 가치 있다고 여기는 사업인 것입니다. 이것이 바로 둥지를 만들어 봉황을 부른다는 '축소인봉', 즉 가치 있는 사업으로 인재를 머무르게 하는 것입니다.

유파와 같은 인재에 대한 제갈량의 기본 책략은 바로 '자리에 올려놓고는 간섭하지 않는 것'이었습니다.

제갈량은 우선 유파가 가장 정통한 자리에 올려놓고는 능력을 충분히 발휘하여 알아서 일하게 내버려두었습니다. 제갈량의 건의로 유파는 촉한 정권에서 처음 상서尙書로 임명되었고, 후에 법정이 세상을 떠나자 상서령이 되어, 주로 행정 쪽 일에 대한 책임을 맡았습니다. 그래서 어떤 사람은 "유파는 이전에 우리와 대적했는데, 만일 그에게 자리를 주어 그가 그 기회를 이용하여 반란 음모를 꾀하면 어떻게 해야 하지요?"라고 말하기도 했습니다. 사실 유파와 같은 사람은 음모나 꾀하는 소인배가 아닙니다. 문제가 있으면 그 자리에서 폭발하는 사람입니다. 그래서 애당초 그가 그런 허튼 수작을 할 거라고 걱정할 필요는 없었습니다. 그를 신임하고 존중할수록 그는 더욱 상식에서 벗어난 일을 하지 않기 때문입니다. 또한 일단 백성들의 일을 그에게 맡기면 설령 지도자를 저버릴지라도 결코 일이나 백성을 저버리는 일은 하지 않을 사람이었습니다.

두 번째는 유파에게 자신을 충분히 표현할 기회를 주는 것이었습니다. 《삼국지》에는 "선주가 황제를 칭할 때, 하늘과 땅의 신에게 고하는 모든 문서와 책명은 다 유파가 썼다"고 기록되어 있습니다.

촉한의 건립과 관련된 중요 문서는 전부 유파가 썼습니다. 애당초 우리들은 촉한 입국은 제갈량 혼자 주관했고, 공명의 문필이 매우 뛰어나 중요 문건은 다 공명 선생 자신이 쓴 것으로 생각하지만, 사실은 아니었습니다.

왜 유파로 하여금 쓰게 했을까요? 유파가 쓰면 세 가지의 장점이 있었습니다.

첫 번째는 인재를 끌어들일 수 있었습니다. 유파는 청렴 고결하고 재능이 출중한 자로 그가 조서를 쓰면 평소에 끌어들일 수 없던 인재들을 더 많이 끌어들여 촉한 사업에 투신하게 할 수 있었기 때문입니다.

두 번째는 도량과 포부를 과시할 수 있었습니다. 유파와 같은 강경한 상대조차 마지막에는 촉한 입국 문서를 썼으니, '여러분 우리의 사업이 얼마나 호소력이 있는지를 좀 보십시오!'라고 이야기할 수 있었던 것이지요.

세 번째는 일에 더 전념할 수 있게 했습니다. 이처럼 중요한 임무를 유파에게 맡겨 그로 하여금 재능을 충분히 발휘하게 하여, 그의 사업에 대한 공동체 의식을 높이고, 앞으로 더욱 열심히 일할 수 있게 한 것이지요.

유파와 같은 간부는 전형적인 특징이 있는데, 평소에 서로 교류하는 모임을 좋아하지 않는다는 것입니다.

오늘날 많은 사람들이 퇴근 후에 함께 모여 저녁을 먹거나 술을 마시거나, 자동차 길동무가 됩니다. 혹자는 조금 먹고 마시지만 혹자는 큰 소리로 노래하기도 합니다. 이렇게 하면 생활이 풍부해지고 다채롭게 되어 서로의 감정도 융화됩니다.

그러나 유파와 같은 사람이 가장 싫어하는 것이 바로 이런 모임입니다. 이는 그의 성격이고 그의 생활 방식입니다. 리더가 되려면 그들을 이해하고 존중해야 하며, 억지로 강요해서는 안 됩니다. 이 점에 관해서 손권이 한 말이 있습니다.《삼국지》배송지 주에는 일찍이 손권과 장소가 유파에 대해 의논한 일이 기록되어 있습니다. 장소는 유파가 너무 안하무인격이어서 다른 사람들을 깔보고, 장비와 같은 큰 인물도 푸대접하니 너무 지나쳤다고 말합니다.

이에 손권이 말합니다.

"만약 유파가 속인들을 사귀어 주군의 환심을 산다면, 그를 고결한 선비라 부를 수 있겠소?"

손권은 핵심을 잘 지적하고 있습니다. 늑대는 무리를 이루고 호랑이는 홀로 떨어져 삽니다. 봉황의 둥지는 조금 높아야 하고, 다른 잡새들과 섞이면 안 됩니다. 뜻이 크고 인격이 높은 선비는 종종 인간관계가 비교적 좁습니다. 우리들은 결코 한 가지 맛을 강요해서는 안 되고, 회식에 참가하지 않는다는 것을 근거로 그의 처세에 문제가 있다고 평가해서도 안 됩니다.

제갈량은 방통이나 유파와 같은 특별한 인재들의 특수한 심리를 정확히 붙잡아, 유비에게 보배와 같은 인재 자원을 만들어준 것입니다.

유비가 군사를 이끌고 서천으로 나아가자 새로운 문제가 생겼습니다. 서천의 길은 평탄하지 않고 산천은 험준한데, 적들의 병력 분포가 어떠한지도 알 수 없었습니다. 그래서 서천으로 들어가기 전 가장 필요한 것이 상세한 서천의 지형도였습니다. 사람이 운이 좋을 때는 정말로 생각한 대로 일이 이루어지는가 봅니다. 유비와 제갈량, 방통 등이 서천을 걱정하던 바로 그때 지도가 제 발로 찾아옵니다.

어떤 사람이 "지도에는 다리가 없는데 어떻게 자기 발로 찾아올 수 있나요?"라고 묻습니다. 여기에서 제갈량의 네 번째 인재 책략인 궁신접수躬身接水가 발휘됩니다.

| 네 번째 책략

궁신접수 – 물을 얻으려면 몸을 숙여야 한다

《삼국연의》중의 미담 하나는 이렇게 시작합니다. 상승장군 조자룡은 어느 날 갑자기 한 가지 명령을 받습니다. 허창許昌으로 가는 길에 나가 한 귀빈을 마중하는 일이었습니다. 자룡 장군은 '조조가 막 우리에게 패했는데, 그쪽에서 어떤 귀빈이 올까?' 하고 궁금했습니다. 공명 선생이 서천에서 오는 사람이라고 알려줬는데, 그래서 '서천에서 오는 귀빈이 어째서 허창 쪽에서 오지? 이 길은 돌아와도 너무 멀리 돌아온 것인데……' 하며 더 궁금해했습니다.

조운은 의심을 가득 안고 500의 군마를 데리고 형주의 경계선에 도착하여 귀빈이 오기만을 기다렸습니다. 당시는 통신수단이 발달하지 않았고, 특히 오늘날 같은 휴대폰도 없었기에 전화해서 내가 어디까지 도착했으니 도착하려면 한 30분 정도 남았다, 어디어디에서 기다리라고 할 수 없었습니다. 따라서 서천에서 오는 귀빈과 연락할 방법이 애초부터 없었습니다. 유일한 방법이라고는 그냥 기다리는 것이었습니다.

조운(?~229년)

삼국시대 상산常山 진정眞定(지금의 하북의 정정正定 남쪽) 사람으로 자는 자룡子龍이다. '상산의 조자룡'으로 유명한 맹장이다. 관우關羽, 장비張飛, 황충黃忠, 마초馬超와 더불어 오호대장군으로 불렸다. 처음 공손찬을 섬기다 후에 유비에게 귀순했다. 조조가 형주를 취할 때 유비가 당양 장판에서 패하자 그는 온 힘을 다해 유비의 아들 유선을 구했다. 그는 일찍이 수십 기의 병사로 조조의 대군을 상대하여 유비로부터 '온몸이 모두 담력이다'라는 칭찬을 받았다.

조운이 인내심을 갖고 며칠을 기다리는데 홀연 전령관이 손님이 오고 있다고 보고합니다. 조운은 급히 500군마를 정돈하여 질서 정연하게 진영을 갖추도록 하고 자신은 말을 재촉하여 앞으로 나아가 손님을 맞이합니다.

조운이 이전에 만난 사람은 적지 않았습니다. 그런데 지금 눈앞에서 오고 있는 이 사람을 보고는 잠시 놀랍니다. 얼핏 보아 아주 자그마한 체구로 키는 5척이 안 되어 보였습니다. 조운의 키가 8척이니 상대는 조운의 키의 반보다 조금 더 컸습니다. 얼굴을 올려다보니 뾰족한 머리에 이마는 좁고, 코는 하늘을 향하고 치아는 밖으로 나와 있어 그 모습이 조금 우스꽝스러웠습니다.

그러나 조운은 분별이 있는 사람입니다. 비록 상대의 생김새에 깜짝 놀랐지만, 의연하게 말에서 내려 예의 바르게 인사를 합니다. 이 사람은 누구일까요? 어떤 사람이기에 조자룡이 이렇게 공손하게 대할까요?

이 사람은 예사롭지 않은 사람이었습니다. 그는 삼국 시기에 선대의 유업을 이어받아 계승 발전시킨 인물로, 유비 집단이 훗날 발전하는 데 지극히 중요한 영향을 끼쳤습니다. 그의 이름은 장송長松으로, 자는 영년永年입니다. 사실 당시 장송은 유비를 보러 형주에 간 것이 아니라 조조를 보러 허창에 갔었습니다. 그는 조조에게 두 가지 귀중한 선물을 가지고 갔는데, 하나는 유장이 조조에게 보낸 선물이었습니다. 유장은 왜 조조에게 선물을 보냈을까요? 왜냐하면 한중의 장로張魯가 병사를 일으켜 유장을 공격하자 이에 대항하기 위해 조조의 세력을 빌리려고 했기 때문입니다. 나머지 선물은 장송 개인이 조조에게 주려고 준비한 것이었습니다. 그럼 장송과 조조는 이전부터 알던 사이였을까요? 아닙니다. 친척이나 동향, 학교 동창이었을까요? 물론 아닙니다. 그렇다면 장송이 멀리서부터 조조에게 준비한 선물은 무엇이었을까요? 이를 알려면 당시 장송이 처한 상황부터 이해해야 합니다.

장송은 재능도 있고 뜻도 큰 사람으로, 야심도 조금 있었습니다. 그런데 유장 수하에서 하찮은 일을 하는 모사로 있어 마음이 달갑지 않았습니다. 또한 그가 보기에 유장은 연약하고 무능하여 어떤 장래성도 보이지 않았습니다. 이런 주군과 한데 섞이면 무슨 전도가 있을 수 있겠습니까? 큰 나무 아래에서는 작은 나무도 자랄 수 있지만, 풀밭 아래에서는 이끼만 자랄 뿐입니다. 그래서 장송은 이직을 결심하고, 더 크게 자신을 발전시키기 위해 다른 주군을 찾았습니다. 그는 조조가 마음에 들었습니다. 조조의 허락을 얻기 위해 조조에게 줄 커다란 선물을 준비해 떠났던 것입니다. 그것이 바로 서천의 군사 지형도였습니다.

이 지도의 의의는 대단한 것이었습니다. 당시 서천은 지형이 복잡하고 도로는 험난했으며, 게다가 유장 부자가 오랫동안 경영하여 지키기는 쉬워도 공격하기는 어려운 곳이었습니다. 서천의 많은 지역은 싸움은 말할 것도 없고 진공할 길조차 찾기 어려웠습니다. 이 군사 지형도만 있으면 많은 어려움을 줄일 수 있었고, 최단 시간 내 서천 점

장송(?~212년)

자는 영년永年, 촉군 사람이다. 동한 말 익주목 유장의 부하로 관직은 익주별가였다. 유비가 촉에 들어갈 때 법정, 맹달 등과 함께 비밀리에 유비에 귀순했다. 후에 유비에게 익주로 들어올 것을 권하는 편지가 발각되어 유장에 의해 참수되었다.

제갈량, 인재를 움직여 조직을 꾸리다

령이 가능했습니다.

장송은 겉으로는 유장의 사신으로 조조에게 간 유장의 유세객遊說客이었지만, 지형도라는 커다란 선물을 가져간 것으로 보아 사실은 자신을 내세우기 위한 유세객이었습니다. 그는 전적으로 조조가 열렬하게 자신을 대접할 것으로 생각했으나, 허창에서 생각지도 않은 공전의 냉대를 받게 됩니다. 조조는 장송의 외모가 괴이쩍고 태도가 오만하자 시종 장송을 거들떠보지도 않다가 마지막에는 장송에게 곤장을 내치고는 쫓아버립니다.

장송은 원래 우호적인 마음으로 허창에 갔는데, 결과적으로는 아무것도 건지지 못하고, 도리어 공연히 모욕만 당했습니다. 도와주러 갔다가 오히려 냉대만 받고 돌아온 것이지요. 장송은 화가 나기도 하고 원망하는 마음이 들기도 했습니다. 그래서 그는 지형도를 들고 형주로 가서 운을 시험해보기로 합니다. 이렇게 해서 그가 형주로 오게 된 것입니다.

실컷 냉대를 받은 후 뜻밖에도 조운의 열렬한 영접을 받으니 장송은 크게 감동합니다. 조운은 장송을 보고 예를 취하면서 말합니다.

"저는 주공 유현덕의 명을 받들어 특별히 선생을 영접하러 왔습니다. 먼 길 오시느라 말도 지치고 배도 고플 텐데, 제가 간략하게 술과 음식을 준비했으니, 조금 드시고 가시지요."

말을 마치자 군사들이 무릎 꿇고 술과 음식을 내오고, 조운이 두 손으로 술을 따릅니다. 장송은 야외에서 기분 좋게 요기를 하니 아주 편안한 느낌이 들었습니다.

식사를 마치고, 조운은 장송을 수행하여 계속 길을 재촉해 날이 저물어서야 형주의 역관 문 앞에 도착합니다. 장송이 막 말에서 내리려고 할 때 앞에서 갑자기 한 명의 장군이 나타나 예를 표하며 말합니다.

"관운장이 형님의 명을 받들어 특별히 선생을 모시러 왔으니 편하게 쉬시기 바랍니다."

장송이 눈을 들어 관우의 뒤를 보니 역관 안팎에 초롱과 오색 비단 띠가 걸려 있고, 커다란 붉은 등롱이 높이 매달려 있었습니다. 장송이 말에서 내리자 정면에서는 일제히 음악이 울리고, 백여 명의 사람들이 길 양쪽에 늘어서서 "열렬히 환영합니다!"를 외치고 있었습니다. 정말 국빈 대접을 받은 것이지요.

장송이 처음 조운을 만났을 때 그저 마음이 편안했다고 한다면, 관우를 만난 지금에는 이미 편안함을 넘어서 훈훈해졌다고 할 수 있었습니다.

장송은 여러 사람들에게 빼곡히 둘러싸여 북소리를 밟으며 구름을 탄 기분으로 역관에 들어갑니다. 그날 밤 잠은 달콤했고, 꿈속에서도 여러 번 미소 짓습니다.

다음 날, 아침을 먹고 난 유비가 제갈량, 방통을 데리고 친히 장송을 마중하러 옵니다. 곧바로 부중에 이르러, 자리에 앉고 이어 주연을 베풉니다. 술자리에서 유비, 제갈량 등은 한담만 나눌 뿐 어느 누구도 서천의 일을 꺼내지 않습니다.

도리어 장송이 참지 못하고 의식적으로 유비에게 서천의 일을 이야기하도록 유도했지만 매번 유비는 어물쩍 넘어갑니다. 장송은 가슴속에 보배 같은 지형도를 품고는 산달이 다 찬 임산부처럼 아기가 나오기를 기다리는데, 이 사람들은 한사코 손을 쓰려 하지 않으니, 애가 탈 뿐이었습니다.

이렇게 3일 내내 매일 술자리를 가졌으나 누구도 서천의 일을 입에 올리지 않습니다. 장송이 작별 인사를 하고 떠나려는데, 유비는 제갈량 등과 함께 또 10리를 따라 나와 연회를 베풀고 배웅을 합니다. 이때 유비는 술잔을 들고 자신의 특기를 발휘합니다.

"사흘의 시간이 눈 깜작할 사이에 지나가 버리니, 오늘 이별하면 언제 다시 볼지 알 수 없구나."

그러고는 눈물을 줄줄 흘립니다.

이때 장송의 마음속에 있던 모든 망설임과 의혹은 모두 유비의 눈물에 녹아내립니다. 그는 이를 악물고 발을 동동 구르다가, 마침내 스스로 서천의 지형도를 꺼내어 바칩니다. 유비가 펼쳐 보자 지도 위에는 서천으로 들어가는 길과 그 길의 멀고 가까움, 산천의 험지와 요지, 부고府庫의 전량錢糧 등이 자세히 적혀 있었습니다. 유비가 두 손 모으고 말합니다.

"장송 선생, 청산은 늙지 않고, 녹수는 오래도록 흐릅니다. 언젠가 일을 이루면 반드시 두텁게 보답하겠습니다."

말을 마치고 작별을 고합니다. 공명은 관운장에게 명하여 군사를 이끌고 장송을 수십 리까지 호위하게 합니다. 이렇게 장송이 지도를 바치는 드라마는 완벽하게 마무리되었습니다.

사람을 성도로 보내 장송이 허창에 간다는 정보를 얻고, 멀리 나가 마중하고 가까운 역관에서는 영접하고, 다시 연회를 준비하고, 생활을 보살피고, 마지막까지 관우에게 배웅하도록 한 이 드라마에서 제갈량은 총연출자의 역할을 했습니다. 사흘이라는 시간을 써서 서천의 기재 장송의 신임과 충성을 얻었고 또한 귀중한 지형도를 얻었습니다. 그리고 마지막으로 장송은 유비의 서천행을 위해 목숨을 바치기까지 합니다. 물론 이는 나중의 일입니다.

사흘이라는 이렇게 짧은 시간 안에 유비 집단이 장송의 충성심을 얻을 수 있었던 이유는 무엇이었을까요? 이는 분석해볼 만한 문제입니다. 장송과 같은 사람의 심리와 일반인의 심리는 전혀 다릅니다. 그는 어려서부터 얼굴이 못생겼고, 남들의 냉대와 조롱을 겪을 대로 겪었습니다. 커서는 발분하여 공부하고 경전을 많이 읽어서 책을 한 번 보면 잊지 않고, 또 아주 빨리 읽는 능력을 익혔습니다. 그러나 응당 받아야 할 존중과 신임을 여전히 얻지 못하니, 장송의 심리는 줄곧 억압되고 위축되어 있었다고 할 수 있습니다. 그는 당당하게 주위 사람들의 존중과 선망을 받기를 갈망했습니다. 그가 조조에게 지도를 바치려 했던 이유는 바로 조조 쪽에서 이런 존중과 선망을 얻으려 했기 때문입니다. 그러나 조조가 그에게 보여준 것은 과거와 같은 냉대와 멸시뿐이었습니다.

장송의 고민이 가장 깊었던 시기, 이때 바로 유비가 나타나 장송에게 가장 필요한 '존엄'을 가져다주니 장송은 한 번에 정복되고 맙니다. 이런 현상을 수구추동需求驅動, 즉 필요가 사람을 움직이게 하는 것이라 이를 수 있겠습니다.

제갈량은 장송의 심리를 정확히 포착하여, 유비가 보물을 쟁취할 수 있는 기회를 만들어주었습니다. 동시에 제갈량은 여기서 한 가지 책략을 아주 잘 보여줍니다. 다름 아닌 다른 사람으로부터 내가 원하는 것을 어떻게 얻을 수 있을까에 대한 것입니다. 어떻게 해야 할까요? 한 단어로 말하면 그것은 '공경'입니다. 인재 앞에서 낮은 자세를 유지하는 것은 유비와 제갈량이 함께 가지고 있던 대단히 훌륭한 장점이었습니다.

낮은 자세에 대해 여기서 한 가지 비유를 하고자 합니다. 찻잔이 차 주전자에서 물을 얻고자 한다면, 찻잔의 위치는 분명 차 주전자보다 낮아야 합니다. 설령 칠보 야광잔이라 해도 낡은 차 주전자에서 물을 얻으려면, 찻잔의 위치는 주전자보다 낮아야 하는 것입니다.

공명의 지혜

찻잔이 차 주전자에서 물을 얻고자 한다면, 찻잔의 위치는 분명 차 주전자보다 낮아야 한다.

처세도 마찬가지입니다. 우리들 개개인 모두는 다른 사람으로부터 도움을 얻고, 무언가를 배울 필요가 있습니다. 어떻게 해야 할까요? 그것은 바로 자신의 위치를 조금 낮게 두는 것입니다. 약간 낮은 자세만으로도 얻을 수 있는 것이 더 많아지고, 배울 수 있는 것이 더 많아집니다. 만약 우리가 한 번에 '이 사람은 별 볼 일 없다', '그가 말한 것은 내가 다 아는 것이다', '나는 그보다 훨씬 강하다'라고 생각한다고 가정해봅시다. 그렇다면 상대로부터 어떤 것도 배울 것이 없을 것입니다. 교만과 오만은 사람을 정체시키고 나아가 퇴보시킵니다. 원리는 바로 여기에 있습니다.

세상에는 많은 담장이 있습니다. 담장이 있는 곳에는 분명 문도 있을 것입니다. 이런 문을 통과하지 못하는 사람은 어떤 사람일까요? 자신을 대단히 크다고 생각하고, 하루 종일 길을 걸을 때 발을 높게 들어 우쭐거리는 사람은 분명 이 문을 지나갈 수 없고, 또 머리를 부딪쳐 피를 흘릴 수도 있습니다.

처세나 일을 하는 데 있어 낮은 자세를 반드시 이해해야 합니다. 돌담 앞에서 몸을 굽히면 순조롭게 문을 통과할 수 있습니다. 손에 찻잔을 들고 몸을 구부리면 맑은 향기가 나는 차를 마실 수 있습니다. 저자세는 일종의 경지이면서 또 지혜이기도 합니다. 유비가 지도를 얻을 수 있었던 이유는 바로 이것이었습니다.

제갈량과 방통의 전적인 도움에 장송의 내응이 더해지고, 지도가 길잡이 역할을 하게 되자, 유비는 마침내 원대한 계획을 펼칠 기회를 갖게 되었습니다. 그러나 서천을 점령하는 것은 말처럼 쉬운 일이 아니었습니다. 서천의 땅은 유장 부자가 오랫동안 경영하여 백성들이 심복하고 있고, 능력 있는 문신 무장을 배출한 곳입니다. 그래서 서천을 점거하기 위해 가장 필요한 것은 땅을 점령하는 것이 아니라 사람들의 마음을 한데 모으는 것이었습니다. 그렇다면 제갈량은 어떻게 상벌 책략을 운용하여 사람들의 마음을 한데 모을 수 있었을까요? 다음 강의에서 살펴보도록 하겠습니다.

4장

제갈량,
기강을 다스려 조직을 바로잡다

| 들어가며 |

조직 관리와 인사 관리의 법칙

제갈량은 형주에 남아 근거지를 지키고 드디어 유비는 방통과 함께 서천을 향해 떠났다. 하지만 명분은 여전히 유장을 도와 한중의 장로를 친다는 것이었다. 이것은 유비의 전형적인 수법이었다. 건안 16년(211년), 익주목 유장이 법정을 보내 유비를 영접하고, 장로를 공격하도록 한다. 하지만 애초에 유비와 방통은 유장을 대신하여 익주를 차지할 속셈이었기 때문에 유비는 방통의 건의에 따라 가맹에서 돌아와 유장을 공격한다. 하지만 성도로 진격하는 과정에서 방통이 낙봉파에서 화살에 맞아 죽자 형주에 남아 있던 제갈량은 조운과 함께 서천으로 들어가 유비와 함께 성도를 포위하고 암약暗弱한 익주목 유장을 항복시키고 새로운 주인이 된다.

이렇게 유비 집단은 손권과의 전략적 제휴로 형주를 얻고, 이어 서천으로 나아가 유장의 서촉을 인수·합병한다.《융중대》의 기본 구상인 천하삼분지계는 이로써 일단락된다.

하지만 모든 인수·합병이 그렇듯이 통합의 시너지를 어떻게 발휘하게 할 것인가가 새로운 과제로 떠올랐다. 사실 유장이 다스리던 익주 인사들이 모두 순순히 유비에게 항복한 것은 아니었다. 유비가 익주를 장악하는 과정에서 물론 투항파도 있었지만 저항하는 세력도 만만치 않았다. 유장 집단에서는 유비와의 결사 항전을 주장한 장수들도 있었다.

새로 익주를 차지한 유비 집단으로서는 이들을 어떻게 포용하여 새로운 입국의 기초를 마련할 것인가가 향후 정국 안정의 관건이 되었다. 그리고 내부 규율을 세워 나라의 기강을 세우는 일 또한 중요했다.

흔히 인수·합병 과정에서 박힌 돌들이 빠져나가면서 합병의 시너지가 소실되는 경우가 있다. 제갈량은 이를 잘 알고 있었다. 그래서 그는 새롭게 흡수한 익주 집단의 불안을 잠재우고 통합을 위한 메시지를 효과적으로 보낸다. 아울러 그는 상용을 잃고 돌아온 유비의 양아들 유봉劉封의 처벌을 주장하여 엄격한 기율을 보여준다.

여기서 우리는 제갈량에게 수천 년이 흐른 지금에도 여전히 유용한 조직 관리와 인사 관리 원칙을 배울 수 있다. 어떻게 제갈량이 새로 편입한 익주 집단을 포용하면서 조직을 안정시키고, 조직 내부의 기강을 바로잡아 촉한 입국의 기초를 닦을 수 있었는지를 알아보도록 하자.

선엄후관 先嚴後寬
관대함과 엄격함을 결합해 대사를 이룬다

　서기 214년, 초여름 성도성成都城은 폭풍 전야의 긴장된 분위기에 휩싸입니다. 유비의 대군이 낙성雒城을 무너뜨리고 면죽綿竹을 점령한 뒤, 거침없이 밀고 들어가 성도성 아래에까지 이른 것입니다. 당시 익주목 유장의 유일한 희망은 한중의 구원병이 하루빨리 오는 것이었습니다. 그때 성 밖에 한 무리의 인마가 달려오고 있다는 보고를 받습니다. 유장이 재빨리 성루에 올라가 성 밖을 내려다보니 한 명의 장군이 성으로 다가오고 있었는데, 그의 얼굴은 분을 바른 것 같고, 가는 허리, 넓은 어깨, 은으로 된 갑옷에 흰 전포를 걸치고, 손에는 긴 창을 들고 있었습니다. 바로 《삼국지》의 유명한 상장군 마초馬超였습니다. 유장은 마초를 보고 매우 기뻐합니다. 왜냐하면 한중의 장로는 유장과 상의하여, 마초로 하여금 한중의 군마를 이끌고 성도를 구원하기로 약속했기 때문입니다. 마침내 구세주가 나타난 것이지요.

　유장은 바로 사람을 보내 성문을 열고 이 구세주를 환영하려 합니다. 그런데 상황이 갑자기 변했을 줄은 꿈에도 생각하지 못했습니다. 성 밑의 마초는 채찍을 들어 유장을 가리키며 말합니다.

　"나는 이미 유 황숙에 귀순했습니다. 공도 빨리 투항하여 백성들이 쓸데없는 곤란에 빠지지 않게 하십시오. 만약 계속 고집을 부리시면, 내가 바로 성을 공격할 것입니다."

이 말은 유장에게 청천벽력과도 같았습니다. 눈 깜작할 사이에 구세주가 자신을 해하는 사람으로 변한 것이지요. 유비 한 사람도 당하기 벅찬데 거기에 마초까지 합세하니, 이를 어찌하면 좋을까요? 유장은 얼굴이 흙빛으로 변하여 성벽 위에서 혼절하고 맙니다.

주변의 장수들이 그들 업어 부중으로 데려갔습니다. 이리하여 유장의 부중에서는 어떤 선택을 해야 할지에 대한 격렬한 토론이 벌어졌습니다.

유장 수하에 있던 익주 태수 동화董和는 주전파였습니다. 그가 말합니다.

"우리 성 안에는 아직 3만여 명의 병사가 있고, 돈과 베, 양식과 말먹이 풀은 일 년을 버틸 만합니다. 항복은 절대 안 됩니다."

그런데 모사 초주譙周가 말합니다.

"최근 유행하는 노래에 '만약 새 밥을 먹으려면, 유비가 오기를 기다리세'라는 대목이 있습니다. 투항은 하늘의 뜻에 맞습니다. 천도를 거슬러서는 아니 됩니다."

이 말에 또 다른 주전파 황권黃權과 유파가 대노하여 초주를 죽이려 하자 유장이 황급히 이들을 말립니다. 이런 혼란 속에서 새로운 소식이 전해집니다. 촉군 태수 허정許靖이 이 중대한 시기에 두 마음을 먹고 성을 버리고 유비에 투항했다는 것입니다. 유장의 머리는 혼란에 빠지고, 결국 크게 소리 내어 울고는 집 안으로 들어가 버립니다.

일찍이 《융중대》에서 제갈량은 유장에 대해 '암약暗弱'이라고 결론을 내렸음에 주목해야 합니다. '암'이란 멀리 내다보는 시각이 없

유장(劉璋, ?~220년)
자는 계옥季玉, 강하 경릉竟陵(지금의 호북 잠강潛江) 사람으로, 동한 말년 할거한 군벌의 하나이다. 아버지 유언을 이어 익주목을 역임했으나 후에 유비에 의해 무너졌다. 건안 25년(220년) 형주에서 병으로 죽었다.

고 통찰력이 부족하다는 뜻이고, '약'은 성격이 유약하고 결단력이 부족하다는 뜻입니다. 유장에 대한 제갈량의 평가는 정말 정확했습니다.

유비는 유장이 청해서 왔습니다. 오늘날의 말로 한다면, 시장을 공략하는 것을 도와달라고 자회사 사장을 청했는데 시장은 공략하지 않고 오히려 본사의 권력을 뺏은 것입니다. 이와 같은 위기의 순간 싸울지 투항할지 결심도 하지 못하고, 수하들은 이렇게 많은데 하나도 쓸데가 없으니, 유장은 결국 큰 소리로 울음을 터뜨릴 뿐이었습니다.

이는 중국 속담에서 말한 "겁약한 병사는 자기 한 사람에게만 영향을 주지만, 겁약한 장수는 전체를 위험에 빠뜨린다"는 것과 같은 격이었습니다. 나폴레옹도 비슷한 이야기를 한 적이 있습니다. "수사자 한 마리가 이끄는 양 떼는 양 한 마리가 이끄는 수사자 무리를 이길 수 있다."

유장이 이처럼 근시안적인 양이라면 아무리 우수한 수사자를 붙여주어도 소용이 없는 법입니다. 유장은 밤새 울다 다음 날 성문을 열고 투항합니다. 마침내 제갈량이 《융중대》에서 제시했던 '형주를 근거로, 익주를 점령하는' 전략 목표가 모두 실현되었습니다.

하지만 승리 후 이어진 일들은 그리 순탄하지 않았습니다. 왜 그랬을까요? 한번 분석해봅시다.

유비는 기회를 틈타 서천을 점령했습니다. 이를 우리 같은 백성들의 눈으로 다시 정리해봅시다. 한 가족이 편안하게 잘 지내다가 강도가 들까봐 염려하여 이웃에게 혹시 강도가 들면 도와달라고 부탁했는데, 걱정하던 강도는 오지 않고 오히려 그 이웃이 강도로 변해 집안 물건들을 강점해버렸습니다. 자식들은 울고 불며 그와 죽기 살기로 싸우려 하는데, 성격이 유약한 가장은 오히려 "됐다. 그냥 줘버려"라고 말합니다. 생각해보십시오. 가장이 그냥 내주길 원한다고 해서, 눈에 핏발을 세우던 자식들 중 누가 가만히 있겠습니까? 유비와 제갈량이 성도를 점령한 이후 직면했던 것은 바로 이와 같은 문제였습니다.

그럼 병력을 한번 추산해봅시다. 유비가 서천으로 들어갈 때의 병사는 약 2만여 명이었습니다. 그런데 가맹관에서 성도에 이르기까지 전투로 손실된 병사와 도중에 점령한 각 지역에서 차출한 병사를 빼면, 성도로 들어간 병사는 많아야 1만여 명이었습니다. 제갈량이 형주에서 데리고 온 2만 5,000의 인마도 이와 같은 방식으로 추산하면 성도까지 1만 5,000 정도였을 것입니다. 그밖에 항복한 병사와 마초가 거느린 2만에 가까운 병력을 합하면, 유비와 제갈량이 성도를 포위할 때 부대의 총 인원은 많아야 5만 정도였을 것이고, 이 5만의 군사 중에는 장로와 유장의 항복한 병사가 거의 3분의1을 점하고 있었습니다.

다시 유장 이야기로 돌아가봅시다. 앞서 말했듯이 성도에는 정병 3만에 양식과 말먹이가 충분했고, 병사는 잘 훈련되어 있었으며 지형에도 익숙하고 대중적 기반도 있었던 데다, 동화, 황권, 유파 등 충심어린 장수들이 버티고 있었습니다. 이런 정도의 실력은 결코 만만히 볼 수 있는 것은 아니었습니다.

설령 유장이 투항하여 유비와 제갈량이 성도에 들어간다고 해도, 만일 유장의 수하 중 몇몇 병사들이 혼란이라도 일으킨다면 상황이 어떻게 변할지 짐작조차 할 수 없었습니다.

뱀이 코끼리를 삼키면, 삼키는 것은 쉬울지라도 소화시키기는 어렵습니다. 무엇을 성공이라고 할 수 있을까요? 승리한 이후에도 계속 진전이 있어야 성공이라고 할 수 있습니다. 그래서 성도를 점령한 이후의 정세는 제갈량에게 커다란 도전을 제기했습니다.

사실 일이란 원래 항상 이런 식입니다. 나누기는 쉬워도 합치는 것은 어렵습니다. 잘못 합치면 큰 문제가 생깁니다. 우리는 이미 매우 많은 회사들이 합병 과정에서 양패구상兩敗俱傷하는 경우를 많이 봐왔습니다.

그렇다면 서천이라는 씹기 어려운 고기를 어떻게 소화해야 할까요? 제갈량과 유비는 공동으로 하나의 방안을 내놓습니다. 어떤 방안이었을까요? 그것은 바로 '정국을 안정시키려면 먼저 인심을 안정시켜야 하고, 인심을 안정시키려면 먼저 간부 집단을 안정시켜야 한다'라는 것이었습니다. 일련의 인사 책략을 통하여 먼저 간부 집단을 안정시켜 전체 조직을 자연스럽게 안정시키는 것이었습니다. 이런 경험은 오늘날 조직 관리자가 본보기로 삼아 배울 만한 내용입니다.

그렇다면 이렇게 많은 간부, 즉 반대파도 있고 투항파도 있으며, 형주 출신도 있고 익주 출신도 있으며, 처음부터 오른팔 왼팔인 사람도 있고, 새롭게 심복이 된 사람도 있는 등 정말 각양각색인 그들을 도대체 어떤 책략을 써야 잘 통솔할 수 있을까요?

| 첫 번째 책략

먼저 엄하게 한 후에 관대하게 대한다

성도에 들어간 후 제갈량은 유비에게 이렇게 말합니다.

"현재 서천은 이미 평정되었고, 한 성 안에 두 명의 주인을 둘 수 없으니 유장을 형주로 보낼 필요가 있습니다."

그러자 유비가 말합니다.

"우리는 이제 촉군을 얻었는데, 바로 유장을 보내는 것은 적절치 않을 듯하네."

다시 제갈량이 말합니다.

"유장은 연약한 것 때문에 서천을 잃었는데, 지금 주공이 그를 따라서 연약한 마음으로 일을 그르치고 결단하지 못하니 우리도 오래가지 못할까 걱정됩니다."

이래서 유비는 제갈량의 안배를 따라 유장을 진위振威 장군으로 임명하고 융숭한 환송 연회를 베푼 후 유장의 전 가족과 식솔들을 모두 남군南郡으로 보내버립니다. 제갈량이 취한 이 조치는 매우 현명한 것이었습니다.

새로운 보스가 부임하면, 기존의 보스는 승진하든 퇴직하든 상관없이 재빨리 인수인계하고 떠나야 합니다. 이것은 기본 원칙입니다. 그렇지 않고 두 사람의 보스가 다 있으면, 회사에서 도대체 누가 결정하고 책임을 지겠습니까? 또 사람들은 누구 말을 들어야 할까요? 설령 전임 보스가 신임 보스가 하는 일을 지지한다고 해도, 만일 누군가가 전임 보스의 명의로 문제를 일으키면 어떻게합니까? 그렇게 되면 말을 해도 잘 먹히지 않을 것입니다. 조금이라도 신중하지 못하면 화목에 금이 가고, 자칫 말을 잘못하면 큰일이 벌어질 수 있습니다.

그래서 제갈량은 유장을 보냅니다. 이는 유비를 지키기 위한 것이기도 하면서 '사실은 유장을 지키기 위한 것입니다. 지금 가면 모두 화기애애해질 수 있고, 체면도 살릴 수 있기 때문입니다.

유장을 보낸 이후, 제갈량은 새로운 간부 명단을 기초합니다.《삼국연의》제65회에는 이 명단이 상세하게 기록되어 있습니다. 원문은 다음과 같습니다.

> 현덕은 스스로 익주목이 되어 항복한 문무 벼슬아치들에게 후한 상을 주고 명단에 따라 벼슬을 주었다. 엄안은 전장군前將軍으로 삼고, 법정은 촉군 태수로, 동화는 장군중랑장掌軍中郎將으로, 허정은 좌장군장사左將軍長史로, 방의龐義는 영중사마營中司馬로, 유파는 좌장군으로, 황권은 우장군으로 삼았다.

서천을 안정시킨 후 상을 내린 명단에 이름이 오른 사람이 모두 40여 명이었습니다. 앞서 말한 26명 전부는 이전 유장의 부하들이었습니다. 상을 내린 이후 원래의 형주 팀에게도 상을 주었습니다. 특히 첫 번째 임명한 일곱 명의 간부 중에는 눈길을 끄는 세 명의 이름을 볼 수 있습니다. 그들은 애초에 강경한 주전파였던 동화, 유파, 황권입니다. 이들 세 명이 모두 첫 번째 열에서 임명장을 받았고, 그 대우도 무척 높았습니다. 한 사람은 장군중랑장, 또 한 사람은 좌장군, 나머지 한 사람은 우장군입니다.

당초 성도성에 들어갈 때 문무백관이 모두 귀순했지만, 유독 유파, 황권이 문을 닫고 지키면서 투항하지 않았습니다. 여러 장수들이 분노하여 이들 두 사람의 목숨을 취하려 했으나, 유비가 이들 두 사람에게 상해를 입히는 자는 삼족을 멸한다는 군령을 미리 내렸습니다.

왜 이전에 적이면서 반대파였던 몇몇에 대해 높은 평가를 했던 것일까요? 이는 책략이었습니다. 논공행상論功行賞, 즉 대우를 할 때 자신과 알력이 있어 시끄럽게 대립했던 사람에게 먼저 상을 내리고, 공명정대하게 그들을 대우한 연후에 자신의 사람을 챙기는 것입니다. 이런 초식을 "대우를 할 때는 먼 사람부터 가까운 사람 순으로 한다"라고 이를 수 있습니다. 이는 인심을 안정시키는 데 매우 유효한 방법의 하나였습니다.

이 책략은 왜 효과가 있었을까요? 예를 하나 들어보겠습니다. 유치원 교사가 사과를 깎아 "애들아, 사과 먹어라!"라고 말하면, 아이들은 바로 몰려들 것입니다. 교사가 "줄을 서세요"라고 해도, 아이들이 서로 먼저 먹으려고 줄은 서지 않고 난장판을 만든다면, 이럴 땐 어떻게 해야 할까요? 교사에게는 방법이 있습니다. 사과 하나를 들고 최근에 꾸짖은 아이 중 모퉁이에서 코를 후비고 있는 철수에게 "여러분 주목, 철수가 가장 얌전해서 먼저 사과를 주겠어요. 여러분 누구라도 말 잘 듣고 줄을 잘 서면 모두에게 사과를 줄게요"라고 말한다면 아이들은 분명 줄을 서서, 한편으로는 철수와 그의 사과를 쳐다볼 것입니다. 아이들은 철수를 보면서 하나의 메시지를 얻습니다. 무슨 메시지일까요? 바로 '저렇게 덜떨어진 녀석조차도 큰 사과를 얻었는데, 내가 좀 떨어진다 해도 그보다는 더 나을 것이다.'라는 것입니다. 이리하여 마음속에 믿는 바가 생겨 자연스럽게 줄을 설 것입니다.

이와 반대로, 교사가 사과를 나누어줄 때 특별히 큰 것 하나를 골라 가장 예쁘고, 평소에 품행이 좋은 영희에게 "자, 착한 어린이, 사과 하나 줄게요"라고 말한다면, 많은 어린이들은 여기서 이런 메시지를 얻습니다. '저렇게 품행이 바른 애만이 사과를 먹을 기회가 있다. 보아 하니 나에게는 먹을 기회가 없겠구나. 흥, 내가 못 먹으면 너희들도 못 먹어.' 이리하여 몇몇 아이들은 힘껏 사과 바구니를 흔들어 바닥에 떨어뜨릴 것입니다.

그래서 대우를 하는 데는 반드시 순서에 주의해야 합니다. 특히 시간은 없는데 사람은 많고, 모두들 급하게 요구할 때는 반드시 심리적으로 거리가 멀고, 왕래가 많지 않고, 눈에 좀 거슬리고, 심지어 알력이 있던 사람부터 먼저 시작해야 합니다. 이런 사람부터 공정한 대우를 하면 다른 사람들이 모두 안심하게 됩니다.

제갈량이 동화, 황권 등 몇 사람에게 상을 내린 것은 바로 이런 이유 때문이었고, 이것이 바로 그의 고명한 점이었습니다. 그것은 모든 사람에게 다음과 같은 메시지를 주었습니다. '이렇게 강경한 반대파조차도 마땅한 대우를 받는데, 우리가 급할 것이 뭐가 있겠느냐!' 이렇게 해서 어떤 다툼이나 충돌 없이 조직은 무사히 1차 인사 위기를 넘겼습니다.

간부들에 대한 인사를 마치고 제갈량은 이어서 치국의 법령 조례를 기초했습니다. 《자치통감》 등의 사서에는 제갈량이 제정한 형벌이 비교적 엄중하자, 법정이 우려하여 제갈량에게 권고한 말이 나와 있습니다.

"과거 한 고조 유방이 관중에 들어가 '약법삼장約法三章'을 제시하자 백성들 모두 은혜에 감동하고 덕을 떠받들었습니다. 군사께서도 형벌을 조금 관대하게 하여 민심을 얻기를 바랍니다."

그러자 제갈량이 회답합니다.

"당신은 하나는 알고 둘은 모르시는군요. 그 당시 진秦나라는 법을 씀이 포악하여 백성들의 마음속에 원한이 쌓여 있었습니다. 그래서 고조는 너그러움과 인자함으로 민심을 얻고 천하를 얻을 수 있었던 것입니다. 그러나 지금 우리의 형세는 크게 다릅니다."

무엇이 그렇게 달랐을까요?《자치통감》에는 제갈량의 매우 고명한 말이 실려 있습니다. 이 말 속에는 관리 이론의 정수가 포함되어 있습니다. 원문은 이렇습니다.

> 지위로써 총애하니 지위가 극에 다다르면 업신여기게 되고, 은혜로써 따르게 하니 은혜가 고갈되면 게을러졌소. 폐단은 실로 여기서 비롯된 것이오. 나는 이제 법으로써 위엄을 세울 것이니 법이 행해지면 은혜로움을 알 것이고, 작위로써 제한을 둘 것이니 작위가 더해지면 영예로움을 알 것이오. 영예로움과 은혜로움이 고루 갖추어지면 상하가 절도 있게 되니, 다스림의 요체는 바로 여기서 드러나게 될 것이오寵之以位, 位極則賤, 順之以恩, 恩竭則慢, 所以致弊, 實由于此. 吾今威之以法, 法行則知恩, 限之以爵, 爵加則知榮, 恩榮幷濟, 上下有節, 爲治之道, 于斯著矣."

이 말의 주요 내용을 요약하면 이렇습니다.

'유장은 암약하고 무능하여 관리가 엄격하지 못했고, 제도가 제대로 갖추어져 있지 않았다. 관리는 무턱대고 은총으로만 인심을 매수해서는 안 된다. 매번 발탁하고 표창하면 습관이 되어 은혜에 감사하지 않게 되지만, 반대로 발탁이나 표창이 없으면 바로 원한이 생길 수 있다. 서천 관리의 폐단은 모두 여기서 비롯된 것이다. 나는 지금 먼저 법과 제도를 시행하고, 그것을 엄격히 하여 표창 받을 때 은혜에 감사하게 하며, 대우에 제한을 두어 그가 얻었을 때 영광스럽게 느끼게 할 것이다.'

이런 책략을 '선엄후관先嚴後寬'이라 할 수 있습니다. 인간 본성의 기본 특징 중 하나는 나쁜 곳에서 좋은 곳으로 나오기는 쉬워도, 좋은 곳에서 나쁜 데로 들어가는 것은 견디기 어렵다는 것입니다. 예를 들어 가난한 사람이 부자가 되는 것은 받아들이기 쉽지만, 부자가 가난뱅이가 되는 것은 받아들이기 매우 힘든 것과 같습니다. 관리도 마찬가지입니다. 처음 엄격하게 시작하여 점점 관대하게 대하면 가난에서 부로 들어가는 것과 똑같이 사람들 모두가 지도자의 인덕을 칭찬할 것입니다. 이와 반대로 처음 관대하게 시작해서 점점 엄격해지면, 부에서 가난으로 가는 것과 같이 반드시 사람들의 원한을 사게 될 것입니다.

공명의 지혜

가난한 사람이 부자가 되는 것은 받아들이기 쉽지만, 부자가 가난뱅이가 되는 것은 받아들이기 매우 힘들다. 관리도 마찬가지다.

만약 사람의 일생을 반으로 나누어, 전반 30년을 부자로 살고 후반 30년을 가난하게 사는 것과 반대로 전반을 가난하게 산 뒤 후반에 부자로 사는 것 중에서 어느 쪽이 좋은지를 선택하게 해봅시다. 아마 거의 모든 사람들이 후반 30년을 부자로 사는 것을 택할 것이라 생각합니다. 사람과 교류하는 것도 이와 마찬가지입니다. 처음 시작할 때 그를 관대하게 대하고, 이후에 엄격하게 대하려면 제대로 관리하기 어렵습니다.

만약 여러분 중 한 명이 한 회사의 사장이 되어 직원들을 모아놓고 이렇게 말했다고 합시다.

"우리 모두가 함께 일하는 것은 인연이 있어서입니다. 모두 함께 일하는 형제들입니다. 일은 그 다음 문제고, 중요한 것은 사람들 모두 즐겁게 일하는 것입니다. 나는 여러분들을 어렵게 하지 않을 것이니, 여러분 모두 열심히 노력만 하면 됩니다."

그런데 11월이 지나고 연말이 다가왔습니다. 그런데 차가운 얼굴로 "금년에 누구누구는 목표를 달성하지 못했습니다. 미리 말하는데 목표를 달성하지 못하면 그만둘 사람은 그만두게 하고, 월급을 깎을 사람은 깎을 것입니다. 지금 바로 직원 전체에게 통보하시오"라고 말합니다. 그러면 사장인 당신이 회의실을 나간 후, 대부분의 직원들은 당신을 음흉한 사람, 위선자라고 여길 것입니다. 즉 "겉으로만 우리에게 매우 잘해주는 듯이 하는데, 무슨 태도가 저러냐?" 하며 모두들 당신을 싫어하게 될 것입니다.

이와는 반대로 만약 처음 사장이 되었을 때, 차가운 얼굴로 "일은 일이고, 정은 정이지요. 비록 관계가 좋다고 하더라도 일을 못하면 나도 괴롭지만 해고할 수밖에 없어요!"라고 했다고 합시다. 그런 뒤 연말 평가 회의에서 "모두들 일 년 동안 고생했습니다. 다들 쉽지 않은 일 년이었죠! 아직 이틀이 남았으니 마쳐야 할 일은 잘 마치시고, 설령 다 못 한다고 해도 괜찮습니다"라고 한다면 직원들에 대한 믿음은 열렬한 박수 소리로 돌아올 것입니다. 모두들 '우리 사장 정말 괜찮은 사람이네. 평소에는 좀 험악했어도 사실은 인간적인 사람이었구나!' 하고 생각할 것입니다.

사람은 먼저 엄하게 하고 뒤에 관대하게 대하는 것을 좋아합니다. 만약 처음에는 허물없이 호형호제하며 친밀하게 지내다가, 나중에 규정에 따라 법을 집행하려면 행동 공간이 아주 좁아질 것입니다. 그래서 지도자의 얼굴은 겨울에서 여름으로 점점 따뜻하게 변해야 합니다. 이를 '선냉후난先冷後暖'이라고 할 수도 있습니다. 처음 막 시작했을 때는 엄격한 요구와 단호한 조치로 관리하면서, 시간이 흐름에 따라서 적당하게 완화하여 개별 사항에 따라 여유를 두는 것입니다.

이렇게 대우를 확정한 이후, 바로 해야 할 일은 인사 배치 문제였습니다. 제갈량은 몇 가지 재미있는 기교를 운용했는데, 이는 분석해볼 만합니다. 이 기교는 무엇이었을까요? 결론적으로 말하면 그것은 '상경하위上敬下威, 중용분개重用分開'라 이를 수 있습니다.

| 두 번째 책략

자리는 주되 권력은 주지 않는다

유비가 서천을 점령하던 과정에서 중요한 역할을 한 사람 중에 유장의 군의교위軍議校尉인 법정이 있습니다. 서천을 평정한 이후, 유비는 법정을 양무장군揚武將軍, 촉군 태수로 임명합니다. 《삼국지》에는 이 법정 선생이 "평소에 한 끼 식사의 은덕이나 아주 사소한 원한을 갚지 않음이 없었다"라고 기록되어 있습니다. 법정은 일단 발동하면 과거의 사소한 은혜나 구원을 모두 기억해두었다가 은혜는 갚고 원한은 보복할 정도로 통이 크지 않았고, 행동이 조금 과했습니다. 누군가가 제갈량에게 보고하면서 "법정은 너무 횡포하니, 뭐라고 좀 하시어 교육 좀 시켜주십시오"라고 말합니다.

제갈량이 이에 어떻게 말할까요? 《삼국지》 원문에는 이렇게 쓰여 있습니다.

> **법정**(176~220년)
> 자는 효직孝直, 부풍扶風 미(郿, 지금 섬서성 미현 동북) 사람이다. 동한 말의 명사로 원래는 유장의 부하였으나 유비가 촉에 들어갈 때 유비의 막하로 귀순했다. 219년 유비가 한중왕漢中王을 칭한 후 법정을 상서령, 호군장군으로 임명했다. 그 다음 해 법정이 세상을 떴는데 당시 나이는 45세였다.

> 과거 주공이 형주를 지키면서 북으로는 조조를 두려워하고, 동으로는 손권의 위협을 걱정하셨네. 이때 효직(법정의 자)의 보좌로 날개를 펼쳐 비상하여 더 이상 제약을 받지 않게 되었네. 그런데 지금 어찌 그가 뜻하는 조그만 일을 못 하게 막을 수 있겠는가?

대강은 뜻은 이렇습니다. '우리 주공이 당시 형주에 포위되어 있을 때 동으로는 조조, 서로는 손권을 두려워했는데, 전적으로 법정의 보좌로 이렇게 커다란 성취를 이루었으니 우리는 그 자신이 하길 원하는 일을 금지해서는 안 된다.' 여기서 공명은 법정을 비난하지 않을 뿐더러 오히려 법정을 칭찬하고 있습니다.

제갈량은 왜 이렇게 했을까요? 어떤 사람은 제갈량이 흙탕물에 섞여 원칙이 없었다고 하고, 어떤 사람은 공명이 법정을 두려워 해 감히 법정과 정면으로 충돌하려 하지 않았다고 합니다.

사실 제갈량이 이렇게 한 것은 두려워해서도 아니고, 원칙이 없어서도 아니었습니다. 제갈량의 결정에는 이유가 있었습니다. 그 이유는 다음 세 가지입니다.

첫째, 법정은 당시 유비의 총애를 받고 있었습니다. 유비는 법정을 아주 잘 보아 특별한 보배로 여겼습니다. 그것은 마치 봄에 보는 꽃처럼, 가을에 보는 과일처럼, 여름에 얼음을 대하듯, 겨울에 불을 쬐는 듯했습니다. 하루 종일 효직, 효직 부르면서 무척 친밀하게 지냈습니다. 만약 제갈량이 정부의 대권을 장악한 후 다른 일은 하지 않고 가장 먼저 이 보스의 오른팔을 정리했다면, 이는 가볍게 말하면 일의 경중을 알지 못한 것이고, 심하게 말하면 바로 보스와 경쟁하며 대항하는 것이었습니다. 이는 조직의 단결에 커다란 악영향을 끼칠 수 있었습니다.

두 번째, 법정은 공헌한 바가 많았고 이제 막 큰일을 이루었는데, 만약 그를 내치면 주위의 사람들이 어떻게 보고, 익주의 귀순한 간부들은 또 어떻게 생각하겠습니까? 모두들 '이건 토사구팽兎死狗烹하는 것 아닌가? 앞으로 너희하고 일하기 싫다!'라고 생각하지 않겠습니까? 이는 간부 그룹의 안정, 나아가 정권의 안정에 바로 영향을 미칠 수 있는 사항이었습니다.

세 번째, 법정은 멍청하거나 머리가 없는 사람도 아니었고, 준칙이 없는 사람도 아니었습니다. 법정의 할아버지와 아버지 대는 모두 청렴 고아한 인재로, 인품과 학식이 매우 훌륭했습니다. 법정은 어려서부터 아버지와 할아버지로부터 교육을 받았습니다. 인품은 본질적으로 훌륭했습니다. 비록 조금 과격하고, 일시적으로 어리석은 일을 했지만, 애초에 별거 아닌 일을 크게 만들지 않았고, 갈등이 격화되어도 조금만 일깨워주면 완전히 자신을 교정할 수 있는 사람이었습니다.

이처럼 조직의 단결과 간부의 안정, 그리고 당사자의 구체적인 정황에서 출발하여, 제갈량은 법정의 문제에 대해 온화한 수단을 선택하여 그를 질책하지 않고, 오히려 몇 마디 칭찬의 말을 하면서 넌지시 일깨워준 것입니다. 공명의 말이 법정의 귀에 들어간 이후 법정은 과연 자신의 언행에 신중해집니다.

이런 방법을 '경복敬服'이라 이를 수 있습니다. 사람을 복종시키려면 두 가지 방법이 있습니다. 하나는 '위복威服', 즉 무력이나 강제력, 심지어 적대적인 수단을 사용하는 것이고, 다른 하나는 '경복', 즉 온화한 방법을 사용하여 긍정적인 측면에서 말하고, 상대의 입장을 인정하며 말하는 것입니다.

제갈량이 운용한 것은 바로 이 '경복'의 방법이었습니다. 직급도 높고 기본도 있고 본질적으로 나쁘지 않은 사람에게서 일단 조그만 문제를 발견한다면, 우리 모두는 경복의 수단을 사용하여 상대를 편안하게 해주어 스스로 단점을 고치게 할 수 있을 것입니다.

예를 들어 아이에게 청소를 시킨다고 해봅시다. 표독스럽게 겁을 주며 "너 청소해. 그렇지 않으면 넌 게으름뱅이가 된다! 봐라, 꾸물거리는 모습이 완전히 굼벵이네. 빨리 해!"라고 윽박질러서는 안 됩니다.

이런 방법은 좋지 않습니다. 한편에서는 아이에게 좋지 않은 꼬리표를 붙여 자신감을 없애고 스스로에게 뭔가 문제가 있는 것으로 느끼게 해 아예 자포자기하게 만들고, 다른 한편으로는 부모가 원래 자신을 도와주는 것이 아니라 괜히 생트집을 잡는다고 생각하게 만들어서 결국 부모와 대립하게 만들고 분명히 할 수 있는 일도 거부하게 만들 것입니다.

반대로 먼저 긍정적인 두 마디만 한다고 해봅시다. "오늘 숙제 참 잘했어, 계속 노력해"라고 말하고는, "시간을 내서 같이 청소나 할까? 지난 번에는 청소를 무척 잘했더구나. 집안이 너무 깨끗해서 우리 모두 감탄했다." 이렇게 하면 아이는 청소를 잘하는 것뿐만 아니라 기쁨으로 충만하게 되고, 장래에는 일하길 좋아하는 자신감 있는 아이로 성장할 것입니다.

관리의 관점에서 말하면, 예나 지금이나 온화한 수단은 냉혹한 수단에 비해 훨씬 효과가 높습니다. 그러므로 '위복'은 온화한 수단으로 사람을 복종시키는 '경복'만 못합니다.

형주 간부 중에서 제갈량의 특별한 관심을 끈 또 한 사람이 있었는데, 그의 이름은 허정입니다. 유장이 항복하기 전에 허정은 전임 촉군 태수였고, 당시 여론은 그를 "호방하고 기품이 있으며, 당대의 인재로서 지침(롤 모델)으로 여겨졌다"고 평가했습니다. 이는 허정이 풍류가 있고 호탕하며 재능이 넘쳐흘렀고, 많은 장점이 있어 인재의 본보기가 되었다는 뜻입니다. 오늘날의 말로 하면, 허정은 당시의 우상이면서도 실력을 결합한 인물로 많은 팬을 거느린 인재였다고 할 수 있을 것입니다.

그렇지만 허정의 처세에는 도덕적인 소양이 부족했습니다. 유비가 성도로 진격할 때 유파, 황권 등은 충성심에 불타 자리를 지키면서 한마음으로 유장에 충성했지만, 허정은 몰래 자리를 이탈하여 성을 빠져나와 유비에 투항했던 것입니다. 이 일로 유비는 그에 대해 반감을 가지게 됩니다.

훗날 허정이 태부太傅로 임명되어 제갈량보다 높은 자리에 올랐지만, 제갈량은 어떤 반대도 하지 않고 오히려 앞장서서 허정에게 예를 더하고 더욱 존중합니다. 만났을 때 심지어 큰절을 하기도 했습니다. 촉한 정권 내부에서 제갈량은 단지 두 사람에게만 인사를 올렸는데, 한 사람은 유비고 다른 한 사람이 바로 허정이었습니다.

> **허정**(許靖, ?~222년)
> 자는 자휴子休, 여남 평흥(平輿, 지금의 하남성 평여현) 사람이다. 젊은 시절부터 세상에 알려졌는데, 후에 유익劉翊이 효렴孝廉으로 천거하여 상서랑을 역임했다. 다시 익주목 유장의 초청으로 파군태수, 광한태수를 역임했다. 유비가 촉에 들어온 후 요직을 맡았고 삼공의 위치에 올랐다.

그렇다면 제갈량은 왜 허정을 이렇게 존중했을까요? 이것은 '중이불용重而不用'의 책략이었습니다.

우리는 평소에 중용重用이라는 말을 잘 씁니다. 이 사람은 중용해야 하고, 저 사람은 중용해서는 안 된다고들 말합니다. 사실 중용은 중重과 용用 두 개념으로 나눌 수 있는데, 중은 지위를 주어 존중하는 것이고, 용은 권한과 자원을 주는 것입니다.

허정이 비록 높은 예우를 받았고 제갈량조차 큰절로 인사하고 태부의 직위로 리더 그룹의 구성원이었다고 하더라도 그에게 권력이 있었을까요? 부대를 이동시키고, 정부를 관리하고 혹은 인사 배치를 할 수 있었을까요? 그럴 수 없었습니다. 그에게는 어떤 구체적인 권력도 없었습니다.

그렇다면 왜 허정을 리더 그룹에 넣었을까요? 그는 명성이 높았고 조직 내 영향력이 컸으며 강한 호소력을 지니고 있었기 때문에 리더 그룹에 들어갔고, 그로 인해 리더 그룹의 지명도와 명망도 순조롭게 올라갈 수 있기 때문입니다. 일종의 얼굴마담이었죠. 만약 그를 배척하면 리더 그룹의 명망에도 영향을 미칠 수 있었습니다. 그래서 지명도와 명망이 높지만 가치관이 일치하지 않은 간부에 대해서는 높은 자리는 주지만重 권력은 주지 않는不用 효과적인 책략을 채택한 것입니다.

허정과 법정은 새로 초빙한 외래 간부에 속합니다. 이런 간부의 관리는 중요하기는 하지만 특별히 민감한 문제는 아닙니다. 처리가 적절하지 않으면 조정하면 그만입니다.

하지만 리더 그룹 내에는 조그마한 실수도 해서는 안 되는 유형이 있습니다. 이는 바로 보스의 측근입니다. 그들은 보스 주변에서 일하기 때문에 보스와 관계도 가깝고, 수준도 있으며, 애정도 있고, 능력도 있습니다. 이런 유형의 사람을 관리하는 일은 상당히 민감한 일입니다.

이제 제갈량이 이런 측근들을 어떻게 관리했는지를 알아봅시다.

| 세 번째 책략

측근에게 엄격하게 하고 윗사람을 벌하여 권위를 세운다

먼저 보스의 주변 인물로 유비의 양아들 유봉에 대해 살펴보겠습니다. 《삼국지》에는 "유봉은 본래 라후羅侯 구씨寇氏의 아들로, 장사長沙 유씨의 외조카였다"고 쓰여 있습니다. 유봉의 원래 이름은 구봉이었으나, 유비가 형주에 온 후 그를 양자로 삼아 유봉으로 불렀습니다. 유비가 촉으로 들어가던 시기 그의 나이는 20여 세였는데, 무예가 출중하고, 기력이 뛰어났습니다. 제갈량, 장비 등과 함께 병사를 이끌고 장강을 거슬러 서쪽으로 올라가 여러 번 전공을 세웠고,

익주를 얻은 후에는 부군副軍 중랑장에 임명되었습니다.

건안 24년, 유비는 맹달孟達을 보내 상용上庸을 공격합니다. 하지만 유비는 맹달 혼자서 임무를 감당하지 못할까 염려하여 유봉을 군중에 보내 함께 상용으로 진격하게 합니다. 상용 싸움에서 승리한 후 유봉은 부군장군副軍將軍으로 승진하고, 맹달과 함께 그곳을 지킵니다.

> **유봉**(劉封, ?~220년)
> 동한 말 장사(長沙, 지금의 호남 상음湘陰) 사람으로 유비의 양아들이다. 유봉은 무예가 출중하고 성격은 강직하고 외곬이었다. 후에 상용의 내부 반란으로 성도에 돌아왔으나 유비는 난의 책임을 물어 사사했다.

이후 유봉의 교만한 마음이 점차 커져 세 가지 큰 잘못을 하게 됩니다.

첫 번째, 《삼국지》에 기재된 바에 따르면 관우가 번성과 양양을 포위하고 유봉과 맹달에게 원군을 요청했으나, 유봉은 상용이 이제 막 귀부했으니 군사를 보낼 수 없다며 거절합니다. 관우가 싸움에 패하고 죽은 것은 객관적으로 유봉에게 일정한 책임이 있었고, 이 때문에 유비는 대노합니다.

두 번째, 유봉은 국면을 고려하지 않고 세력으로 사람들을 억눌러 맹달과 불화하여 내부 단결을 이뤄내지 못합니다. 결국 맹달을 조위曹魏에 투항하도록 내몰아 서촉에 커다란 손실을 끼칩니다.

세 번째, 유봉은 상용을 수비하던 신의申儀 등의 배반을 막지 못하고 싸움에 패배하여 지키던 땅을 잃고 몸만 성도로 빠져나옵니다.

이상의 세 가지 이유로 유비의 유봉에 대한 불만은 이미 일정 정도 쌓여 있었습니다. 유비는 매우 분노했고, 결과는 아주 엄중했습니다.

제갈량은 유봉의 문제를 처리하는 데 매우 강경한 태도를 취합니다. 엄격하게 처벌하고는 결코 관용을 베풀지 않았습니다. 줄곧 온화했던 공명 선생이 왜 유봉에 대해서 이렇게 독하게 했을까요? 두 가지 이유가 있습니다. 첫째, 유봉이 보스 측근의 고급 장교였기 때문입니다. 측근이 잘못을 해도 처벌하지 못한다면 앞으로 어떻게 조직을 이끌고 어떻게 아랫사람을 교육시키겠습니까? 둘째, 유봉이 보스의 양아들이었기 때문입니다. 유봉이 벌써부터 교만하고 우쭐대는 모습을 보이고, 거기에 병권까지 쥐어줬으니 앞으로 또 문제를 일으킨다면 그때는 어떻게 해야 하겠습니까? 원래 재앙은 내부에서 일어난다고 합니다. 측근이 문제를 일으켜도 제재를 받지 않은 것이 가장 두려운 일입니다. 이런 두 가지 이유로 제갈량은 유봉에 대한 엄격한 처벌을 고수합니다. 결국 유비는 유봉에게 자살할 것을 명합니다.

이것이 '근엄원관近嚴遠寬'의 책략입니다. 측근에게는 엄격함을 주로 하여, 하늘과 같은 규율을 세우고 잣대를 정해 위반하면 결코 관용을 베풀지 않는 것입니다. 왜 이렇게 해야 할까요? 측근은 항상 보스와 같이 있기 때문에 정기적인 교류의 기회가 얼마든지 있습니다. 그래서 시간이 오래되면 교만해지고 자만하게 되어, 위아래가 없어지고, 말하지 말아야 할 것을 말하며, 하지 말아야 할 짓을 하게 되는 것을 걱정했기 때문입니다.

일단 이렇게 되면 세 가지 두려워할 만한 결과가 나타납니다. 첫째는 모순이 격화되는 것입니다. 보스 측근이 문제를 일으켰는데, 잘 해결하지 못하면 재앙은 내부에서 일어나 더 큰 문제를 일으키기 쉽습니다. 두 번째는 명성에 손상을 입는 것입니다. 대중들은 이렇게 이야기할 것입니다. "무슨 지도자가 저래. 저렇게 못된 수하를 데리고 있으니!" 조직을 이런 사람에게 맡기면 미래는 없습니다.

세 번째는 잘못된 행위의 확산입니다. 주위 사람들 모두가 보고 있습니다. "보스 측근조차 이렇게 많은 문제가 있는데 우리가 잘못 좀 한다고 해서 뭐가 대수냐!" 이렇게 되면 행동에 절제가 없게 되어 잘못이 확산됩니다.

그래서 현명한 지도자가 가장 먼저 관리하는 것이 자신의 측근입니다. 무슨 기사, 비서, 조수, 양아들, 처남 등 누구든 간에 규율을 세우고 관리를 강화해야 합니다. 제갈량이 유봉의 처벌을 주장한 것은 바로 이런 고려에서 비롯된 것입니다.

자신의 주장을 널리 실행하고, 사람들 모두가 제도에 복종하게 하려면 가장 먼저 필요한 것이 충분한 위엄과 사람들의 경외심입니다. 그렇다면 어떻게 위엄을 세울 수 있을까요? 가장 먼저 해야 할 일은 측근을 잘 관리하는 것입니다.

제갈량은 유봉을 처벌함으로써, 서천을 다스리는 간부들에 대한 '벌상입위(罰上立威, 잘못이 있는 윗사람을 벌하여 권위를 세운다)'의 책략을 구현했습니다. 문제가 생기자 리더 그룹을 포함한 주요 책임자를 처벌하여, 단시간에 제도의 위엄과 관리의 규범을 수립한 것입니다. 반대로 문제가 생겼는데 책임을 회피하고, 단지 몇몇 별 볼 일 없는 조무래기들만 처벌하여 일을 마무리하면, 이후 제도를 경외하는 사람은 아무도 없게 되고, 문제는 훨씬 더 심각하게 발전할 것입니다.

비유를 한번 들어볼까요? 예를 들어 한 무리의 코끼리를 관리한다고 해봅시다. 그들 모두를 복종시키려면 어떻게 해야 할까요? 먼저 회의를 개최합니다. 코끼리들이 모두 자리에 앉자 당신이 위엄 있게 말합니다. "나에게는 원칙이 있습니다. 누구라도 기율을 어기면 반드시 따끔한 맛을 보여줄 것입니다." 이렇게 말하며 고개를 돌려 문 앞에 쪼그리고 앉아 있던 개미를 보고는 한 손에 휘어잡고 큰소리로 꾸짖습니다. "어디 소속이지요? 감히 기율을 어기다니, 가만히 있지 않겠습니다!" 이렇게 말하며 개미를 손바닥으로 때려 납작하게 만듭니다. 이러면 코끼리가 무서워하겠습니까? 대부분의 코끼리는 코로 입을 막고는 비웃을 것입니다.

이와 반대로 한 무리의 개미 떼를 관리하여 그들을 복종시키려면 어떻게 해야 할까요? 회의를 열고, 개미들 모두 자리에 앉으면 엄숙하게 말합니다. "나에게는 원칙이 있는데 누구라도 기율을 어기면 반드시 따끔한 맛을 보여줄 것입니다." 이렇게 말하고는 코끼리 한 마리를 잡아 두말하지 않고 손바닥으로 쳐 납작하게 합니다. 개미는 어떤 반응을 보일까요? 현장에서 개미들은 전체가 기립하여 주먹 쥔 손을 올리며 소리 높여 외칠 것입니다. "보스를 지지합니다."

이렇듯 납작해진 개미를 코끼리에게 보이면 돌아오는 것은 비웃음이지만, 납작해진 코끼리를 개미에게 보이면 위엄을 얻을 수 있습니다. 이 책략이 바로 '벌상입위'입니다.

공명의 지혜

납작해진 개미를 코끼리에게 보이면 돌아오는 것은 비웃음이지만, 납작해진 코끼리를 개미에게 보이면 위엄을 얻을 수 있다.

여기서 '살계경후殺鷄儆猴', 즉 '닭을 죽여서 원숭이를 경계한다'는 뜻의 성어를 다시 한 번 생각해보려 합니다. 원래 뜻은 한 사람을 벌하여 다른 사람을 경계한다는 뜻입니다. 그런데 생각해볼 때, 닭이 큽니까, 원숭이가 큽니까? 분명 원숭이가 크지요. 금강金剛, 태산泰山과 같은 거인들이 입을 삐죽거리며 이쪽으로 오다가 섰습니다. 당신이 "나 무섭지, 무섭지!" 하면서 닭 한 마리를 잡아, 우지직 죽입니다. 그러면 마주 보던 거인이 무서워할 것이라고 생각하십니까? 그들은 무서워하지 않을 것입니다. 그들은 단지 입을 삐죽이며 "흥, 그 따위쯤이야!"라고 코웃음칠 것입니다.

다시 생각해봅시다. 한 무리의 닭들이 맞은편에 서 있는데, 먼저 거인 중 하나를 붙잡고 한칼에 스윽 베어 죽입니다. 그럼 닭들은 어떻게 반응하겠습니까? 다리가 후들거리고 얼굴이 붉어지며, 당장 당신에게 뭔가를 공헌하기 위해 노력할 것입니다.

그러므로 위엄을 세우려면 위부터 벌해야 합니다. 가문이 좋고, 목에 힘이나 주고 다니는 지위가 높은 사람 중 한 사람을 찾아 한칼에 베어버리면, 조직 전체는 쥐 죽은 듯이 조용해지며 복종을 표할 것입니다.

제갈량이 유봉을 처벌할 때 사용한 것이 바로 이런 '위를 벌하여 권위를 세운다, 즉 벌상입위'의 기교였습니다. 처벌에 무게감이 있어서 자연스레 위신이 서고 영향력은 증대되어 조직을 이끌고 일하기가 훨씬 쉬워질 것입니다.

하지만 새로운 문제가 생겨납니다. 큰 위신과 호소력을 가진 2인자로서 제갈량은 어떻게 상부 리더와의 관계를 처리했을까요? 이 문제를 잘못 처리하면, 작게는 개인의 발전에 영향을 미치고, 크게는 조직의 조화와 안정에 영향을 주어, 잘못하면 내란이 일어날 수도 있습니다. 제갈량도 예나 지금이나 모든 2인자들이 마주했던 문제, 즉 '공이 높으면 주인이 놀란다功高震主'라는 문제와 마주쳤습니다. 능력은 뛰어나고, 명성이 커지니 보스가 마음을 놓을 수 없는 지경에 이르렀습니다. 능력이 뛰어난 사람은 종종 윗사람이 가장 마음을 놓지 못하는 사람이 되기 때문이지요. 지혜가 많고 지략이 풍부한 공명 선생은 어떻게 이 문제를 처리했을까요? 그는 어떤 책략을 택했고, 또 어떤 새로운 곤란에 직면했을까요? 다음 강의를 보시기 바랍니다.

5장

제갈량,
자신을 낮추어 신임을 얻다

| 들어가며 |

2인자가 보스의 경계를 받지 않으려면

형주와 익주를 차지한 유비는 조직을 안정시키고 내부 기강을 확립하여 한실 부흥을 위한 준비를 착실히 준비한다. 유비가 성도로 들어와 익주목이 된 지 3년 후인 건안 24년(219년), 유비는 한중을 점령하여 한중왕을 칭하고, 형주의 관우는 번성을 공격하여 북방의 조조를 잔뜩 긴장시킨다. 제갈량이 《융중대》에서 말한 "밖으로는 손권과 화친을 맺고, 안으로는 정치에 힘쓰고, 천하에 변화가 생긴다면, 한 명의 상장에게 명하여 형주의 군대를 완현과 낙양으로 진군하도록 하며, 장군 자신은 익주의 병력을 이끌고 진천으로 출격한다"는 기본 전략이 막 전개되려 할 때, 뜻하지 않게 형주가 비어 있는 틈을 타 오나라가 관우의 배후를 급습하여 형주를 빼앗고 관우를 사로잡아 죽이는 일이 일어난다. 삼국정립의 기본 전제인 오촉 동맹이 깨진 것이다.

건안 26년(221년) 유비는 황제를 칭하고 제갈량을 승상에 임명한다. 그러고는 다음 해 관우의 복수를 빌미로 대군을 이끌고 무리하게 오를 치다가 이릉에서 참패를 당하고 만다. 결국 백제성에 이르러 병세가 위중해지자 제갈량을 불러 후사를 위촉한다.

> 그대의 재능은 조비의 열 배에 이르니, 틀림없이 국가를 안정시킬

수 있을 것이고 끝내는 대업을 완성시킬 수 있을 것이오. 만일 내 아들이 보좌할 만한 사람이라면 보좌하고, 만일 그가 재능이 없다면 그대가 스스로 취해도 좋소.

유비가 이렇게 어린 아들을 부탁하는 이 드라마틱한 장면은 이후 두고두고 많은 논란을 불러일으켰다. 특히 자식에게 능력이 없다고 생각되면 제갈량 스스로 취해도 좋다고 한 유비의 말은 역대 많은 사대부들의 지탄을 받아왔다. 당연히 제갈량은 충성으로써 후주 유선劉禪을 보좌했지만 혹자는 이를 "어린 자식을 부탁託孤할 때 할 말이 아니다"라고 하며, 이 말 속에는 조직 내부의 갈등과 분열을 조장할 수 있는 어마어마한 씨앗을 심은 것으로 생각했다. 사실 이런 생각에는 역사적인 증거가 무척 많다.

지금껏 제갈량은 유비 집단의 정치와 행정 분야에서 유비를 보좌하면서 실질적인 2인자로서의 역할에 충실했고, 조직 내에서도 신망을 쌓고 있었다. 촉한 정권 내에서 제갈량의 명성과 능력은 유비 다음이었는데, 이제 유비가 죽었으니 제갈량이 그 첫 번째가 된 것이다. 어느 누가 이를 우려하지 않겠는가?

하지만 제갈량은 이 지점에서 2인자로서의 빛나는 처세의 지혜를 보여준다. 이번 장에서는 촉한 정권의 실질적인 2인자였던 제갈량이 어떤 방식으로 유비와의 인간적 신뢰를 유지하고 주위 동료나 신하들의 인정을 받으면서도 유비로부터 촉한의 실질적 경영권을 위임받을 수 있었는지에 대한 해설이다. 이 주제는 처세의 문제인 듯하지만 사실은 조직 관리 및 리더십의 문제다. 그럼 제갈량의 이야기를 들어보자.

들어가며

이퇴위진 以退爲進
능력이 뛰어난 부하가 어떻게 보스를 안심시키는가

　장무_{章武} 3년(223년) 봄, 63세의 유비는 병으로 눕습니다. 그를 진찰한 의사는 간단한 설사병이라고 진단합니다. 병중의 유비는 침상에 누워 있지만, 뇌리에는 항상 전투 장면이 언뜻언뜻 나타납니다. 그 자신이 산 정상에 서서 아래를 내려다보니 산하가 온통 불바다이고, 도처에 천지를 뒤덮는 함성이 오가며, 사람과 말의 시체는 길 위에 가득하고 강물에 널려 있습니다. 이 장면은 적벽대전이 아니라 몇 개월 전 유비가 친히 지휘한 이릉_{夷陵} 전투의 한 장면입니다.

　이전에 유비는 적벽이 불바다가 되었을 때 조조는 어떤 기분이었을까를 생각해본 적이 있었습니다. 지금 그는 드디어 그 기분을 체득하게 되었습니다. 차이라고는 당시 조조를 불사른 이는 동오의 주유였지만, 지금 그를 불사른 이는 동오의 육손이었을 뿐입니다.

　그런 처참한 장면과 전사한 병사들의 얼굴을 생각하며 유비의 마음은 바싹 움츠러듭니다. 심지어 그는 이런 처참한 실패를 믿으려 하지 않을 때도 있었습니다. '어떻게 이런 일이 나에게 일어날 수 있었을까?'

　이 해는 유비가 촉한의 황제가 된 지 3년째 되는 해였습니다. 막 황제가 된 지 2년째, 유비는 4만의 병사를 일으켜 남방의 소수민족과 연합하여, 관우에 대한 복수를 명분으로 동오에 선전포고를 했습니다. 그러나 동오를 겸병하겠다는 웅대한 포부가 유비에게 가져다준 것은 일생 최대의 쓰라린 경험뿐이었습니다. 그 고통은 정말 받아들이기 힘든 것이었습니다.

이릉의 참패로 병사들은 거의 부상당하거나 사망했고, 장수들도 몇몇 잃었습니다. 유비는 단지 몸만 빠져나와 백제성白帝城으로 도망갔습니다. 백제성에 이르러 유비는 병으로 누웠습니다. 처음에는 단순한 설사병이었기 때문에 모두들 황제가 좀 쉬면 곧 좋아질 것으로 생각했습니다. 하지만 백제성에 임시로 영안행궁永安行宮을 짓고 안정을 되찾은 이후, 오히려 유비의 병은 날로 깊어져 침상에서 일어나지도 못할 지경에 이르렀습니다.

유비는 자신의 시간이 얼마 남지 않음을 알고, 급히 멀리 성도에 있던 제갈량을 영안으로 불러 후사를 부탁할 준비를 합니다. 유비가 제갈량에게 후사를 부탁한 것에 관한《삼국지》,《삼국연의》,《자치통감》의 기록은 모두 일치합니다. 병상 앞에서 유비는 제갈량에게 다음과 같이 말합니다.

> 그대의 재능은 조비의 열 배에 이르니, 틀림없이 국가를 안정시킬 수 있을 것이고 끝내는 대업을 완성시킬 수 있을 것이오. 만일 내 아들이 보좌할 만한 사람이라면 보좌하고, 그가 재능이 없다면 당신이 스스로 취해도 좋소如其不才, 君可自取.

무슨 뜻일까요? 자신의 아들 유선이 재주가 없다고 판단되면 제갈량이 황제가 되어도 좋다는 이야기입니다.

이 말에 제갈량은 너무 황공하여 몸 둘 바를 모릅니다. 유비가 그런 말을 할 줄은 생각지도 못했기 때문입니다. 중국 역사에서 이런 방식으로 자식을 부탁한 사람은 없습니다. 그러면 유비가 왜 이렇게 말했는지를 분석해보기로 합시다.

일반 백성의 눈으로 보면, 유비가 자식을 부탁한 것은 한 집안의 가장이 숨이 넘어가기 전 자신의 아들이 가계를 이어갈 수 있도록 집사에게 후사를 당부하는 것과 엇비슷합니다. 그렇다면 이 가장이 어떻게 말할 것인지 생각해보십시오.

그가 말한 것이 뜻밖에도 "집사 당신이 보기에 내 아들이 안 된다고 생각되면, 그를 상대할 필요 없이 이 집 재산을 다 당신이 가지시오"라는 뜻이라고 해석한다면, 이는 현실과 너무 동떨어진 이야기가 될 것입니다. 아마도 이렇게 후사를 부탁하는 가장은 없을 것입니다.

그렇다면 유비가 이 말을 한 동기는 어디에 있었을까요? 두 가지 상황을 고려해보죠. 먼저 이 말에 유비의 진정성이 들어 있다고 생각해봅시다. 정말로 나라를 자신의 아들에게 주지 않아도 되고, 만약 제갈량이 나라를 다스린다면 그것은 국가의 복이고 일반 백성들의 복이라고 생각하는 것입니다.

다른 하나는 이 말을 유비의 우려를 드러낸 것으로 보는 것입니다. 제갈량은 지위도 높고 권력도 가졌으며, 이름도 널리 알려져 백성들이 지지하는 데 반해, 이제 막 17세가 된 그의 아들이 제갈량과 같은 중신을 이끌 수 있을 것인지, 1인자의 위치를 안정시킬 수 있을 것인지 모든 것이 미지수였을 것입니다.

앞의 두 가지 정황 중에서 여러분들은 유비가 어느 쪽에 속했을 것이라고 생각하십니까? 나는 두 가지 다 조금은 있었을 것으로 생각합니다. 그러나 아마도 후자가 조금 더 많았을 것으로 생각합니다.

유비의 심리는 매우 복잡했습니다. 지금 그는 이미 자신이 어떻게 떠날지는 염려하지 않고, 자신이 떠난 이후 자신을 이을 다음 사람이 누구인지에 대해 염려하고 있습니다. 유비가 이 말을 하자 공명 선생은 어떻게 화답했을까요? 그가 혹시 "좋습니다. 보스, 당신 말대로 하겠습니다. 앞으로 잘 생각해보겠습니다"라고 했을까요?

만약 정말로 이렇게 말했다면 큰일 날 일입니다. 유비는 지금 바로 대답을 요구하고 있습니다. 당연히 공명도 바로 대답해야 함을 알고 있었습니다. 《삼국지》는 제갈량의 대답을 이렇게 적고 있습니다.

> 제갈량은 흐느껴 울며 "신은 결연히 온 힘股肱之力을 다하여 충정忠貞의 절개를 바치고, 죽을 때까지 이를 계속하겠나이다"라고 말했다
> 亮涕泣曰：臣敢竭股肱之力, 效忠貞之節, 繼之以死.

이 말의 의미는 '신은 온 힘을 다해 어린 태자를 보좌하여, 죽어도 두 마음을 먹지 않겠습니다'라는 다짐이라고 할 수 있습니다. 또한 사서에는 흐느껴 울다涕泣라는 단어를 써서 감정이 복받치고 크게 상심해서 울었다고 표현하고 있습니다.

그렇다면 제갈량은 왜 이렇게 울었을까요? 어떤 사람은 유비의 신임에 감동했기 때문이라고 하는데, 어느 정도 믿을 만한 의견입니다. 또 다른 사람은 상심 때문이라고 합니다. 전우 유비가 세상을 뜨니 상심할 수밖에 없었겠죠. 이것도 확실히 일리가 있습니다.

하지만 나는 유비의 말과 제갈량의 눈물은 둘 다 매우 복잡한 것

이라고 생각합니다. 앞의 두 가지 관점 말고 제3의 관점이 있을 수 있는데, 그것은 아마 제갈량이 속상했기 때문일 것입니다. 초려를 나온 이래 유비와 함께 일한 지 여러 해가 지나는 동안 제갈량이 전전긍긍하며 열심히 일하면서도 불평하지 않은 것은 정말로 대업을 이루기 위함이었고, 지금껏 두 마음을 가진 적이 없었을 뿐 아니라 그런 태도를 보인 적도 없었는데, 임종을 맞은 유비가 자신을 그 정도로밖에 생각하지 않는 것에 대해 제갈량은 속상했을 것입니다. 하지만 처신하기가 참 어려웠습니다.

사실 제갈량이 마주한 것은 고금을 통틀어 모든 직급 높은 권력을 가진 사람들이 마주친 문제, 즉 공이 많으면 군주가 경계할 수밖에 없다는 것이었습니다. 능력도 뛰어나고, 명성도 높으니 군주가 마음 놓을 수 없는 지경이 된 것이지요.

아랫사람 노릇하기는 참 어렵습니다. 보스가 일을 시켰는데 하지 않으면 보스는 달가워하지 않고, 잘못하면 기뻐하지 않으며, 너무 잘해도 마음을 놓지 않습니다.

제갈량은 당시 세 가지의 신분을 가지고 있었습니다. 대권을 장악하고 대소 정사를 혼자서 결정하는 '권신權臣'이 그 하나이고, 이상도 있고 도의를 아는 사람들 모두가 우러르는 '충신忠臣'이 다른 하나이고, 업적이 탁월하고 재간이 출중한 '능신能臣'이 그 세 번째 신분이었습니다.

이 세 가지 신분을 군주에게 보여주면 어떤 군주가 숨이 막히지 않겠습니까? 정말 신하의 공이 높으면 군주가 놀라게 되고, 세력이 커지면 군주를 능가하는 법입니다. 비록 공명이 주관적으로는 이런 의도가 없었다고 하더라도, 객관적으로는 이런 형세가 만들어진 것입니다. 유비가 백제성에서 후사를 부탁한 말 자체가 이를 증명합니다.

이런 문제를 잘 처리하지 못하면, 군신이 서로 의심하여 내란이 일어나고 그동안 얻었던 승리와 성과는 모두 날아가 버리는 직접적 결과를 초래합니다.

창업에 성공한 후 서로 간의 시기로 내분을 일으켜 사업을 날려 버린 예는 무척 많습니다. 그렇다면 권력과 능력, 그리고 영향력 삼박자를 갖춘 부하는 어떻게 윗사람과의 관계를 처리하고, 윗사람의 충분한 신임을 얻을 수 있을까요? 분석해보면 알 수 있듯이, 제갈량은 유비의 수하가 된 때부터 이 문제에 대해 신경을 써왔습니다. 그는 다음 네 가지 방법을 아주 전략적으로 운영하여 이 문제를 비교적 잘 해결합니다.

첫 번째 책략

일할 때는 부채를 흔들지만, 생활에서는 무대를 만들어준다

이 책략을 이야기하기에 앞서 유비의 집안일에 대해 이야기하려 합니다. 중국에는 '자기 띠에 해당되는 해는 좋지 않다'라는 속설이 있습니다. 유비는 확실히 그랬습니다. 소띠인 유비가 적벽대전의 승리에 취해 있던 동한 건안 14년, 즉 209년은 유비가 48세이던 소띠 해였는데, 바로 그때 안 좋은 소식이 전해집니다. 유비의 처인 감甘 부인이 세 살 된 아들을 남기고 세상을 떠난 것입니다. 이렇게 2년에 걸쳐 두 명의 부인이 모두 세상을 떠났습니다.

《삼국지》에는 집안일과 관련된 이야기 중에 흔히 '사대 비극'이라 불리는 사건의 주인공이 있습니다. 이 사대 비극의 주인공이란 누구일까요?

첫 번째는 여포의 아버지입니다. 여포의 마음속에는 살부殺父의 마음이 잠재해 있었습니다. 정원丁原과 동탁董卓의 말로는 모두 잘 알고 있을 것입니다. 여포의 양아버지는 누구라도 죽을 수밖에 없었습니다.

두 번째는 마초의 아들입니다. 마초에게는 세 명의 아들이 있었습니다. 《삼국지》에서 '양부楊阜가 병사를 빌려 마초를 깨다'라는 이야기에 나오는데, 마초의 처와 가족, 그리고 세 명의 어린아이는 적장 양관梁寬 등에게 붙잡혀 익성翼城의 성벽 위에서 하나하나 목이 잘립니다.《삼국지》배송지 주에 기록된 바에 따르면, 마초가 패한 후 장로에 의탁하자 두 번째 부인 동씨董氏와 아들 마추馬秋는 장로의 손아귀에 있게 됩니다. 후에 마초가 유비에 투항하자 장로는 조조에 투항했는데, 조조는 동씨를 수하에게 상으로 주고 마추는 장로에게 떠넘깁니다. 장로는 두말하지 않고 현장에서 마추를 죽입니다. 비극이지요. 어린애조차 그냥 놔두지 않는 시대입니다. 그래서《삼국지》는 영웅의 역사이면서 피눈물의 역사이기도 합니다.

세 번째는 조조의 시종입니다. 조조는 남에 의해 모해되는 것을 방지하기 위해 자신이 '꿈 속의 살인'을 좋아한다고 사칭합니다. 이는 조조가 잠을 잘 때, 남이 조금만 가까이 오면 바로 죽는다는 의미였습니다. 한번은 조조가 잠들었을 때 이불이 바닥으로 떨어졌는데, 시종이 이를 주우러 잠자리에 다가가자 과연 조조는 벌떡 일어나 시종을 칼로 베어버립니다. 그래서 조조의 집에서 일하던 시종들은 아무 때나 목숨을 잃을 수 있는 매우 위험한 상황에 처해 있었습니다.

네 번째는 유비의 부인입니다. 전쟁에 패할 때마다 유비가 보여준 기본적인 행동은 처와 자식을 버리는 것이었습니다. 아시다시피 소패에서 여포와 싸울 때 패하고 도망가면서 처자를 버렸고 서주에서 조조와 싸우다 패하자 또 처자를 버려, 훗날 관우가 세 가지 조건을 내걸고 조조에게 항복하게 되는 단초가 됐고, 당양 장판파에서 조조에게 패하고 철군할 때도 또 처자를 버려 미 부인이 우물에 몸을 던져 자살하게 됩니다.

그런데 지금 감 부인이 또 세상을 떠났습니다. 거의 쉰 살에 이른 유비에게 세 살 된 아이 하나를 남겨놓았으니, 참으로 처량했습니다.

그러나 나쁜 소식이 있으면 좋은 소식도 있기 마련입니다. 유비가 괴로움을 겪던 시기 동오의 모사 여범呂范이 왔다는 보고를 받습니다. 유비는 여범이 노숙과 같이 형주를 돌려받기 위해 온 것으로 생각했습니다. 그래서 눈 딱 감고 만나러 나갔는데, 여범이 가져온 것은 뜻밖의 희소식이었습니다. 유비의 중매를 서려고 온 것이었습니다. 여범이 말합니다.

"오후吳侯 손권께는 지혜롭고 아름다운 여동생이 있는데, 유 황숙에게 시집가고 싶어 합니다."

이는 정말 집에 앉아 있는데 하늘에서 선녀가 내려온 격이었습니다.

유비는 이 일에 직면하여 뭐라 말했을까요?

"내 나이 이미 오십으로 머리도 희끗희끗한데, 오후의 누이는 지금 묘령의 나이네. 아마 나와 어울리지 않을 것이오."

유비는 마음속으로는 원하지만, 상대가 나이가 많은 것을 싫어할까 염려했습니다.

그러자 여범이 말합니다.

"우리 오후의 누이는 몸은 비록 여자지만 뜻은 남자를 넘어섭니다. 항상 천하의 영웅이 아니면 시집가지 않겠다고 말해왔습니다. 황숙께서는 명성이 사해에 알려져 있으니 이른바 요조숙녀에 어울리는 군자입니다. 나이가 무슨 문제가 되겠습니까?"

유비는 당시 이렇게 말합니다.

"그러면 하루만 기다리시오. 내일 알려드리겠소."

그러고는 바로 제갈량과 상의합니다. 공명의 태도는 아주 명확했습니다.

"면전에서 이미 허락했으니 날을 잡아 식을 올리십시오."

유비는 주저합니다. 그는 죽을 먹고는 싶은데 뜨거울까 무서워하는 사람처럼 말합니다.

"그런데 만일 주유가 나를 해하려고 계략을 꾸민 것이라면, 이는 제 발로 호랑이 굴에 찾아가는 것이 아니겠는가?"

공명이 크게 웃으며 유비에게 청심환 한 알을 줍니다.

"주공, 걱정 마십시오. 제가 작은 꾀만 내어도 주유는 계략을 반도 펼치지 못할 것이니, 공주를 얻는 것은 물론 형주를 잃는 일은 결코 없을

손상향(孫尙香, 손 부인)

삼국 시기 주요 여성 인물 중 한 사람으로, 오군 부춘富春(지금의 절강 부양富陽) 사람이다. 원래 오나라 공주였는데 후에 유비에게 시집을 갔다. 어려서부터 무예를 좋아하여 수하 시녀들도 모두 칼을 차고 다니게 했고, 격검하는 것을 즐겼다. 날카로운 무기를 가지고 다녔지만 용모 또한 무척 아름다웠다. 난세의 효웅 유비의 처가 되고, 또 뜻이 남자를 뛰어넘은 것 때문에 자연스럽게 사람들에 의해 '효희梟姬'라고 불렸다.

것이며, 주공도 무사 평안할 것입니다. 주유가 우리에게 미인계를 쓰면 제가 보증하건대 미인만 얻고 계략에는 당하지 않을 것입니다."

혼사는 이렇게 정해졌습니다. 출발할 시간이 되자 유비는 이번 일은 생명의 위험을 무릅쓰고 미녀에게 장가드는 것이 아니냐며 또 걱정합니다. 공명이 말합니다.

"제가 이미 세 가지 계책을 준비하고, 조운을 주군께 붙여 계획대로 실행할 것이니 한 치의 착오도 없을 것입니다."

호랑이 굴에 들어가지 않고, 어찌 호랑이 딸을 얻겠습니까?

제갈량은 세 개의 비단주머니에 묘책을 담아 조운에게 줍니다. 첫 번째 묘책은 온 백성들이 알도록 시끄럽게 소문을 내어 결혼 분위기를 조성하고는 오국태吳國太와 교국로喬國老를 이용하여 결혼을 기정사실화 하는 것이었고, 두 번째 묘책은 조조가 침범한다는 구실을 만들어 유비를 신혼의 달콤함에서 빼내는 것이었으며, 세 번째 묘책은 결정적 순간 손 부인의 힘을 빌려 추격병을 물러나게 한 후 호랑이 아가리에서 탈출하는 것이었습니다.

이렇게 유비는 미인을 얻고 계략에는 빠지지는 않았습니다.

《삼국연의》의 이 부분에 대한 묘사에서 우리는 한 가지 지혜를 배울 수 있습니다. 제갈량은 막강한 권력을 가진 고위층으로서 업무상 주군을 위해 계략을 꾸미는 데 참여했을 뿐만 아니라 주군의 개인 생활에도 적극적인 관심을 가지고 개인적인 어려움을 해결하는 데 도움을 줬습니다.

유비가 신부를 맞이하러 가는 일이 위험하다는 것을 공명도 알고 있었지만, 주군이 개인 생활을 개선하는 데 어떤 반대도 하지 않았습니다. 오히려 자신의 총명한 재주를 이용하여 무대를 짓고, 서둘러 유비의 혼사를 성사시킵니다. 주군을 위해 아름다움으로 가득한 부부의 연을 만드는 데 결정적인 역할을 한 것이지요.

유비가 얼마나 기뻐했을까요? 공명에 대한 유비의 믿음과 신임은 큰 폭으로 깊어집니다. 그래서 이 책략을 "일할 때는 부채를 흔들지만, 생활에서는 무대를 만들어준다"라고 이를 수 있습니다. 보좌역이 되려면 적극적으로 1인자에 관심을 가지고, 개인 생활상의 어려움을 해결하는 데 도움을 주어야 합니다. 일과 생활이 충돌할 때 힘껏 보스를 보살피고, 보스가 아이디어를 내고 방법을 생각하도록 도와주어야 합니다. 이렇게 하면 보스의 신임은 자연스럽게 점점 커지게 됩니다. 윗사람의 생활에 관심을 갖는 것이 바로 아랫사람의 지혜입니다.

동시에 공명 선생은 업무상에서 두 번째 책략을 사용합니다.

> 두 번째 책략

자신이 잘하는 것은 내려놓고, 조직이 필요로 하는 일을 우선한다

《삼국지》 배송지 주에는 제갈량이 융중에 있던 시기, 동오의 장소가 손권에게 먼저 제갈량을 추천하지만 제갈량이 응하지 않았다고 기록되어 있습니다. 누군가가 제갈량에게 이유를 묻자 제갈량이 한마디 합니다.

"손 장군은 가히 사람의 주인人主이라 할 수 있소. 그러나 그 도량을 보면 나를 어질게 대할 수는 있으나 내 기량을 다하게 할 수는 없으니能賢亮而不能盡亮, 이 때문에 나는 머물 수 없소."

이 말은 훗날 '삼고초려'에 깔린 복선이 됩니다. 그럼 '도량을 보면 나를 어질게 대할 수는 있으나 내 기량을 다하게 할 수는 없다能賢亮而不能盡亮'는 말은 무슨 뜻일까요? 그것은 '손 장군은 나를 존중할 수 있지만, 나의 재능을 충분히 발휘하게 할 수 없고, 그래서 나는 그와 함께 일하지 않겠다'라는 뜻입니다.

제갈량은 천리마였습니다. 천리마에게 필요한 것은 무엇일까요? 천리마를 쓰려면 가장 먼저 그 말을 이해해야 합니다. 사실 천리마는 풀과 사료도 필요하지만, 거침없이 달릴 수 있는 초원이 더 필요합니다. 손권 쪽으로 가면 그가 주는 풀과 사료는 분명 최상급이겠지만, 초원은 주지 않을 것이라는 것이 제갈량의 판단이었습니다.

여기서 우리는 제갈량이 보스를 선택하는 기준이 아주 명확했음을 알 수 있습니다. 그것은 '나에게 초원을 주고, 나의 재능을 충분히 발휘하게 한다면, 나는 그 누구와도 함께할 것이다'라는 것이지요. 훗날 삼고초려 이후 제갈량이 산을 내려와 유비를 보좌한 가장 중요한 이유는 유비만이 이를 제공해줄 수 있다고 제갈량이 여겼기 때문입니다.

그렇다면 유비는 이것을 해주었을까요? 확실히 해주기는 했지만, 일부만 해주었습니다. 유비가 제갈량을 쓴 것을 한마디로 개괄하면 "처음과 끝에서는 주었지만 중간에서는 거두어들였다(다 주지 않았다)"라고 정리할 수 있습니다.

무슨 말일까요? 유비가 막 제갈량을 쓰던 시기, 적벽대전 전후 유비는 제갈량에게 충분한 공간과 무대를 주어 재능을 펼치게 했습니다. 그리고 뒤에 유비가 후주를 부탁하던 시기 또한 제갈량에게 충분한 공간과 무대를 주어 재능을 펼치게 했습니다. 그러나 이 두 사이, 즉 적벽대전에서부터 백제성에서 임종하기까지의 시간 동안에 유비가 제갈량에게 준 공간은 그리 크지 않았습니다. 왜 크지 않았다고 말할 수 있을까요? 먼저 역사책의 기록을 살펴봅시다.

적벽대전 전후의 207~208년, 유비는 먼저 제갈량에게 군무를 관할하게 하여 신야와 박망을 불사릅니다. 이어 외교를 관할하게 하여, 강동에 사신으로 가 손권을 설득하게 합니다. 그런 다음 다시 제갈량에게 민정을 관할하게 합니다. 경제를 관리하고, 영릉, 계양, 장사 3군을 다스리게 하는데 제갈량은 모두 잘 해냅니다.

앞에서도 언급했듯이 제갈량은 집안 청소는 물론이고 천하를 청소하는 데도 능한 통재입니다. 또 간절하게 초원을 그리는 천리마입니다. 그렇다면 유비는 제갈량에게 그런 대초원을 주었을까요? 사실은 그렇지 않았습니다. 반드시 짚고 넘어가야 할 것은 적벽대전 승리 전에 제갈량에게는 어떤 직함도 없었다는 것입니다. 적벽대전에서 승리한 이후에야 유비는 제갈량에게 군사중랑장의 직함을 줍니다.

유비는 제갈량에게 전적으로 경제와 민정을 돌보게 했습니다. 군사상의 일에 대한 제갈량의 참여는 아주 적었습니다. 처음 유비의 마음속에 있던 공명은 모범적인 집사 후보자였습니다.

서천에 들어갈 때 유비가 데리고 간 사람은 법정과 방통이고, 제갈량은 남았습니다. 《삼국지》〈제갈량전〉에는 "선주가 밖으로 나가면 제갈량이 항상 성도를 지키고, 먹을 것과 병기들을 충족하게 했다"고 적혀 있습니다. '먹을 것과 병기들을 충족하게 했다'라는 말은 무엇을 뜻할까요? 그것은 후방에서 보급 물자 확보를 아주 잘 했음을 뜻합니다. 유비가 서천에 들어간 후 상당히 긴 시간 동안 전략을 세우는 군사軍師의 역할은 법정이 담당했습니다. 제갈량은 번거롭고 세세한 정부 일과 후방 보급 조달 업무에 투신하였습니다.

하지만 제갈량은 원망도 불평도 하지 않았습니다. 그가 과거에 말한 '현량불능진량賢亮而不能盡亮' 이 한마디는 한 편에 제쳐놓고, 전심전력으로 유비가 부여한 임무를 완성했습니다. 사람이 자기가 좋아하는 일을 제쳐놓고, 좋아하지 않는 일을 하기란 쉽지 않은 일일 뿐더러 대단한 일이기도 합니다.

조직에 속해 있는 인재라면 어떻게 일을 풀어나가야 할까요? 사실 가장 중요한 것은 지휘에 복종하는 법을 배우는 것입니다. 예를 들어 천하제일의 바이올린 연주자가 오케스트라 연주에 참여한다고 해봅시다. 그가 무대에 올라가자마자 자신이 가장 잘하는 것을 연주해야 할까요? 분명 그렇게 해서는 안 됩니다. 그는 반드시 먼저 지휘자를 보고, 악보를 보면서 지휘와 악보의 안배에 따라 연주해야 합니다. 만약 무대에 올라가자마자 지휘도 악보도 보지 않고 자신이 가장 잘하는 것을 연주한다면, 아마도 연주를 계속할수록 전체 오케스트라의 피해는 더욱 커질 것입니다.

흔히 젊은 관리자가 처음 발령을 받으면 밤을 새가며 자신이 가장 잘하는 것만을 의욕적으로 하는데, 일을 다 마친 이후 윗사람도 만족하지 않고 일반 대중들도 인정하지 않은 결과가 나오면 '나는 열심히 일했다고 생각하는데 당신들은 어째서 나를 부정하는가?'

라며 매우 억울해합니다.

사실 조직에서는 이렇게 일하는 인재를 좋아할 수 없습니다. 먼저 지휘자를 보듯이 보스를 보고, 다음엔 악보를 보듯이 업무 계획을 보아야 합니다. 만약 보스의 지휘를 듣지 않고 업무 계획을 보지 않으면, 지휘와 악보를 보지 않고 연주를 하면 할수록 전체 합주에 피해를 끼치는 바이올리니스트같은 존재가 될 것입니다.

공명의 지혜

조직에서 일할 때에는 먼저 지휘자를 보듯이 보스를 보고, 다음엔 악보를 보듯이 업무 계획을 봐야 한다. 만약 보스의 지휘를 듣지 않고 업무 계획을 보지 않으면, 연주를 하면 할수록 전체 합주에 피해를 끼치는 연주자처럼 조직에 해를 끼칠 것이다.

제갈량은 뛰어난 바이올린 연주자입니다. 비록 그에게 자신만의 절기가 있다고 해도 그것을 뽐내지 않고, 자신이 좋아하는 것만 골라내지 않으며, 보스가 시키는 일은 무엇이든 전심전력으로 합니다. 자신이 잘하는 것을 내려놓고, 조직이 원하는 일을 잘 해낸 것입니다. 이렇게 맡은 바 일에 최선을 다하자 유비와 주위 간부 모두가 제갈량을 인정하게 됩니다.

비록 업무에 늘 뛰어났고 맡은 자리에서도 능히 빛을 발했지만, 제갈량은 자만하지 않았고 나아가 스스로를 내세우지도 않았습니다. 이로써 사람들의 인정을 받은 그는 세 번째 방법을 운용합니다.

| 세 번째 책략

자세를 낮추어 의지함을 보여준다

여러분, 먼저 제갈량이 쓴 《출사표》의 일부를 읽어봅시다. 《출사표》는 내용이 감동적일 뿐만 아니라 뛰어난 문장이기도 합니다.

> 신은 본래 포의布衣의 신분으로 남양南陽에서 몸소 밭을 갈며, 진실로 난세에 구차하게 생명을 보존할 뿐 제후에게 가서 명성을 구하려고 하지 않았습니다. 선제께서는 신을 비루하다고 생각지 않으시고 외람되게도 몸소 몸을 굽히고 세 번이나 신의 오두막으로 찾아오셔서, 저에게 당세의 상황을 물으셨습니다. 이 일로부터 감격하여 마침내 선제께 있는 힘을 다하여 노력할 것을 약속했습니다.

이 어조는 선주와 말하는 것이 아닌 후주 유선에게 말하는 어조입니다. 아들과 말하면서 이렇게 겸손하게 말한다면, 추측컨대 당시 어른과 말할 때는 더욱 더 톤을 낮추어야 했을 것입니다.

여기서 공명이 쓴 단어를 살펴봅시다. 명군을 만나 원대한 포부를 펼치는 뜻이 분명한데 오히려 난세에 목숨을 보존하기 위한 것으로 말하고, 삼고초려를 통해 영웅이 세상이 나온 것이 분명한데 오히려 자신이 비천한데도 선주가 찾아주시니 송구하다고 말하며, 대계와 국책을 정할 때 중간에서 안배한 것이 분명한데, 오히려 주군을 위해 최선을 다해 달리는 심부름꾼 역할을 했다고 말합니다.

그렇다면 제갈량은 왜 이렇게 말했을까요? 그는 왜 자신의 장점을 모두 겸양했을까요? 그것은 사실 인정을 받은 가장 좋은 방법이 자신을 낮추는 것이기 때문입니다.

　심리학에서는 사람은 다른 사람이 잘나가면 질투하고 못 나가면 안심하며, 반감은 높은 톤으로 말하고 반감이 없으면 낮은 톤으로 말한다고 합니다. 제갈량은 이렇게 함으로써 동료들의 질투와 반감을 감소시킨 것입니다.

　그 다음으로 인류 사회의 재미있는 현상이 있는데, 그것은 약세에 있는 사람이 오히려 쉽게 변심하지 않고, 더 믿을 만하다고 느끼게 한다는 사실입니다. 그래서 자신의 약점을 드러내고 타인에 대한 의존을 보여줌으로써 충분한 지지와 신뢰를 얻을 수 있게 됩니다.

　예를 들어봅시다. 내가 아는 한 교수 부부는 결혼한 지 30여 년이 되었는데도 사이가 아주 좋습니다. 한 젊은이가 함께 있을 때 농담으로 묻습니다. "교수님, 한 수 가르쳐주십시오. 오랫동안 결혼 생활을 하면서도 어떻게 사이가 이렇게 좋을 수 있는지요?"

　노 교수가 말합니다.

　"사실 별거 없네. 내가 입이 좀 짧아 밥 먹을 때 음식을 가려 먹는데, 내 마누라가 한 밥이 아니면 어느 집 밥도 배불리 먹지 못한다네. 마누라가 없으면 나는 배를 곯아야 하는데, 그러다보니 반평생이 지나버렸네."

　교수 부인은 이렇게 말합니다.

　"나는 신경쇠약이 좀 심해서 밤늦게까지 잠을 잘 못 자네. 우리 영감이 내 옆에 누워 드르렁거리며 코를 골아야 그 리듬을 들으면서 잠을 잘 수 있네. 그가 없으면 신경쇠약 때문에 괴로워 죽을 것이네. 그래서 우리는 반평생을 함께했네."

　말은 이렇게 했어도 실제 상황은 전혀 이렇지는 않을 것입니다.

한번은 노 교수와 함께 세미나에 참가하러 갔을 때 호텔 뷔페에서 같이 밥을 먹게 되었습니다. 그는 "마누라가 차려준 밥이 아니면 어떤 것도 잘 못 먹는다"고 말했지만, 실제 그 뷔페에서는 한 번도 모자라 두 번이나 가져다 먹었는데 나보다 더 많이 먹더군요.

그날 저녁 나는 그의 집 가정부에게 전화해 "사모님 잘 주무시나요? 불면증으로 고생하지는 않나요?"라고 물었습니다. 가정부가 뭐라고 했는지 맞혀보세요. 가정부는 "사모님은 아주 잘 주무십니다. 10시도 안 되었는데 벌써 침실로 들어가셨어요. 교수님이 계실 때는 교수님이 코를 골았는데, 지금은 사모님이 코를 고네요. 일단 한번 잠들면 깰 때까지 아주 잘 주무십니다."

사실 누구라도 서로 헤어질 수 있고, 서로 헤어져도 지구는 돌아갑니다. 그런데 신기하게도 두 사람 모두 헤어질 수 없다고 말하며 그 이유를 댔습니다. 또한 쌍방 모두 자신의 이유는 가짜이지만, 상대의 이유는 진짜라고 믿습니다.

이것이 약한 모습을 보여줌으로써 자신의 결점과 부족함을 밝히고, 상대에게 의존한다는 것을 보여줌으로써 신뢰감을 얻는 방법입니다.

제갈량은 자신을 변변치 않게 말하면서도 왜 보스를 그렇게 높여 말했을까요? 그 핵심적인 이유는 바로 여기에 있었습니다. 약한 모습을 보여줌으로써 보스와 조직에 대한 의존을 보여주고, 이로써 주위 사람들의 자신에 대한 신임과 지지를 강화했던 것입니다.

그래서 우리는 이렇게 말할 수 있습니다.

"감정이란 약함을 드러내는 분야이지, 강함을 보여주는 분야가 아니다."

먼저 약한 체하고 자신이 의존하고 있다는 것을 보여주면 감정은 자연스럽게 달콤해지기 마련입니다.

공명의 지혜

감정이란 약함을 드러내는 분야이지, 강함을 보여주는 분야가 아니다.

신임과 지지를 얻자 제갈량은 자신의 역량을 충분히 발휘할 무대를 얻었습니다. 하지만 그가 충분히 자신을 발휘할 수 있었을까요? 그렇지 않습니다. 그는 자신의 재능을 펼칠 때 네 번째 방법을 사용합니다.

| 네 번째 책략

적극적으로 난국을 수습하되 조급해하지 않는다

장무 2년, 즉 서기 222년, 유비는 아주 바보 같은 일을 저지릅니다. 병사를 일으켜 동오를 정벌하러 간 것이지요. 그 결과 진영 700리가 모두 불타는 막대한 손실을 입고는 백제성으로 패주합니다.

패전의 소식을 접한 제갈량은 어떤 반응을 보였을까요? 제갈량은 탄식하며 말합니다.

"법정이 살아 있다면 좋았을걸. 그가 있었다면 분명 주군이 동정東征하지 못하도록 말렸을 텐데. 설령 동정을 했더라도 이렇게 처참한 패전에는 이르지 않았을 텐데《삼국지》〈법정전〉."

혹자는 제갈량의 이 말을 방관자처럼 무책임하게 한 말이라고 평합니다. "법정이 없다면 당신 제갈량은 뭐했느냐? 당신은 왜 유비를 말리지 않았느냐? 설령 말리지 못했다고 하더라도 군사의 신분으로 유비를 따라갔으면 되지 않았겠느냐?"고 말입니다. 제갈량이 왜 말리지 못했는지에 관한 논의와 차라리 동정에 함께 참가했어야 한다는 주장에 대해서는 약간의 분석이 필요합니다.

먼저 유비가 동오를 정벌하러 가게 된 동기를 분석할 필요가 있습니다. 그럼 혹자는 "그걸 말해 뭐해? 관우의 복수를 위한 것 아니야?"라고 말할 것입니다.

책 속에 그 증거가 있습니다. 《삼국연의》 제1회 〈도원에서 호걸 세 사람이 결의하고, 황건 영웅의 목을 베어 공을 세우다〉에 쓰여 있는 것처럼 유비, 관우, 장비 세 사람은 검은 소와 백마를 준비하여 제사를 지내고, 향을 불사르며 다음과 같이 맹세합니다.

> 유비, 관우, 장비는 비록 성이 다르지만 이제 형제가 되기로 결의했으니 마음을 함께하고 힘을 합쳐 어려울 때는 구해주고 위태로울 때는 서로 도와, 위로는 나라에 보답하고, 아래로는 백성을 평안케 하고자 합니다. 비록 같은 해, 같은 달, 같은 날에 태어나지 못했지만 같은 해, 같은 달, 같은 날에 죽기를 바랍니다.

훗날 관우가 동오에 의해 살해되자 큰 형님 유비는 당연히 관우의 복수를 하려 합니다. 《삼국연의》의 논리에 따르면 응당 그래야 했습니다. 그러나 《삼국지》의 논리에 따르면 그렇게 하면 절대 안 되었습니다. 먼저 《삼국지》에는 도원결의가 기록되어 있지 않고, 이 장면은 분명 소설 속의 허구입니다.

| 관우(?~220년)
| :--- |
| 본래의 자는 장생長生이나 후에 운장雲長으로 바꾸었다. 동한 말 촉한의 오호장군. 유비가 향리에서 의병을 모집할 때부터 유비와 함께 했다. 유비가 가장 신임한 장군 중 한 명이다. 삼국지의 저자 진수는 관우를 평하길, "관우는 만 명을 대적할 만한 용맹한 장수이며 조조에게 보답을 하는 등 국사國士의 풍격이 있다고 하였다. 하지만 관우는 냉정함이 부족하다는 단점으로 결국에는 실패하였다"라고 했다. |

다음 시기를 한번 봅시다. 관우는 219년에 살해되지만, 유비가 동오를 정벌한 것은 222년으로 3년의 차이가 있습니다. 관우가 살해된 이후 왜 유비는 곧바로 형제에 대한 복수를 하지 않고, 오히려 3년이 지난 후에 움직였을까요? 또 하필이면 유비 자신이 황제를 칭한 이후였을까요?

이는 연구해볼 만합니다. 먼저 유비가 역량을 모으고 기회를 기다린 것으로 이해할 수 있습니다. 그러나 다른 식으로 이해할 수도 있습니다. 유비가 동오를 정벌하려 한 것은 감정적인 목적도 있었지만 정치적인 목적이 더 컸다는 해석입니다. 이미 황제를 칭한 이상 유비는 더 큰 공업을 이루고자 했습니다. 더 넓은 기반을 만들기 위해서 동오를 병탄하는 것은 그의 오랜 숙원이었습니다. 관우를 죽인 것을 이유로 유비는 자신의 바람을 실현하기 위해 움직인 것입니다. 이렇기 때문에 동오 토벌은 적어도 절반은 정치적 요인이었고 절반은 감정적 요인이었던 것입니다.

유비의 동기를 분석했으니, 이제는 당시의 형세를 분석해봐야 합니다. 당시 조조가 가장 강대했고, 동오가 두 번째, 유비의 실력이 세 번째였습니다. 그래서 유비가 동오를 토벌하는 것은 2등과 3등이 싸우는 것이었습니다. 2등과 3등이 싸우면 누가 기뻐하겠습니까? 당연히 1등이겠죠. 1등은 싸움을 방관하다가 어부지리를 얻는 책략을 채택할 것입니다. 두 사람이 양패구상하기를 기다려 자신은 그 가운데서 거대한 이익을 챙기는 것이지요. 이는 적은 투자로 큰 이익을 얻는 장사입니다.

그러나 이보다 더 좋은 장사가 있습니다. 3등과 연합하여 2등을 먹어치우는 것입니다. 3등은 2등을 먹어치울 때까지 싸우느라 몹시 피로해질 것이고, 그 틈에 곧바로 3등을 먹어치우는 것은 손바닥 뒤집듯이 쉬운 일입니다. 이것이 가장 실속 있고 빠르게 승리할 수 있는 책략입니다.

제일 처음 이 문제를 인식한 사람은 오주 손권이었습니다. 그래서 유비가 기병했을 때 손권은 재빨리 조비에게 호의를 보이고 귀순의 뜻을 보여줍니다. 그가 두려워한 것은 조비가 이 기회를 이용해서 움직이는 것이었습니다. 두 번째로 이 문제를 인식한 사람은 조비의 시중侍中 유엽劉曄이었습니다. 오늘날의 눈으로 보면 유엽은 게임이론에 상당히 정통한 고수였습니다. 그는 조비에게 손권의 화해 제스처는 거들떠보지도 말고, 오와 촉이 서로 싸우는 기회를 이용해서 먼저 손권을 굴복시킨 후 피로에 지친 3등 서촉만 남게 하는 것이 가장 잘 대처하는 것이라고 건의합니다.

하지만 다행히도 조비는 유엽의 의견을 채택하지 않습니다. 그렇지 않고 유비가 오를 정벌했다면 서촉과 동오 둘 다 재난에 버금가는 큰 피해를 입게 되어 조비는 힘들이지 않고 대사를 이루었을 것입니다.

제갈량은 이 문제를 10여 년 전에 이미 인식하고 있었습니다. 당시 27세의 공명 선생은《융중대》에서 '동오와 연합하고 북쪽의 조조에 대항한다聯合東吳北拒曹操'는 전략이 서촉이 생존하는 길이고, 서촉이 발전하는 길임을 이미 분명하게 이야기했습니다.

이런 분석들을 통해 우리는 결론을 도출할 수 있습니다. 유비의 동오 정벌은 복수를 이유로 진행된 첫 번째 군사적 모험으로, 서촉의 근본적 이익에도 부합하지 않았고 당시의 천하 형세에도 부합하지 않았습니다. 이 문제를 유엽도 알아챘는데, 제갈량이 몰랐다고 할 수 없습니다. 그는 분명 알고 있었습니다.

그렇다면 왜 제갈량은 알고서도 유비를 막지 않았을까요? 이 일은 매우 수상쩍은 구석이 있습니다. 사서는 유비가 동오를 정벌하려 할 때 가장 먼저 유비를 말린 사람은 조운이었다고 기록하고 있습니다. 그리고 한마디 덧붙여 "군신 중 간하는 자가 매우 많았는데, 한주(유비)가 모두 듣지 않았다"라고 적고 있습니다. 모두가 참석했는데 유독 제갈량이 유비를 말렸다는 기록이 없습니다.

당시 제갈량은 직접 나서서 "주공, 틀렸습니다. 그렇게 하지 마십시오"라고 말할 수 있었을 것입니다. 그는 심지어 여러 대신들과 연합하여, 상소를 올리거나 조정에서 항변하여 유비를 강제로 따르게 할 수도 있었고, 심지어는 유비의 명령을 집행하길 거부할 수도 있었을 것입니다. 이렇게 했다면 훗날 진영 700리가 불타는 것을 피할 수 있지 않았을까요?

확실히 그렇게 했다면 아마도 이런 재난을 피할 수도 있었을 것입니다. 그러나 그렇게 하면 분명 또 다른 더 큰 재난을 초래했을 것입니다. 어떤 재난일까요? 그것은 1인자 유비와 2인자 제갈량의 완전한 결렬과 철저한 대치입니다. 한 차례의 고위층 분열과 내부 동란이 일어났다면 그 뒤에 일어난 군사적 모험의 실패는 피할 수 있는 가능성이 있었습니다. 그런데 이것이 거래할 만한 것이었을까요? 분명 아닙니다.

제갈량은 당시 2인자의 신분으로 결코 여러 사람과 연합하여 유비와 논쟁해서는 안 되었습니다. 일단 연합하고 논쟁을 하면 더 큰 내부 위기가 나타날 것입니다. 작게 말하면 조직 내에 여러 당파가 생기게 되고, 크게 말하면 군주를 핍박하는 권력투쟁이 시작됩니다.

만약 제갈량이 사람을 끌어들여 간할 수 없는 상황이었다고 한다면 자신만이라도 가부를 말했어야 하지 않았을까요? 그러나 장소를 고려할 필요가 있었습니다.

"지위 높은 사람이 간하면 사사로운 것으로 여긴다位高而諫以爲有私"라는 말에 주의하시기 바랍니다. 무슨 뜻일까요? 지위가 높은 사람이 보스에게 의견을 제시할 때는 반드시 신중해야 하고, 그렇지 않으면 쉽게 다른 사람의 오해를 살 수 있다는 뜻입니다. 예를 들어 당신이 2인자이고, 당신이 회의 석상에서 보스에게 의견을 제시한다고 합시다. 보스와 의견이 맞으면 보스는 당신에게 한시도 지체하지 말고 시행하라고 할 것이고, 만일 맞지 않는다면 보스는 당신에게 달리 속셈이 있어서 한 말로 여길 것입니다. 두 가지 상황 모두 결과가 좋지 않습니다.

그래서 만약 고위 권력자가 1인자에게 의견을 낼 때는 세 가지 원칙을 지켜야 합니다. 첫째, 직위가 상대적으로 낮은 몇몇의 힘을 빌려 대신 가서 의견을 제시하게 하고, 자신은 제시하지 않는 것이 가장 좋습니다. 이 첫 번째 원칙에 따르면 조운이 의견을 낸 것은 제갈량이 시켜서 한 것으로 생각할 수 있습니다. 왜냐하면 제갈량은 조운과 줄곧 궁합이 잘 맞아, 조운에게 금낭 묘계를 주었듯이 분명 조운으로 하여금 자신을 대신하여 반대 의견을 내도록 안배했을 것입니다.

두 번째, 자신의 입으로 말하려면 반드시 둘만 있는 장소에서 해야 합니다. 현장에서 의견을 내는 것은 보스를 끌어내리는 것이지만, 몰래 살짝 의견을 내는 것은 보스를 도와주는 것입니다. 보스와 의견이 다를 때는 회의가 끝나길 기다린 후, 보스의 사무실로 가 문을 잠그고 조용히 말해야 합니다. 이 두 번째 원칙에 따르면 제갈량이 유비에게 한 의견 제시나 건의는 매우 은밀한 장소에서 단독으로 이루어졌을 것으로 추측됩니다. 비밀이 잘 지켜져 기록되지 않았겠죠.

세 번째, 일을 하면서 이야기해야 합니다. 의견이 어떻게 다른지 따지지 말고, 보스가 받아들이지 않더라도 결코 하는 일을 멈춰서는 안 됩니다. 일단 일이 계획 단계를 지나 집행 단계로 들어가면 절대로 사방에 다른 생각을 퍼뜨려 일하는 사람들의 사기를 저하시켜서는 안 됩니다. 이를 "문을 닫아걸고 민주적으로 논의하고, 문을 열고 나서는 할 일을 확실히 해둔다. 계획 단계에서는 민주적으로 논의하고, 집행 단계에서는 결정된 의견에 집중한다"라고 하는 것입니다.

공명의 지혜

문을 닫아걸고 민주적으로 논의하고, 문을 열고 나서는 할 일을 확실히 해둔다. 계획 단계에서는 민주적으로 논의하고, 집행 단계에서는 결정된 의견에 집중한다.

제갈량은 분명 몇 가지 효과적인 통로를 빌려 은밀하게 의견을 제시했지만, 유비가 받아들이지 않았을 것입니다. 유비는 해오던 방식대로 그를 후방에 남아 보급을 책임지게 하고, 자신이 군대를 거느리고 출발했습니다. 이 시기의 공명은 급한 기색으로 낭패한 얼굴을 하고 야단법석을 떨면서 유비를 저지하지 않았습니다. 반대로 그는 적극적인 태도로 후방에서 물자를 보급하는 일에 전념했습니다.

이런 책략을 "적극적으로 난국을 수습하되 조급해하지 않는다"라고 할 수 있습니다. 능력 있는 사람이 일을 할 때 태도는 아주 적극적일 수 있으나 정서는 결코 조급하게 굴어서는 안 됩니다. 보스가 곤란에 빠졌다고 해서 조급해하면, 그건 보스의 능력을 의심하는 일밖에 되지 않습니다. 보스가 미녀와 만난다고 해서 조급해하면, 그것은 보스의 인품을 의심하는 것입니다. 이것은 다 옳지 않습니다.

또한 사업이란 모두의 것이지 한 사람의 것이 아닙니다. 책임은 보스에게 있지 당신에게 있는 것은 아닙니다. 당신이 조급하다고 큰 소리로 소리쳐봐야 무슨 의미가 있겠습니까? 권력을 빼앗기라도 할 것입니까?

예를 들어 직장 동료의 여자친구가 발목을 삐었다고 가정해봅시다. 당신이 병원으로 가는 것을 도와주었습니다. 그렇다고 당신이 초조해 해야 합니까? 또 초조해 한다고 해도 동료의 초조한 정도를 넘어서서는 안 됩니다. 당신이 안절부절못하며 동료보다 더 마음 아파하면 아마도 싸움이 날 것입니다. 설령 마음이 아파도 당신은 참고 있어야 합니다. 이를 역할 의식이라 합니다.

그 자리에 있지 않으면 그 정치를 도모하지 않고, 복잡하게 조급해해서는 안 됩니다. 그렇지 않으면 보스의 오해를 살 수 있습니다.

그래서 제갈량은 아주 신중하게 자신의 정서를 통제했습니다. 이와 동시에 그는 아주 꼼꼼하게 일을 했습니다. 비록 유비의 거병을 막지는 못했어도, 그는 실패했을 때를 대비해 몇 가지 예방 조치를 취합니다. 예를 들면 《삼국연의》에 기재된 팔진도八陣圖로 육손을 놀라게 해 물러나게 한 사건은 제갈량이 실패를 대비하여 준비했다는 것을 잘 보여줍니다. 동시에 유비가 제갈량을 전선으로 나오지 못하게 하자, 제갈량은 계속 후방에서 일하면서 전선으로 나갈 것을 억지로 요구하지 않았습니다. 이것도 앞서 말한 '잘하는 것을 제쳐두고 해야 할 일에 최선을 다 하는' 것이고, '능력 있는 사람은 지휘에 복종하는 것이 가장 중요하다'는 것을 알려주는 사례입니다.

훗날 자신이 한계에 다다랐고, 또 형세가 위급함을 느낀 때에야 유비는 제갈량을 영안으로 불러 만납니다. 제갈량은 일의 템포를 잘 조절하는 관리자입니다. 명령이 없을 때는 조심스럽고 착실하게 자신이 맡은 직무에 충실하다가, 일단 오라는 명령이 떨어지자 바로 하던 일을 정리하고 가장 빠른 속도로 영안에 도착합니다.

이를 뭐라 부를까요? "부르지 않으면 가지 않고, 부르자마자 바로 가고, 부를 때마다 충성한다"라고 합니다. 일의 템포를 조정하는 능력이 있는 인재라야 보스의 충분한 신임을 얻을 수 있는 것입니다.

영안에 와서, 유비는 후사를 부탁합니다. 패전의 국면을 수습해야 할 막중한 임무가 제갈량에 맡겨졌습니다. 사실 이런 행위 자체에는 유비가 자신의 잘못을 반성하고 있다는 사실과 공명의 정확한 의견에 대하여 긍정했다는 뜻으로 여겨질 수 있습니다.

적벽대전 이래, 제갈량은 마침내 정치, 군사 전면에서 자신의 재능을 펼칠 수 있는 위치에 올라섰습니다. 그러나 당시의 형세는 대단히 위급했습니다. 대군이 막 패배를 겪었고, 원기는 크게 상했습니다. 동오의 대군은 위세 당당하게 국경을 압박하고 있었고, 남방 지구의 소수민족은 반란을 일으켜 정부와 관계를 끊었습니다. 북방의 조위는 호시탐탐 서촉에 사람을 보내 머리를 숙이고 칭신할 것을 요구했습니다. 후방에서 황원黃元은 성도 부근의 난리를 틈타 반란을 기도했습니다. 이런 내우외환의 형세에서 도처에 위기가 도사리고 있었습니다.

그렇지만 제갈량은 이에 대해 일찍부터 준비를 하고 있었습니다. 그는 충분한 자신감을 가지고, 신속하게 맡겨진 일터로 돌아가 일련의 효과적인 조치를 취합니다. 그러고는 마침내 위험한 상태를 안전하게 만들고, 신생 촉한 정권이 신속하게 위기에서 안정으로 전환할 수 있도록 합니다. 그렇다면 제갈량은 어떤 조치를 통해 위기에 대응했을까요? 이 과정에서 그는 어떤 책략을 사용할까요? 다음 강의에서 살펴봅시다.

6장

제갈량,
조직을 정비해 위기를 관리하다

| 들어가며 |

유비가 없는 촉한의 위기를 어떻게 해결할 것인가

●
˙

관우도 죽고, 장비도 죽고, 유비도 죽었다. 촉한 창업의 1세대가 모두 유명을 달리했고, 이제 그들의 과제는 다음 세대에게 넘어갔다. 유비는 죽음에 임박해 제갈량에게 자식 유선의 후사를 부탁하고, 유선에게는 제갈량을 아버지처럼 대하라고 유언한다. 이제 제갈량은 촉한의 군정을 아우르는 실질적인 CEO가 되었다.

하지만 서기 223년의 촉한은 성립 후 가장 큰 위기에 직면해 있었다. 밖으로는 오촉 동맹의 붕괴와 이릉의 참패로 약해진 촉을 가장 큰 경쟁자 조위의 군대가 호심탐탐 노리고 있었고, 안으로는 권력 교체기의 내부 불안을 틈타 남방의 소수민족이 반란을 일으킨 것이다. 하지만 촉한 정권 내부에는 과거 이런 어려움을 헤쳐 나온 경험이 있는 사람의 대부분이 이미 죽고 없었다.

게다가 신임 촉한의 CEO가 된 제갈량으로서는 어린 신임 황제 유선과 동료 대신들과의 관계 설정도 부담이 되었다. 무엇보다도 자신의 리더십을 공고히 해서 정권 교체기의 불안을 해소하고 대외적인 자신감을 고양시켜 외부의 위기에 대응하는 것이 절실했다.

흔히 조직이 위기에 부딪쳤을 때 리더의 처신 하나하나는 아랫사람들에게 큰 영향을 미친다. 리더가 보여주는 태도, 말, 행동은 조직 구성원들의 단결, 위기 돌파 의지와 노력에 영향을 주어 결국 성공과 실패를 가름한다. 제갈량은 이런 내우외환의 시기에 어떻게 자신의 리더십을 확립하고 조직 내부를 안정시켜 새로운 도약을 준비했을까? 이제 제갈량의 위기관리 리더십을 공부할 차례다.

각취각위 各就各位
민심을 안정시키는 훌륭한 처방

생활은 바다와 같습니다. 수시로 파도가 일고, 수시로 암초를 만납니다. 개인이든 집단이든 앞으로 나아가는 과정에서 위기를 만날 수 있습니다. 그렇다면 조직의 리더가 되어 위기를 만났을 때 어떤 행동을 취해야 할까요? 그중 가장 핵심적인 한마디는 민심을 안정시키는 것입니다. 이 방면에서 제갈량은 최고였습니다. 이 장에서는 사람의 마음을 안정시키는 제갈량의 지혜에 관해 이야기하려 합니다.

서기 223년 8월, 17세 유선의 마음은 타들어갔습니다. 그는 이제 막 황제가 되어 보좌에는 아직도 한기가 남아 있는데, 전선에서는 조위가 오로대군五路大軍을 보내 기세등등하게 토벌하러 온다는 긴급 소식이 전해진 것입니다.

오로五路의 제1로는 조진을 대도독으로 하여 10만 대군으로 양평관을 취하려 하고, 제2로는 조조에 투항한 맹달이 상용에서 10만으로 한중을 공격하며, 제3로는 동오 손권이 정병 10만을 일으켜 협구峽口를 취하여 서천으로 들어오고, 제4로는 만왕蠻王 맹획孟獲이 만병 10만을 일으켜 익주 사군을 어지럽히며, 제5로는 번왕番王 가비능軻比能이 강병羌兵 10만으로 서평관西平關을 공격하는 것이었습니다. 총 50만 대군이 북, 서북, 동, 동남쪽에서 거침없이 몰려왔습니다.

> **유선**(207~271년)
> 촉한의 후주. 자는 공사公嗣, 아명은 아두阿斗로 유비의 장자. 모친은 소열황후 감씨이다. 촉한의 2대 황제로 223~263년 재위했다. 263년 촉한이 멸망하자 조위에 투항하여 안락공安樂公에 봉해졌다.

촉한 건국 이래 이렇게 강대한 적을 마주한 적이 없었고, 더욱이 이 시기 촉한은 과거와 달리 오호대장(五虎大將, 관우, 장비, 조운, 마초, 황충) 중 4명이 죽고 없었으며, 이릉의 참패로 정예를 다 잃은 후였습니다. 이런 상황에서 적들의 다면 진공에 직면하였으니 어떻게 해야 좋았을까요?

더욱이 유선을 더욱 조급하게 한 것은 승상 제갈량이 며칠 동안 계속 두문불출하고 일체 외부인을 만나지 않는다는 사실이었습니다. 이 생사존망의 시기에 제갈량은 뜻밖에도 '파업'을 하고 있었습니다. 도대체 왜 그랬을까요?

설마 제갈량이 지금의 지위와 대우에 불만을 품고 있었던 것일까요? 아니면 황제에게 감정이 있어서였을까요? 혹은 제갈량이 정말로 두 마음을 가진 것일까요? 이제 막 황위에 오른 어린 황제는 마음 가득 의혹을 품고, 직접 찾아가 자초지종을 알아보기로 결정합니다.

승상부에 이르자 문을 지키는 관리가 엎드려 맞이합니다. 후주가 "승상은 어디에 계시오?"라고 묻습니다. 그러자 그 관리가 대답합니다. "어디에 계신지 모릅니다." 여러분 제갈량의 유비 부자에 대한 책략은 시종 매우 유사합니다. 결정적 순간에 '숨바꼭질'하는 것이지요. 유비도 삼고초려 하던 때에 바로 만나지 못했는데, 지금 유비의 아들이 찾아오자 마찬가지로 제갈량의 소재를 아는 사람이 없습니다.

제갈량, 조직을 정비해 위기를 관리하다

후주는 이리하여 가마에서 내려 홀로 집 안으로 들어갑니다. 세 번째 중문을 지나자 멀리서 공명 선생이 작은 연못가에서 손에 대나무 지팡이를 쥐고 유유자적하게 물고기를 보고 있는 모습이 보입니다. 그 연못의 푸른 물 속에는 수십 마리의 금붕어가 가만히 있다가 움직이고, 갑자기 올라왔다 내려가고, 어떤 것은 멍하게 있는데 어떤 것은 새처럼 빠르게 움직이니, 아주 재미있는 모습입니다.

과연 이 광경을 본 후주의 마음속에는 어떤 감정이 생겼을까요?

'나는 지금 집에 불이 나 네가 와서 꺼주기만을 기다리는데, 너는 도리어 한가롭게 집에서 물고기나 구경하고 있구나. 이것이 무슨 물고기 구경이겠는가, 분명 나를 비웃는 것이리라!'

그래서 《삼국연의》에는 "후주가 공명 뒤에 한참을 서 있다가 천천히 입을 열었다"고 쓰여 있습니다. 이 '한참을 서 있다가 서서히 입을 열었다'라는 두 동작으로 당시 후주의 심정을 상상할 수 있습니다. 그것은 분명 놀라움, 분개, 어찌할 수 없는 쓰라림으로 이런 기분은 정말 커피에 마늘과 식초를 곁들여 마신 것처럼 쓰고 맵고 신 맛이었을 것입니다.

그렇다면 후주가 입을 열어 말한 것은 무엇이었을까요? 제갈량은 분명 이 소황제도 쉽게 다룰 수 있는 사람이 아닙니다. 그는 애매하고도 불분명하게 한마디 묻습니다. "승상은 편안하신가?"

공명이 고개를 돌려 후주를 보자 황망히 지팡이를 버리고 땅에 엎드려 절합니다. 후주가 공명을 부축하며 묻습니다.

"지금 조비가 병사를 나눠 다섯 가지 길로 국경을 침범하여 심히 위급한 상황인데, 승상께서는 어떤 연유로 집을 나와 일을 보지 않으시오?"

공명이 크게 웃으며 후주를 방 안으로 모시고 자리를 잡은 후 말합니다.

"다섯 가지 길에 병이 이르는 것을 신이 어찌 알지 못하겠습니까? 신은 물고기를 감상한 것이 아니라 생각하는 바가 있어서였습니다. 신은 이미 적을 물리칠 묘책을 다 준비해놓았습니다."

이 말 한마디에 후주의 근심하던 마음은 바로 사라집니다. 마치 오랜 가뭄 끝에 하늘이 비를 내린 것과 같고, 길 잃은 아이가 집을 찾은 것과 흡사했습니다.

이 대목에서 한번 분석해봅시다. 조위 대군이 다섯 개의 길로 다가오는데 왜 승상 제갈량은 조금도 당황하지 않고, 오히려 평온하게 집에서 물고기를 구경했던 것일까요? 이번에 제갈량의 호리병 속에는 어떤 처방전이 있었을까요?

사실 공명 선생이 이렇게 행동한 것에는 깊은 의미가 있습니다. 《삼국연의》에는 이 이야기의 제목이 '편안히 있으면서 오로를 평정하다安居平五路'라고 나와 있습니다. 다섯 개의 길로 오는 적은 대부분 허장성세여서 오로를 평정하는 것은 어렵지 않았지만, 내부 사람들의 마음을 안정시키는 것이 더 어려웠습니다. 만약 마음이 안정되지 않아서 상하 모두 당황하여 어찌할 바를 몰라 하면 그 결과는 상상조차 하기 힘든 것입니다.

어떻게 사람들의 마음을 안정시킬 수 있을까요? 제갈량이 생각한 한 가지 묘책은 '안거평오로安居平五路' 중의 '안거安居'라는 두 글자에 있습니다. 편안히 즐기는 것을 통해서 사람들에게 자신은 매우 가뿐하고 조금도 초조해하지 않고 있음을 보여준 것입니다. 아주 고명한 초식이지요?

우리도 주변에서 자주 이런 상황을 볼 수 있습니다. 조직이 막 어떤 문제에 부딪쳤을 때, 무슨 일인지 자세히 알아보지 않고 리더 자신이 당황하여 가만히 앉아 있지 못하면, 즉 스스로 내부 진용을 흩트리는 잘못을 초래하기 쉽습니다. 예를 들어봅시다.

대기업에서 재무책임자로 일하던 한 친구가 있었습니다. 연말 결산 때 한 고객이 돈을 지불하는 데 문제가 있다고 항의하자 아래 경리에게 조사시켰더니, 정말 두 번 돈을 잘못 지급한 것을 발견했습니다. 그래서 다시 한 번 조사를 하는데, 이번에는 책임자인 이 친구가 친히 서명하여 결재한 것이었는데도, 한순간 기억나는 것이 전혀 없었습니다. 그는 지금껏 엄밀하고 착실하기로 이름난 사람으로 이를 보자 마음이 너무 급해졌습니다.

그래서 재무 인원을 꾸려 밤에 야근까지 하며 조사시키고, 영업부, 수납 센터를 포함한 다른 부서에 차례대로 전화하여 대조 확인하는 등 여기저기 쑤시고 다녀 회사의 분위기가 매우 어수선해졌습니다. 또 복도에서 부하 출납 직원에게 화를 내기도 해 회사 사람들 전체가 재무부에 문제가 생겼음을 알게 되었습니다. 이렇게 하루 밤과 낮을 온갖 소란을 떤 결과 마침내 발견한 것은 잘못 지불한 적이 전혀 없다는 것이었습니다. 단지 새로 온 경리가 장부를 정리할 때 조그마한 문제가 있었는데 고객에게 바로 통보하지 않은 것뿐이었습니다.

모두들 괜히 한바탕 놀랐습니다. 하지만 이 한바탕의 소란으로 진짜 문제가 생겼습니다. 하나는 회사 사람들, 특히 회사의 사장이 재무부의 돈 관리의 정확성에 대해 의문을 갖기 시작했고, 재무부 및 그 친구 본인의 이미지에도 큰 타격을 입었습니다. 설상가상으로 조사로 철야하던 밤, 한 젊은 사원이 한밤중에 먹을 것을 사러 나갔다가 돌아올 때 건물 문이 잠겨 있어, 문을 넘다가 다리가 부러진 사건도 있었습니다. "지붕이 새자 공교롭게도 비가 내린다"는 것처럼, 얼마 지나지 않아 이 친구도 회사를 떠나게 되었습니다.

이 일 이후 그는 스스로를 자책하며 다음과 같이 말한 적이 있습니다.

"만약 처음부터 그렇게 초조하여 당황하지 않고, 마음을 진정시키고, 조금 기다리며 살폈다면 다음 날 틀림없이 문제의 원인을 알아냈을 것이고, 어떤 문제도 생기지 않았을 텐데."

그래서 지도자가 어떤 문제에 당면했을 때는 반드시 마음을 진정시켜야 합니다. 지도자가 한번 당황하면 부하들은 10배 당황하게 됩니다. 만일 어떤 사람이 이 기회를 틈타서 분쟁을 부추기면 그것은 정말 큰 문제가 됩니다. "풍랑이 일더라도 침착하게 고깃배에 앉아 고기를 잡는다"라는 말이 있습니다. 제갈량이 물고기를 보는 책략을 쓴 원인과 까닭은 바로 여기에 있었습니다.

제갈량의 생각은 이런 것이었습니다. '적들이 기세등등하게 오고 있는데 우리 자신은 막 전쟁에 패해서 원기가 크게 상했고, 전임 주군은 이미 세상을 떠났다. 모두들 마음속에 자신이 없어 당황하고 있다. 이런 시기일수록 나는 더욱 초조해하지 않아야 하고, 내가 태연자약하고 느긋하려면 집에서 음악을 듣거나 물고기를 보는 것이다.'

왜 이렇게 해야 할까요? 이유는 아주 간단합니다. 지금의 형세는 그리 밝지만은 않고, 사람들 또한 믿음이 없는데, 만약 이런 시기에 리더가 허둥대며 밥도 못 먹고 잠도 못 자며 안팎으로 서두르고 긴장된 표정을 지으면, 지지하는 대부분의 사람들은 정말 큰일이 났구나 하는 정보를 얻게 됩니다. '보스가 저렇게 급해진 것을 보니 우리는 곧 끝나겠구나' 하고 생각하게 된다는 말이지요.

이처럼 지지하던 사람들이 믿음을 잃고 흐트러지게 되면 반대하던 사람들 또한 하나의 정보를 갖게 되는데, '저 녀석 저렇게 급해진 걸 보니 오래 버티지는 못할 것 같네. 지금 바로 손을 쓰자' 하고 생각하게 된다는 말입니다.

이리하여 반대하는 사람들은 이 기회를 틈타 난을 일으킵니다. 지지자들의 마음은 흐트러지고, 반대자들이 기회를 틈타 난을 일으키게 되면 형세는 정말 통제 불능이 되고, 수습이 불가능하게 됩니다.

반대로 이런 위기의 시기에 지도자가 조급해하거나 당황하지 않고, 먹을 건 먹고 잘 건 자며 느긋한 척 물고기도 보고 음악도 들으며 술도 마시고 축구도 보면서 긴장하지 않고 태연자약한 것처럼 보이면, 이는 사람들에게 '별일 아니고, 나는 조금도 걱정하지 않는다'는 정보를 전달하는 것입니다. 이리하여 지지자들은 줏대를 갖게 되어 각자 그 자리를 지키고 안심하고 일을 하게 되며, 몇몇 반대자들은 물이 깊은지 얕은지 모르기 때문에 감히 경거망동하지 못하게 됩니다. 이렇게 해서 위기를 무사히 넘길 수 있는 것입니다.

이런 책략을 '아무 일도 없는 듯한 마음으로 문제를 대한다以無事之心處有事'라고 할 수 있습니다. 차분한 마음으로 위기에 대응해야 하고, 큰일일수록 리더가 당황하여 일을 그르치지 않도록 주의해야 합니다.

그렇다고 적들의 진공에 직면해서 당황하지 않는 것만으로는 부족합니다. 정말 방안을 제시해야 합니다. 그래서 후주는 공명에게 묻습니다. "우리는 어떻게 다섯 방면의 적병들을 물리쳐야 합니까?"

이때 제갈량은 다음과 같이 하나하나 계책을 말합니다.

> 첫째, 마초는 본디 강인羌人들의 마음을 얻고 있고 강인들은 마초를 신위천장군神威天將軍으로 생각합니다. 이미 마초에게 서평관을 지키라고 명해놓고, 네 곳의 길에 기병奇兵을 매복하여 매일 바꾸어가며 싸우게 했으니, 이쪽 길의 적들은 걱정할 필요가 없습니다.
> 둘째, 남만의 맹획이 사군을 어지럽히는 것도 이미 위연에게 일군을 이끌고 왼쪽 오른쪽을 바꾸어가며 싸우는 의병지계疑兵之計를 쓰게 했습니다. 만병은 의심이 많아 의병을 보면 감히 진공하지 못할 것이니 이 길도 걱정하실 필요가 없습니다.
> 셋째, 반장反將 맹달과 이엄은 일찍이 생사지교를 맺은바, 이엄의 필적을 모방하여 이미 맹달에게 편지를 보냈으니, 이 편지만 있으면 맹달은 반드시 병을 핑계로 나오지 않을 것이니 이 길의 적들도 곧 물러날 것입니다.
> 넷째, 위장 조진이 군사를 이끌고 양평관을 공격하지만, 이곳은 지형이 험준하기 때문에 이미 조운에게 일군을 주어 굳게 지키되 나가 싸우지 말라고 했으니, 조진은 우리 군사가 나오지 않으면 머지않아 스스로 물러날 것입니다.
> 다섯째, 동오의 군대는 네 길의 군대가 승리하여 서천이 위급해지면 반드시 공격하고, 네 곳이 그렇지 않으면 스스로 물러날 것입니다. 또한 만일의 사태를 대비하는 입장에서 관흥關興과 장포張苞 두

명의 장군에게 각각 3만의 군사를 이끌고 긴요한 곳에 주둔하며 각 로를 지원할 수 있게 했습니다.

이 설명을 들은 후주는 너무 기쁜 나머지 자기도 모르게 입꼬리가 올라갑니다. 머릿속을 가득 채운 검은 구름이 모두 사라지고, 마치 추운 겨울을 보내고 봄의 아름다움을 만끽하는 것처럼 가뿐했습니다. 이런 긴장 후의 가뿐함이 진짜 가뿐함이지요. 후주의 지금 심정은 매우 만족하고 달콤하고 유쾌했습니다. 그는 승상부에서 제갈량과 술 몇 잔을 걸치고 술이 올라 기쁨에 넘쳐 황궁으로 돌아갑니다. 아마 돌아가는 길에 '우리의 생활은 꿀보다 달콤해'라는 노래를 흥얼거렸을 지도 모릅니다.

후주의 마음은 가벼워졌지만, 제갈량은 그렇지 않았습니다. 유비가 임종 시 자식을 부탁하여 제갈량이 군정軍政의 대권을 이어 받은 이래, 그는 줄곧 전력을 다하고 온갖 지혜를 다 짜내 착실하게 커다란 문제 하나를 해결했습니다. 무슨 문제였을까요? 그것은 사람들의 마음을 안정시키는 문제였습니다.

서기 223년의 촉한은 사방에 위기가 잠복해 있었습니다. 군사상으로는 이릉 참패로 원기가 크게 상했고, 정치상으로는 유비가 병으로 죽고 정권이 불안정했으며, 남방의 소수민족이 반란을 일으키고, 북방의 조위는 호시탐탐 기회를 노리고 있었습니다. 앞에서는 유비의 대군을 격파하고 기세가 오른 동오가 압박하고, 뒤에서는 황원이 난을 일으켜 내전이 일어났습니다. 이런 내우외환 속에서 위아래 사람 모두 불안에 떨고, 관원부터 백성까지 모두 허둥거리는 등, 신념의 위기가 마치 전염병처럼 사람들의 마음속에 만연

했습니다.

공명 선생은 어떻게 사람의 마음을 안정시켰을까요? 제갈량은 네 가지 매우 효과적인 방법을 채택합니다. 하나하나 분석해 보도록 하겠습니다.

첫 번째 책략

지도 그룹을 먼저 안정시키고, 각자가 자신의 위치를 지키게 한다

원이 안정되려면 먼저 원의 중심이 안정되어야 합니다. 원의 중심이 안정되지 않으면 원 전체가 안정되지 않습니다. 조직을 안정시키려면 무엇보다도 먼저 안정시켜야 할 것이 바로 지도 그룹입니다.

'각자 자신의 위치에 서게 한다各就各位'란 신속하게 새로운 지도 그룹의 인원을 확정하고, 각자에게 명확한 신분과 직위를 주어 내부 동란과 권력 다툼을 피해나가라는 뜻입니다.

예를 들어 기차를 타고 여행을 간다고 합시다. 기차에 타면 승무원이 각자 자기 자리를 찾아 빨리 앉으라고 합니다. 왜 그럴까요? 앉으면 기차가 붐비지 않습니다. 그냥 각자 자기 자리를 찾아 앉기만 해도 현장은 안정되고, 기본 질서를 찾게 됩니다.

관리도 이렇습니다. 예나 지금이나 신구 교체, 권력 이전의 과정에서 권력과 자리다툼을 둘러싼 난리는 일일이 다 셀 수 없을 정도로 많았습니다. 이는 의자 뺏기 놀이와 같습니다. 만약 누가 의자에 앉을 것인지 확정되지 않으면 누군가 그 자리를 차지하기까지는 한바탕 난리가 일어납니다. 만약 각자의 이름이 의자에 붙어 있다면, 모두 편안하게 자기 자리로 돌아가 혼란은 사라질 것입니다.

그래서 제갈량이 유비 사후 처음으로 한 일이 황실 성원의 순위를 매겨 의자에 라벨을 붙여 앉게 한 것입니다. 그러나 순위를 매기기 전에 그는 더욱 긴박한 일 하나를 합니다. 그 일은 형세를 안정시키고 인심을 안정시키는 데 지극히 중요했지만, 간과하기는 아주 쉬운 일이었습니다. 그 일은 무엇이었을까요? 그것은 유비의 유언을 공표하는 것이었습니다.

중대 사건이 발생했을 때 사람들이 가장 필요로 하는 것이 무엇일까요? 그것은 정보를 얻는 것입니다. 정보 공개는 대단히 중요합니다. 아시다시피, 몇몇 사람들은 이런 의식이 없습니다. 즉 핫이슈hot issue를 처리하면서 정보 공개도 하지 않고, 상황 통보도 하지 않으며, 애초에 일을 좀 줄여보려는 생각으로 사건의 윤곽이 완전히 드러나길 기다린 후 다시 사람들에게 말하려 합니다.

그러나 핫 이슈는 대중들의 정보를 알고자 하는 강력한 수요가 집중되어 있는 사건입니다. 그런데 이 정보의 마당에 누군가가 잡초, 그것도 악성 잡초를 심으면 결과가 어떻게 되겠습니까? 루머가 사방에 퍼지고, 인터넷은 추측으로 가득하게 되며, 거리 이곳저곳에는 유언비어가 넘치게 됩니다. 멀쩡한 일도 여기저기로 전파되면서 문제가 되어버립니다.

인심을 안정시키기 위해서는 정보 공개가 필수적입니다. 제갈량은 이 점을 깊이 이해하고 있었습니다. 그래서 그는 가장 중요한 시기에 유언을 발표합니다. 이렇게 하면 세 가지 이득이 있습니다. 하나는 대중들의 의혹과 추측을 일소하는 것이고, 두 번째는 유언비어를 만들어내는 사람들에게 구실을 주지 않는 것이며, 세 번째는 인사 배치의 권위성을 한 단계 증가시키는 것입니다.

유비의 유언은 세 부분으로 나뉘어 있습니다. 하나는 병세에 대한 통지입니다. 유비는 도대체 어떤 병에 걸렸을까요? 그 자신이 유언에서 이렇게 말합니다.

"짐이 애초에 얻은 병은 단지 이질이었으나 후에 여러 병이 더해져 결국 스스로 일어나지 못하게 되었다. 듣건대 '사람의 나이 오십이면 일찍 죽은 것이라 할 수 없다'고 하는데, 지금 짐의 나이가 예순하고도 몇을 더했으니 죽더라도 무엇이 한스러우랴?"

황제가 세상을 떴으니 병세 통보는 지극히 중요합니다. '황제가 도대체 어떻게 죽었나?' 하는 문제는 아주 위중한 사안입니다. 어떤 몇몇이 이 문제를 이용하여 떠들어대거나 유언비어를 날조하거나 의심하고 추측할 수 있습니다. 또한 이런 생각을 가진 사람이 많아지게 되면, 다수가 이 기회를 노릴 것입니다.

제갈량은 유비가 정상적으로 사망했음을, 즉 "죽음의 원인이 있고, 한은 남지 않았다"는 사실을 모두에게 알려야 했습니다. 그리고 이것은 모두 주공 유비가 자신의 입으로 말한 것입니다. 여기서 우리는 유비에게 탄복하지 않을 수 없습니다. 유언의 첫머리에 유비는 천하 형세를 이야기하지 않고, 정치나 군사를 이야기하지 않았으며, 처음부터 진솔하게 자신의 병세와 심정을 분명하게 이야기합니다. 이는 실제로 멀리 내다보는 헤아림이 있는 행위였습니다. 이런 행위는 의심을 품거나 걱정하는 사람들에게 안정제를 주는 것이고, 또한 보스의 죽음을 빌미삼아 일을 꾸미려는 사념邪念을 끊어버린 것입니다.

유언의 두 번째 부분은 아들 유선에 대한 격려입니다.

"악한 일은 작다고 하고, 착한 일은 작다고 하지 않는 것을 하지 말라. 오직 어질고 덕이 있어야만 다른 사람을 따르게 할 수 있다 勿以惡小而爲之, 勿以善小而不爲. 惟賢惟德, 可以服人."

이는 자식에게 큰일을 하려면 작은 것부터 주의해야 함을 이른 것입니다. 악을 행하는 것은 말을 기르는 것과 같아서, 크고 작음을 나눌 수 없고 나쁜 생각이 함께 일어나니, 마치 고삐를 채우지 않은 야생마처럼 멈추려 해도 멈춰지지 않으며 잡으려 해도 잡히지 않습니다. 선을 행하는 것은 농작물을 심는 것과 같아서, 마치 땅에 묻은 종자가 얼마 지나지 않아 꽃과 열매를 맺어 향기를 퍼트리는 것과 같습니다. 마치 우리가 이웃의 불을 대신 꺼주고, 몸을 비켜 길을 양보하며, 잔디를 보호하는 것처럼 아주 사소한 좋은 일도 수양이고 한 번의 수양이 바로 성취인 것입니다. 큰일을 하려는 사람은 작은 일을 함부로 해서는 안 됩니다.

유비는 왜 이런 말을 했을까요? 자식이 아주 어린 나이에 부귀영화와 뜻을 이루었기 때문입니다. 어린 나이에 뜻을 이룬 사람들은 종종 작은 일에 개의하지 않습니다. 큰소리만 치고, 큰일만 하며, 큰 밥상에서만 먹고, 큰 선물만을 주며, 돈을 물 쓰듯 하고, 작은 일은 애초에 마음에 두지 않아서, 작은 선행이라도 하려 하지 않고, 작은 잘못도 개의하지 않아, 오랜 시간이 흐르면 화를 초래하게 됩니다. 그래서 유비는 '재벌 2세'인 아들을 위해 "악한 일은 작다고 하고, 착한 일은 작다고 하지 않는 것을 하지 말라勿以惡小而爲之, 勿以善小而不爲"고 쓴 것입니다.

유언의 세 번째 부분은 제갈량의 지위와 권위를 확실히 한 것입니다.

"너는 승상과 함께 일을 처리하고, 그를 아버지처럼 섬겨라. 이를 게을리 하지 말고, 잊지도 마라!"

유선에게 제갈량을 아버지처럼 대하라는 유언을 했으니, 제갈량의 지위가 얼마나 높아졌는지 생각해보십시오.

이런 유언의 공개 발표가 있자 정국이 안정되고 민심은 진작됩니다. 이로 인해 여론의 기초와 정치의 기초가 만들어집니다. 이어서 제갈량은 다음과 같은 일련의 조치를 행합니다. 태자 유선을 황제로 세우고 연호를 건흥建興으로 고치며, 제갈량을 무향후武鄕侯, 익주목으로 봉하고, 선주를 혜릉惠陵에 장사지내고 시호를 소열황제昭烈皇帝로 올리며, 황후 오씨는 황태후로 올리고, 감 부인에게는 소열황후를, 미 부인에게도 황후의 시호를 주며, 여러 대신들의 벼슬을 올리고 나라에 대사면을 행합니다.

제갈량은 열차의 승무원처럼 열차에서 웅성거리던 사람들을 일일이 자신의 자리로 가도록 안배했습니다. 이렇게 조정을 안정시킨 이후 제갈량은 계속해서 무슨 일을 했을까요? 이는 다른 신하들은 생각지도 못한 일이었습니다. 제갈량은 후주와 장라張羅의 혼사를 추진합니다. 왜 황제에게 장라와 혼인하라고 했을까요?

황제의 결혼을 추진하는 일은 첫째, 제갈량과 황제의 특수 관계를 잘 드러내어 자신의 지위를 강화할 수 있고 둘째, 혼인을 매개로 정치 연맹을 공고히 할 수 있었으며 셋째, 황제에게 가정이 생기면 자아를 규제하여 20대 젊은이의 방만함을 방지하는 데 유리했습니다. 넷째, 소인들이 이 일로 황실에 아첨하여 총애를 구할 가능성을 차단했습니다. 이를 '나라를 다스리기에 앞서 먼저 집안을 다스린다未治國, 先治家'라 이를 수 있습니다. 먼저 안채(가정)를 안정시킨 다음 앞채(정치)를 활기차게 하는 것입니다.

그렇다면 후주는 누구를 부인으로 삼을까요? 과거 유비가 손권의 누이와의 결혼에 대해 한편으로는 원하면서도 한편으로는 두려워하여 결정을 못하고 미루자 제갈량은 유비에게 청심환를 주고, 이렇게 말했습니다.

"호랑이 굴에 들어가지 않고 어찌 호랑이 여인을 얻을 수 있겠습니까?"

이렇게 일에 대한 의견이 분분해도 결론은 권위자의 한마디에 의해 내려집니다. 현재 유선이 누구를 부인으로 맞을 것인지의 문제에서 제갈량은 또 한마디로 결론을 내립니다.

"돌아가신 거기장군車騎將軍 장비의 딸이 아주 현숙하고 나이는 17세라 하니, 정궁 황후로 맞이할 만합니다."

이렇게 제갈량의 주재하에 유선은 장비의 딸을 부인으로 맞이합니다. 이는 경사로운 혼사입니다. 흔히 우리는 사랑은 두 사람의 일이고, 결혼은 집안의 일이라고 말합니다. 이와 마찬가지로 유선과 장비 딸의 결혼은 유비·관우·장비 삼각 연맹의 연속으로, 정치 연맹을 강화하고 핵심 그룹을 안정시키기 위한 것이었습니다. 또한 장비의 딸은 아버지의 풍격을 가지고 있어 정직하고 강직하여 이후 후궁들의 많은 부정적인 문제를 줄여주게 됩니다.

이처럼 유선의 집안일은 다 마무리되었습니다. 여러분이 보신 것처럼 산 사람이든 죽은 사람이든, 남자든 여자든, 윗사람이든 아랫사람이든 모두가 자신의 신분이 정해졌고 각자 그 위치로 돌아갔습니다. 이를 이르러 "명분이 바로 서면 말이 순하게 되고, 지위가 안정되면 마음이 편안하다名正則言順, 位定則心安"라고 하는 것입니다.

| 두 번째 책략

상대가 요청하기를 기다린 후
문제를 해결해 줌으로써 권위를 강화한다

제갈량이 사용한 두 번째 책략은 소극적으로 나서는 것입니다. 즉 문제가 있다고 해서 주동적으로 나서 그 문제를 해결하는 것이 아니라 사람이 와서 청하기를 기다리고, 누군가가 요청하면 나서서 해결하는 것입니다.

앞서 조위의 오로 대군이 서천을 취하려고 밀려왔을 때 제갈량이 며칠 계속 사무를 보지 않았던 이야기를 했습니다. 후주가 사람을 보내 제갈량에 입조하라고 했으나 그는 병을 핑계로 나오지 않습니다. 다음 날 여러 신하들이 승상부 앞에서 하루 종일 기다렸으나 공명은 끝내 나오지 않습니다. 그러자 두경杜瓊이 후주를 만나 친히 찾아가볼 것을 권합니다. 이리하여 이번 장의 첫머리에서 이야기한 장면이 시작됩니다.

사실 제갈량은 완전히 다른 방법을 쓸 수도 있었습니다. 예를 들면, 문제를 발견한 후 주동적으로 연구하고 적극적으로 자료를 수집하여, 후주가 자신을 찾아오길 기다리지 않고, 자발적으로 조정에 나가 보고하고 후주에게 자신이 이미 다 조치해놓았으니 걱정하지 말라고 말할 수 있었습니다. 이렇게 미리 자발적으로 보고했다면 효과가 더 좋지 않았을까요? 왜 두문불출하면서 초조해진 보스가 집까지 와 자신을 찾게 했을까요?

사실 이것은 제갈량이 권력을 강화하기 위한 책략입니다. 여기에는 두 가지 에피소드가 있습니다. 첫 번째는 후주가 승상부에 이르자 문을 지키는 관리는 "승상께서 이르시기를 어떤 관원도 함부로 집 안에 들이지 말라고 했습니다"라고 말한 것입니다. 어떤 중신이 와도 안으로 들여보내지 말라는 뜻이지요. 그렇다면 누가 안으로 들어갈 수 있을까요? 당연히 황제겠죠. 제갈량의 이 명령이 암시하는 것은 후주가 와서 청해야만 출근하겠다는 뜻입니다.

두 번째는 후주가 세 개의 문을 지나서 제갈량이 물고기를 감상하고 있는 것을 보고는, 아무 소리도 내지 않고 한편에 서 있었던 것입니다. 전체 장면이 아주 재미있게 변했습니다. 제갈량은 계속 물고기를 보고 있고, 후주도 계속 옆에 서 있습니다. 물고기를 보면서도 고개를 돌리지 않고, 서 있으면서도 아무 소리도 내지 않습니다. 이 장면은 삼고초려 시 제갈량은 마루 위에 누워 움직이지 않고, 유비는 밑에 서서 아무 소리도 내지 않던 장면을 생각나게 합니다. 둘 다 제갈량이 일부러 못 본 체하고 있다는 느낌이 듭니다.

이 두 세부 장면에서 하나의 결론을 얻을 수 있습니다. 첫 번째, 제갈량은 분명 후주가 자발적으로 찾아오길 기다린 후에 비로소 나타나 국면을 바로잡을 것이라는 것이고 두 번째, 제갈량은 분명 후주가 자발적으로 입을 열기를 기다린 것입니다.

이는 자신의 권위를 강화하기 위한 것입니다. 앞에서도 말했듯이 손쓰는 것이 너무 빠르면 효과는 그리 좋지 않습니다. 촉한 정권의 분업 속에서 유비는 줄곧 제갈량에게 민정과 후방 보급 임무를 맡겼지, 독단적으로 군사를 장악하게 하지 않았습니다. 그런데 지금은 군정과 민정 모두를 장악하고 관리하는데, 여러 대신들이 만일 복종하지 않으면 어떻게 해야 할까요? 만일 불신임하면 어떻게 해야 할까요?

그래서 정식으로 권력을 장악하고 일을 안배하기 전에 제갈량은 효과적인 수단을 써서 자신의 권위를 강화할 필요가 있었습니다. 그래서 그가 사용한 이 수단을 '차력법借力法'이라 할 수 있을 것입니다.

차력법이란 무엇일까요? 예를 들어보겠습니다. 만약 우리 자신이 작은 개미라고 했을 때, 키도 크지 않고 체중도 충분하지 않아서 주위 사람들 모두가 밟으려 하면 어떻게 해야 할까요? 방법은 아주 간단합니다. 바로 코끼리의 등에 올라서는 것입니다. 이제 체중도 충분하니 누가 감히 밟을 수 있겠습니까? 이것이 바로 차력법입니다. 권위가 있어야 권위를 높일 수 있고, 권력이 있어야 권력을 만들어 낼 수 있습니다. 제갈량은 사실 후주의 권위를 빌려서 자신의 권위를 높인 것입니다.

그는 의도적으로 얼굴을 내보이지 않고, 후주가 집에 와서 청하기를 기다림으로써 조정의 문무백관에게 자신에 대한 황제의 인정도와 신임도를 보여준 것입니다. 이렇게 하여 자연스럽게 주위 사람들을 진정으로 승복하게 한 것입니다.

이 초식은 오늘날에도 많은 사람들이 사용하는 방식입니다. 예를 들면 어떤 회사가 유씨 성을 가진 이를 새로운 사장으로 발탁했다고 합시다. 그런데 사람들은 신임 사장을 전부터 매일 봐와서 그가 아주 평범하고 누구를 보나 빙그레 웃는 사람쯤으로 여기고 있고, 그에게 어떤 능력이 있는지 또 뭘 근거로 그가 발탁되었는지를 의심합니다. 이럴 때 유 사장은 어떻게 해야 할까요? 먼저 취임식을 거행하여 전임 사장 또는 권위자나 전문가들을 초청하여 유 사장 자신이 능력이 뛰어나고 학력도 좋으며, 재능이 출중한 사람임을 칭찬하게 합니다. 권위자나 전문가의 이런 칭찬을 거치면 사람들은 유 사장을 다시 보게 됩니다.

차력법은 다른 말로 '가마 태우기'라고도 할 수 있습니다. 오늘 내가 너를 태우고, 내일은 네가 나를 태웁니다. 가마 태우는 사람이 높으면 높을수록 가마에 앉아 있는 사람은 더욱 높아집니다. 제갈량은 유선이 자신을 가마에 태우게 함으로써 촉한 정권에서 군정을 총괄하는 자신의 절대 권위를 확립한 것입니다.

'집에 안거하며 오로를 평정한다'는 고사는 역사서에는 기록되어 있지 않습니다. 앞에서도 말한 것처럼 그것은《삼국지》의 진신 지혜가 아니라《삼국연의》의 화신 지혜입니다. 이 묘사는 인심을 안정시키는 고명한 기교를 포함하지만 확실히 조금 지나친 면도 있습니다.

우선 전체적으로 오로를 평정하는 군사적 안배에 주목해봅시다. 조운, 마초, 위연, 관흥, 장포 등 대장 몇 명과 십만이 넘는 인마를 파견하는데, 뜻밖에도 황제 본인과 중앙정부 각 유관 부서는 모두 아무것도 모르고 있습니다. 이 또한 듣는 사람들을 깜짝 놀라게 할 만한 일입니다. 이는 아마도 신하나 아랫사람이 해야 할 일은 아닐 것입니다.

오늘날 우리는 권한 부여를 이야기하면서 자주 이런 장면을 보게 됩니다. 예를 들어 윗사람이 아랫사람에게 일을 맡기면서 "너한테 권한을 줄 테니 가서 한 번 해봐라. 나는 네 말대로 하겠다"라고 말했습니다. 그런데 이 말을 들은 아랫사람은 매우 기뻐하며 몸을 돌려 차를 타고 기뻐 날뛰며 쏜살같이 달려가더니 새하얀 구름 속으로 자취를 감추고 보름이 지나도 기별이 없습니다.

권한을 부여하는 것에는 기본 원칙이 있습니다. 아랫사람이 보스를 대신하여 결정권을 행사하더라도, 보스의 알 권리를 빼앗아서는 안 됩니다. 특히 국가 경제와 국민 생활, 국가의 안위와 존망에 관련된 중대 사항에 대해서 보스의 알 권리를 빼앗는 것은 음모나 다름없습니다.

하지만 어느 정도는 정말 있을 수도 있는 일입니다. 왜냐하면 유비가 아들에게 제갈량을 아버지처럼 존중하도록 요구했고, 후주 유선도 확실히 이렇게 했습니다. 중국 역사에서 황제가 자신의 신하를 아버지라고 부르게 한 예는 오직 이 한 번밖에 없습니다. 이런 신분은 사실 윗사람과 아랫사람 모두를 매우 난처한 위치에 처하게 하는 것입니다.

다행히 제갈량에게는 충성심이 있었고, 거기에 유선의 관대함이 더해져, 쌍방 간에는 어떤 재앙도 빚어지지 않았습니다. 오늘날의 관리적인 관점에서 보면, 아랫사람에게 확실히 충분한 권한 부여가 필요하지만, 어찌되었든 간에 아랫사람이 보스를 능가해서는 안 됩니다. 또한 아랫사람 한 사람이 보스로 하여금 자신을 가마에 태우게 할 수는 있지만, 그렇더라도 보스의 목에 올라타서는 안 됩니다. 이는 결코 해서는 안 되는 일입니다. 이럴 경우 바로 내란이 시작됩니다.

제갈량의 충성심을 칭찬하고 받아들이는 것과 동시에 선주 유비의 지인선임知人善任과 후주 유선의 후덕함과 관용에도 탄복할 뿐입니다. 신임은 물 잔이고, 재능은 한 잔의 뜨거운 물입니다. 잔의 크기에 따라 물이 채워지는 것처럼, 신임의 크기에 따라 재능을 펼칠 수 있습니다. 만약 물이 잔을 넘치면 화상을 입게 됩니다. 제갈량이 자신의 재능을 펼칠 수 있었던 이유를 2대에 걸친 보스들의 신임을 떼어놓고는 생각할 수 없습니다.

공명의 지혜

신임은 물 잔이고, 재능은 한 잔의 뜨거운 물이다. 잔의 크기에 따라 물이 채워지는 것처럼, 신임의 크기에 따라 재능을 펼칠 수 있다.

권력의 핵심을 안정시키고, 자신의 권위를 높이는 것과 동시에 제갈량은 세 번째 책략을 사용합니다.

| 세 번째 책략

담력과 식견을 내보여 믿음을 증가시킨다

제갈량은 왜 이 세 번째 책략을 운용해야 했을까요? 적들이 강대한 군사작전에 앞서 강대한 선전 공세를 통해 촉한 군민軍民들의 투지를 와해하려 했기 때문입니다.

제갈량은 다섯 길로 오는 적들을 맞을 준비를 다 해놨습니다. 그런데 다섯 길의 적군이 아직 도달하지 않았을 때, 편지가 먼저 배달되었습니다. 조위의 사도司徒 화흠華歆, 사공司工 왕랑王朗, 상서령 진군陳群, 태사령 허지許芝, 알자복야謁者卜射 제갈장諸葛璋 이 다섯 사람이 모두 제갈량에게 편지를 써 보냈습니다. 천명을 밝히고 형세를 말하면서 제갈량에게 투항할 것을 권하고 동시에 성세聲勢를 조성하여 촉한 군민의 자신감을 와해하려 한 것입니다. 적들은 문과 무를 다 갖추고, 밖으로는 군사적으로 진공하고, 안으로는 정치적 투항을 권유하면서 유비의 죽음으로 인심이 흐트러진 기회를 이용하여 촉한이 복종하도록 압박하려 했던 것입니다.

적에 반격하고 군민의 승리에 대한 믿음을 고무하기 위해 제갈량은 친필로 〈정의正議〉를 지었습니다. 이 문장에서 제갈량은 정당한 논리와 날카로운 말로 적들의 항복 권유를 거절하고 적들의 오만함을 폄하하고 비난했습니다. 또한 생동감 있는 예를 열거하면서 강대한 적이라 해서 결코 두려워할 필요가 없음을 증명했습니다. 공명 선생은 이렇게 썼습니다.

"옛날 광무제 유수께서 한나라 제업을 중흥하실 때, 피로한 병사 수천을 분발시켜 왕망王莽의 강병 40여 만을 곤양昆陽 교외에서 꺾었다. 무릇 정도에 의거하여 방탕한 적을 토벌하는 것은 인원의 많고 적음에 달려 있는 것이 아니다."

이 예는 서기 23년 동한의 개국 황제 유수가 지휘한 곤양의 싸움입니다. 곤양의 싸움은 중국 역사에서 소수로 다수를 이긴 전쟁으로 아주 유명합니다. 이 싸움에서 유수는 겨우 8천 명의 군사에 의지해 왕망의 40만 대군을 격파했습니다. 그래서 제갈량은 다른 사람이 했다면 우리도 할 수 있고, 정의의 전쟁은 사람의 많고 적음에 달려 있지 않다고 말한 것입니다.

이어 제갈량은 격앙되어 말합니다.

"《군계軍誡》에서 이르길 '만 명이 죽음을 각오하면 천하를 횡행橫

行할 수 있다'고 하고, 옛날 헌원씨(軒轅氏, 황제黃帝)는 수만의 군사를 정비해 사방을 제압하고 해내海內를 평정했다. 하물며 (우리는) 수십만 군사로 정도正道에 의거해 죄 있는 자들을 치려 하니, 이를 막아낼 수 있으리라 생각하는가!"

이 문장이 일단 공포되자 적들의 방자하고 오만하던 기세는 크게 꺾이고, 동시에 촉한의 상하 모든 사람들의 필승의 용기와 자신감은 증가했습니다.

강적을 맞이하여 생사존망의 결정적 순간에는 누군가가 용감하게 나서서 사람들의 기둥이 되어 승리의 믿음을 내보내는 것이 필요합니다.

여기서 우리는 이 책략을 "리더는 조직의 '담력'이 되고 '눈'이 되는 것에 능해야 한다"고 이를 수 있습니다. 이른바 조직의 '담력'이란 다른 사람이 무서워할 때 리더 자신은 침착하고 냉정해야 하고 허둥대서는 안 된다는 것을 말합니다. 조직의 '눈'이 된다는 것은 모두가 미래를 보지 못할 때 사람들에게 미래를 분명하게 제시해야 하는 것을 말합니다.

공명의 지혜

리더는 조직의 '담력'이 되고 '눈'이 되는 것에 능해야 한다.

여기서 한 가지 예를 들어봅시다. 어느 젊은 함장이 함대를 이끌고 바다로 나가는데 출발 전에 한 퇴직한 노 선장이 그에게 쪽지 한 장을 주며 말합니다. "일단 죽음의 폭풍을 만나면 반드시 뱃머리에 서서 이 쪽지를 펴서 큰 소리로 읽어라. 그러면 배에 탄 사람들을 구할 수 있을 것이다."

돌아오는 길에 정말로 죽음의 폭풍이 하늘에서부터 몰려오자 전체 함대의 선원들 모두는 당황하여 앞다투어 구명 용품을 챙겨 도망갈 준비를 시작합니다. 바로 이 순간, 젊은 선장이 뱃머리의 가장 앞쪽으로 가서 그 쪽지를 열어보니 아주 간단한 한 문장, "항구가 바로 앞에 있다!"라고 적혀 있었습니다. 그래서 이 젊은 함장은 한 손으로 로프를 잡고 힘껏 소리칩니다. "동요하지마라! 항구가 바로 앞에 있다! 모두들 계속 자기 자리를 지켜라!" 선원들은 해변이 가깝다는 이야기를 듣고 또 선장이 뱃머리에 서 있으면서도 겁내지 않는 것을 보고는 점차 평정을 되찾고 각자 자신의 위치로 돌아갔습니다. 곧이어 하늘과 바다를 뒤덮은 폭풍이 몰려와 한 시간 정도 엎치락뒤치락합니다. 폭풍이 가신 이후 기적이 발생했습니다. 전체 함대 중 대부분의 배들이 망가졌지만, 유독 젊은 선장이 있던 배는 어떤 피해도 입지 않았습니다.

항구에 도착한 뒤 배에서 내린 젊은 함장은 노 선장에게서 다음과 같은 말을 듣습니다.

"사실 폭풍은 무서운 것이 아니네. 폭풍이 올 때 더 노력해 노를 젓고 더 집중해서 키를 잡으며 돛대를 적시에 조정하면, 함대는 온전히 폭풍을 뚫고 나올 수 있네. 문제는 폭풍이 올 때 사람들이 당황하여 노를 젓지 않고 키를 잡지도 않으며 돛대를 조정하지 않아서 폭풍으로 배가 금방 망가지는 것이지."

배는 폭풍으로 부서지는 것이 아니라 폭풍이 가져온 공황과 혼란으로 부서지는 것입니다. 곤란이나 위기는 두려워할 만한 것이 아닙니다. 두려운 것은 곤란과 위기가 만들어내는 공황과 혼란입니다. 이 때문에 위급한 시기 선장은 결정적인 위치에 서서 자신의 용기와 침착함을 보여주고 사람들이 앞에 있는 희망을 볼 수 있도록 이끌었습니다. 사람들이 당황하여 혼란에 빠지지 않고 각자 맡은 역할을 다하면, 배는 자연히 폭풍에 대항하거나 폭풍을 뚫고 나갈 수 있습니다.

예나 지금이나 모든 성공과 실패의 사례들은 우리에게 한 가지를 증명합니다. '조직은 종종 어려움 때문에 실패하는 것이 아니라 어려움이 가져온 당황과 혼란 때문에 실패하는 것이다.' 위기 앞에서의 믿음은 금보다 더 귀중한 것입니다. 위기가 닥쳤는데, 사람들에게 이런 믿음이 없으면 어떻게 해야 할까요? 리더가 몸소 나서서 사실로서 설득하고, 목표로서 고무하며, 행동으로 시범을 보여 사람들에게 이 믿음을 심어주어야 합니다. 이렇게만 하면 싸움에서 적을 이기고 승리를 얻을 수 있습니다.

제갈량은 촉한 정권이 가장 위급하던 시기, 몸소 나서서 '담력과 눈'의 역할을 맡아 민심과 정국을 안정시키고, 촉한 정권이 생존하고 발전하는 데 무엇보다 중요한 '믿음'을 쟁취합니다.

지금 우리는 촉한 정권의 권력 핵심이 이미 안정되었고, 필승의 신념도 갖추었으며, 제갈량 개인의 정치적 권위도 확립되었음을 보았습니다. 이런 것들만 있으면 충분할까요? 아직 충분하지 않습니다. 제갈량은 네 번째 책략을 운용합니다.

| 네 번째 책략

원대한 목표를 제시하고, 투지를 격려한다

사업을 하려면 원대한 목표를 수립해야 합니다. 왜 원대한 목표가 필요하죠? 어떤 사람은 원대한 목표가 없더라도 당장의 일을 마무리하는 데는 아무런 지장이 없는 것 아니냐고 말합니다. 친구 중 한 사람은 "우리 회사는 무슨 원대한 목표 같은 것이 없다. 그냥 돈이나 충분히 벌어 애들 키우며 하루하루 잘 보내는 것, 이것이 더 현실적이다!"라고 말했습니다. 나는 그 자리에서 그에게 다음과 같이 말했습니다. "큰일을 하려면 돈이 필요하다. 단 돈만 가지고는 충분하지 않다. 반드시 원대한 목표가 있어야 한다."

여기서 비교적 이해하기 쉬운 예를 하나 들어보겠습니다. 《수호지》에 아주 전형적인 사례가 있습니다. 영웅의 좌석 배치 전에 송강은 충의당 앞에 큰 깃발을 꽂고 그 위에 크게 네 글자, 즉 체천행도替天行道라고 써놓습니다. 이는 송강의 매우 뛰어난 점이라 할 수 있습니다.

양산박의 돈은 뺏은 것입니다. 영웅호걸에게 가서 돈을 뺏어오라 하면 그들은 '쪽팔려' 가지 않으려 할 것입니다. 왜냐하면 공감대가 없기 때문입니다. 단지 능력만 있고 사업의 공감대가 없으면 업적을 낼 수 없습니다. 그래서 송강은 커다란 깃발을 꽂아 형제들에게 다음과 같이 통보합니다.

"우리는 노상강도가 아니라 하늘을 대신해 도를 행하는 것으로, 하늘이 우리를 보낸 것이다. 우리가 뺏은 돈을 우리 자신이 쓰면 천하가 영웅을 기르는 것이고, 남을 위해 쓰면 공익사업이다. 우리는 애초에 강도가 아니고, 우리의 행위는 '조직적인 무장 의연금 모집' 이라 할 수 있다."

이런 교육을 마치고 다시 보니 모든 영웅호걸이 적극적으로 임무를 완성합니다. 이것이 바로 '사업을 하려면 이익을 주어야 하지만 명분도 주어야 한다'는 원리입니다. 사람들을 한순간 노력하게 하려면 이익만 있어도 가능하지만, 지속적으로 노력하게 하려면 반드시 명분이 필요합니다.

그래서 "1만 장 높이의 누각도 평지에서 시작된다"라는 옛말이 딱 들어맞습니다. 1만 장 높이의 누각도 벽돌 하나하나 천천히 쌓아서 만든 것이지만, 리더는 토대를 만들 때부터 마음속에서 이미 1만 장 높이의 누각을 구상해놓고 있어야 합니다. 밑에서 구체적으로 일하는 사람들이 매일 보는 것은 진흙을 이겨 벽돌을 만들어 쌓는 과정입니다. 리더가 해야 할 일은 부하들이 이런 진흙 더미나 차가운 벽돌을 좋아하도록 하는 것이 아니라, 부하가 벽돌을 쌓을 때 그들 앞에 웅장한 그림을 펼쳐 보이며 "군은 벽돌을 쌓는 것이 아니라 세계에서 가장 웅장한 건물을 짓고 있네"라고 말하는 것입니다. 그리고 이 건물이 국가와 민족에 얼마나 큰 의미가 있는지, 주변 사람이나 자손들에게 얼마나 큰 의미가 있는지, 또 그 건물이 전국 몇 번째인지, 세계 몇 번째인지를 이야기해야 합니다. 이런 방법으로 미래의 청사진을 그려주고 원대한 이상을 끌어올릴 수 있습니다.

이 말을 한 후 다시 그에게 이야기합니다. "건물이 다 지어지면 7층의 오른쪽에서 왼쪽으로 세 번째 방은 너에게 줄게!" 이는 미래의 청사진을 그리고 원대한 이상을 끌어올린 후에 나아가 개인의 목표 실현까지를 더해주는 일입니다. 이런 세 가지가 함께할 때 비로소 사람들이 그 사업에 적극적으로 투신할 수 있는 것입니다.

제갈량은 이런 문제를 아주 분명하게 알고 있었습니다. 정권 건립 초기 그는 원대한 포부로 격양되어 "간흉을 몰아내고 한실을 부흥하자!", "한적漢賊과는 양립할 수 없고, 왕업은 조그만 영토에서 안거하는 것이 아니다!"라는 구호를 외칩니다. 원대한 목표로 전체 조직의 사기를 격려하고, 사람들의 필승의 의지를 고무합니다. 사업은 이렇게 해야 합니다. 한편에서는 실익을 주고, 다른 한편에서는 이상을 줍니다. 실익이 필요한 것은 한때지만, 이상은 지속적으로 문제를 해결해줍니다.

공명의 지혜

사업은 한편에서는 실익을 주고, 다른 한편에서는 이상을 주며 해야 한다. 실익이 해결하는 것은 한때지만, 이상이 해결하는 것은 지속적이다.

정성을 들인 계획과 주밀한 실행을 거치면서 촉한 정권은 상하 모두 사기가 크게 진작되고, 사람들 모두 두 주먹을 불끈 쥐고 북벌을 준비하며 한실 부흥의 대임을 자임합니다. 그러나 공명 선생은 또 새로운 도전에 직면합니다. '사람은 백 가지가 넘는 다양한 사람이 있고, 숲이 크면 모든 새가 다 있다'라는 속담이 있습니다. 이렇게 큰 조직에는 자연히 여러 종류의 사람이 있기 마련입니다. 어떤 사람은 태도에 문제가 있고, 어떤 사람은 능력에 문제가 있으며, 어떤 사람은 족제비가 닭에게 보모가 되겠다고 하듯이, 겉으로는 좋은 말을 하지만 속으로는 꿍꿍이가 있고, 어떤 사람은 콩나물로 지팡이를 삼는 격으로 너무 약해 기대려야 기댈 수 없고 의지하려야 의지할 수 없습니다. 이런 몇몇 문제 직원들에 대해 어떻게 대응하고, 어떻게 처리해야 할까요? 제갈량은 이 방면에서 또 몇 가지 책략을 운용합니다.

7장

제갈량,
엄격하게 간부를 관리하다

| 들어가며 |

핵심 간부의 문제는 어떻게 처리하는가

촉한의 실질적인 경영자가 된 제갈량은 이제 내부 조직을 안정시키고 본격적으로 자신의 사업을 추진한다. 유선이 즉위하자 가장 먼저 오촉 동맹을 회복하고, 남정을 떠나 맹획을 굴복시켜 후방의 문제를 해결한다. 그러고는 물자를 풍족히 하고 군대를 정돈하여 마침내 건흥 5년(227년), 촉한의 숙원 사업인 북벌을 위해 떠나면서 그 유명한 〈출사표〉를 올린다.

> 지금 남방은 이미 평정되었고, 군대와 무기도 이미 풍족하므로 마땅히 삼군三軍을 거느리고 북쪽으로 나가 중원을 평정해야 할 것입니다. 바라는 것은 우둔한 재능을 다하여 간흉들을 제거하고 한 왕실을 다시 일으켜 옛 도읍지로 돌아가는 것입니다. 이것은 신이 선제께 보답하고 폐하께 충성하는 직분이기 때문입니다.

하지만 1차 북벌에서 가정을 지키라고 내보낸 마속이 뜻밖에 제갈량의 명을 어기고 가정을 잃게 되자 첫 번째 북벌은 결국 실패하고 만다. 친동생 같은 마속이었지만 군령을 어기고 대패를 했으니 제갈량으로서도 어찌할 수 없이 마속의 목을 베고 군사들에게 사죄한다. 흔히 제갈량이 주위의 말을 듣지 않고 마속을 쓴 일을 가지고 제갈량의 '용인用人'의 한계를 지적하는 사람이 많지만 '읍참마속泣斬馬謖'으로 유명한 이 이야기에는 제갈량의 조직 관리의 노하우가 숨어 있다.

이후에도 제갈량은 북벌의 뜻을 꺾지 않는다. 이후 계속된 북벌에서 제갈량은 그와 같은 고명대신顧命大臣인 이엄李嚴에게 후방에서의 보급 업무를 맡기고 자신이 몸소 전장으로 나간다. 하지만 이엄은 '북벌흥한'이라는 촉한의 북벌 이념에 적극적으로 참여하지 않고 이 기회를 이용하여 자신의 지위만을 누리려 한다. 그러다가 결국 자신의 잘못을 감추기 위해 거짓으로 황명을 위조하여 북벌을 그르치는 잘못을 저지르고 만다.

제갈량이 형주 집단의 대표 주자라면 이엄은 익주 집단의 대표 주자였다. 게다가 그는 유비가 제갈량과 함께 후사를 부탁한 고명대신이었다. 이런 이엄과 같은 중신을 제갈량은 어떻게 처리할까?

보통 조직 내 핵심 위치에 있는 사람이 문제를 일으켰을 때 그를 처벌하기가 쉽지 않다. 특히 그가 일정의 세력과 능력을 가진 자라면 더욱 그렇다. 자칫 잘못하면 조직이 분열될 수 있기 때문이다. 하지만 제갈량은 이러 문제 직원을 처리하면서도 조직의 갈등을 초래하지 않고, 처벌에 대해 사람들이 납득하고 오히려 결속하게 만드는 지혜를 발휘한다. 이제 그 이야기를 들어보자.

엄숙기율 嚴肅紀律
문제가 있는 부하에게는 사정을 두지 않는다

"열 길 물속은 알아도 한 길 사람 속은 모른다"는 속담이 있습니다. 사람의 마음이 세상에서 가장 이해하기 어렵고 가장 예측하기 어렵다는 말입니다. 여러분은 매일 얼굴을 마주하며 웃고 있는 여러분의 동료들을 아주 잘 이해하고 있다고 생각할 것입니다. 그러나 어느 날 그가 갑자기 당신이 전혀 생각지도 못한 일을 할 수도 있습니다.

서기 220년 봄, 유비의 주변에서 모반 사건이 갑자기 튀어나옵니다. 한 소식통은 마초가 모반하려고 한다고 말합니다. 이 소식은 결코 작은 일이 아니었습니다. 마초는 오호대장의 한 사람이고, 수하에 자신의 부대가 있었을 뿐 아니라 서량西涼 지역에서 영향력이 아주 컸습니다. 따라서 이 소식은 성도의 문무백관 모두를 크게 긴장시켰습니다. 그런데 사람들은 자세한 소식을 들은 후 마음을 놓게 됩니다. 원래 마초가 모반하려 한 것이 아니라 누군가가 마초에게 모반을 종용한 것이었습니다. 이 일은 마초 자신이 자발적으로 유비에게 보고한 내용이었습니다. 그렇다면 누가 감히 이렇게 방자하게 마초의 모반을 선동했을까요?

그는 유비 주변에 잠복해 있던 간첩으로 다른 사람이 아닌 모사 팽영彭羕이었습니다.

《삼국지》에 기록된 바에 따르면 팽영의 자는 영년永年이고 광한廣漢 사람으로 키는 8척에 용모는 아주 뛰어났다고 합니다. 이 사람은 항상 자신이 남보다 한 수 위라고 생각하여 터무니없는 말을 자주 내뱉었습니다. 유장 수하에서는 아주 미미한 서좌書佐 즉, 비서로 있었는데, 이런 말단에 있었던 것은 주변과의 관계가 좋지 않았기 때문이었습니다. 그는 주위의 동료에게 죄를 지어 고발당해 곤겸髡鉗 즉, 머리를 삭발하고 목에 칼을 두루는 형에 처해졌습니다. 이는 모욕감을 주는 형벌의 일종이었습니다.

> **팽영**(184~220년)
> 삼국 시기 촉의 관리로 자는 영년永年이고 광한廣漢(지금의 사천 광한 북쪽) 사람으로 관직은 강양태수에 이르렀다.

후에 유비가 서천에 들어올 때 방통과 법정의 추천으로 팽영은 유비 밑에서 모사로 일하게 되었습니다. 팽영도 어느 정도의 재능이 있었기 때문에 유비는 서천을 취한 이후 팽영을 파격적으로 중용합니다. 유비가 익주목을 자임하면서 팽영을 치중종사治中從事, 즉 지금의 부비서장으로 발령을 냅니다. 이 발탁은 사실 별거 아니었는데 팽영은 어떤 반응을 보였을까요? 《삼국지》에는 팽영에 대해 다음과 같이 기록되어 있습니다.

"하루아침에 주인州人들의 위에 처하니, 형색이 방자해지고 때를 만났다고 자랑하는 것이 더욱 심해졌다."

팽영이 발탁된 후 더욱 오만해지고 의기양양하여 다른 사람은 거들떠보지도 않았다는 뜻입니다.

그렇다면 제갈량은 팽영에 대해 어떤 태도를 취할까요? 제갈량이 일생 동안 가장 경시한 사람은 어떤 종류의 사람이었을까요? 첫째가 불충하고 변절하여 투항하는 사람이고, 둘째가 남에게 불경하고 안하무인인 사람이며, 셋째는 야심이 넘쳐 개인의 이익을 조직 위에 두는 사람입니다. 촉한 정권에서 제갈량과 문제를 일으킨 사람들은 기본적으로 이 세 종류의 사람이었습니다.

그래서 이 특출하지도 않은 팽영이 공도 별로 없는데 이처럼 방자해지니 제갈량의 반감을 사게 됩니다. 제갈량은 은밀히 선주에게 팽영의 야심이 매우 크니 여러모로 방비할 필요가 있다고 고합니다. 유비는 줄곧 제갈량을 신뢰하고 있었기에 제갈량의 이 말을 듣고 다시 팽영의 행위를 살피게 됩니다. 확실히 문제가 있자 유비는 팽영의 직을 강등하여 그를 강양江陽 태수로 발령을 냅니다.

사실 이는 유비가 팽영을 시험한 것이었습니다. 유비는 이런 면에서 매우 영민한 사람입니다. 그는 좌천이라는 행위를 빌려 팽영의 일하는 태도와 충성도를 한번 시험해본 것이었습니다. 만약 팽영이 조금의 원망도 하지 않고 유쾌한 마음으로 새로운 일자리로 가면, 아마도 머지않은 장래에 묵은 감정을 털어내고 다시 그를 중용할 생각이었습니다. 팽영 본인에게도 자신의 이미지를 개선할 수 있는 좋은 기회였습니다.

하지만 팽영은 이런 도량이나 안목이 없었습니다. 그는 불안정할 때 충성을 보이는 기본 원리를 이해하지 못했습니다. 팽영은 득의양양하게 잘나가던 시기에 갑자기 좌천 발령장을 받자, 마치 활짝 핀 꽃이 서리를 맞고, 고고하던 공작이 물벼락을 맞은듯이 행동했습니다.《삼국지》에는 팽영이 아주 낙담하여 마초를 찾아갔다고 기록되어 있습니다.

마초가 팽영에게 묻습니다.

"팽 선생은 재능이 출중하여 주공이 다시 보고 매우 신임하는데 어찌 갑자기 작은 고을로 내보내실까요?"

이때 팽영은 매우 듣기 거북한 한마디를 합니다.

"오래된 가죽(유비를 지칭)이 낡고 어그러졌으니 도를 회복하는 것이 가하겠는가?"

오늘날 말로 하면 "유비 이 늙은이가 우매하고 어리석으니 내가 무슨 말을 하겠습니까?" 이런 정도일 것입니다. 이렇게 내뱉고도 팽영은 분을 풀지 못하고 무심결에 아주 심각한 한마디를 다시 합니다. 이 한마디로 그는 죽음의 화를 당하게 되는데, 어떤 심각한 말이었을까요? 팽영이 마초에게 말합니다.

"경이 밖에서 행하고, 내가 안에서 행하면 천하를 평정할 수 있습니다."

이는 명백히 마초에게 모반을 부추기는 말이었습니다.

병은 입으로 들어오고 화는 입에서 나온다는 말이 있습니다. 팽영이 여기서 불평을 늘어놓은 것은 사실 오늘날 우리들이 회사 사장에게 욕을 먹고 기분이 나빠서 한번 내뱉은 말일 수도 있습니다. 이렇게 기분 나쁜 일이 있으면 사장을 찾아가 자신의 생각을 이야기하거나 혹은 자신을 되돌아보고 문제가 있으면 고칠 결심을 하면 됩니다. 그것도 아니라면 집에 가서 한숨 푹 자고 기분을 조절하면 됩니다.

이런 것들은 다 좋습니다. 그러나 기분이 나쁠 때 가장 우려되는 것은 기분이 나쁘다고 누군가를 찾아가 말하면서 자신의 입을 통제하지 못하는 것입니다. 그래서 마음이 어지러울 때일수록 절대 말을 함부로 해서는 안 됩니다.

인간관계에서 이렇게 좋지 않은 기분을 처리하는 특별한 방법이 있습니다. 하나는 '냉동법'입니다. 기분이 좋지 않을 때 자신을 얼음이라고 생각하고, 단단하게 얼려 말도 하지 말고 움직이지도 마십시오. 그렇게 계속하고 있으면 기분이 점점 정상으로 회복될 것입니다. 왜냐하면 화를 불러오는 모든 행동은 화를 내기 시작한 처음 30초 내외에 폭발하기 때문입니다. 예를 들어 TV를 때려 부수고, 방에 불을 지르고, 부인을 때리고, 창문에서 뛰어내리는 행위는 모두 화가 나기 시작한 처음 30초 내외에 발생합니다. 이것을 '악마의 30초'라고 이릅니다. 처음 분노가 폭발할 때 자신을 다스리고, 조금 있다가 냉정을 찾으면 어떤 문제도 일어나지 않을 것입니다. 또 다른 방법은 '전이법'입니다. 마음이 불쾌해서 이를 조절할 수 없으면 바로 현장을 떠나서 환경을 바꾸어 가벼운 일을 하는 것입니다. 예를 들어 산책을 하든지 음악을 듣든지 향을 피우든지 책을 읽든지 혹은 영화를 보는 것이 좋습니다. 절대로 기분이 안 좋다고 말로 기분을 풀려고 해서는 안 됩니다.

그러므로 당시에는 통쾌하고 기분이 풀리는 말도 사후에 제일 먼저 후회할 말이 될 수 있음을 기억해야 합니다. 우리들 각자는 자신의 좋지 않은 기분을 관리해야 하고, 자기 기분을 관리할 수 있어야지 감정의 노예가 되어서는 안 됩니다.

팽영은 자신의 기분과 자신의 입을 관리하지 못한 사람입니다. 그는 애초에 자기를 절제한 적도 자신을 돌이켜본 적도 없이, 마음속에 원망만을 품고 마초를 찾아가 큰 화를 초래할 말을 내뱉은 것입니다. 마초는 그 자리에서는 아무 말도 하지 않고, 신경 쓰지 않은 듯이 행동했습니다. 팽영이 가자 마초는 직접 글로 써서 팽영이 한 말 전부를 유비에게 보고합니다. 팽영은 장군을 선동하여 반란을 꾀한 죄로 바로 감옥에 갇히게 됩니다.

　이 사례로부터 팽영이 이성보다는 감성이 앞서고 사업보다는 사사로운 정이 앞서며, 특히 자신의 입단속을 못하는 사람임을 알 수 있습니다. 예나 지금이나 수많은 사람들의 실패는 바로 입에서 비롯된다고 할 수 있습니다.

　팽영은 유비가 서천에 들어온 이후 조직 내에서 처음으로 잘못을 저지른 간부였습니다. 당시 유비의 수하에는 양대 간부 그룹이 있었음에 주목해야 합니다. 하나는 형주에서 서천에 들어올 때의 간부로 제갈량, 조운, 위연, 마량 등이고, 다른 하나는 유장 수하의 귀순한 간부 그룹으로 이들은 수가 많고 또 아주 복잡하게 구성되어 있었습니다. 유비가 가장 우려했던 것은 누군가가 자신이 미처 발을 붙이지 못한 틈을 타서 소란을 일으키는 소위 '미꾸라지 한 마리가 연못을 흐리는' 일이었습니다. 이런 걱정을 하고 있을 때 팽영이 스스로 머리를 내밀다가 때마침 칼끝에 부딪친 것이었습니다.

　《삼국지》에는 특별히 팽영이 제갈량에게 쓴 편지가 기록되어 있습니다. 이 편지에서 팽영은 한편에서는 자신의 언행을 변명하면서, 한편에서는 제갈량이 직접 나서서 유비에게 사정을 잘 설명해서 관용을 베풀 수 있도록 애처롭게 요청하고 있습니다.

　팽영은 감옥에 갇히고서야 정신이 들어 자신이 커다란 문제를 일으킨 것을 알았습니다. 하지만 이미 늦었습니다. 이미 내뱉은 말은 엎질러진 물처럼 다시 주워 담을 수 없습니다. 말하면 안 되는 줄 알면서도, 당초 왜 입을 다물지 못했을까요? 팽영은 후회막급이었습니다. 그런데 바로 이때 어느 누구도 그를 도와주지 않습니다. 왜냐하면 그의 행위는 이미 불평을 늘어놓거나 보스를 흉보거나 하는 그런 간단한 것이 아니었습니다. 그는 반란과 모반을 선동한 죄를 지었고, 다른 사람도 아닌 오호대장 중 한 명인 마초 앞에서 그런 일을 벌였던 것입니다. 제갈량과 유비의 태도는 아주 명확했는데, '반드시 처벌해야 한다'는 것이었습니다.

문제 직원은 지뢰와 같습니다. 많은 사람들이 사업을 발전시키는 과정에서 이들을 만나게 됩니다. 그럼 이런 지뢰는 폭발시켜 처리해야 할까요? 아니면 일을 키우지 않고 사람들을 편하게 하면서 우회적으로 처리해도 충분할까요?

이런 문제에 대해 어떤 사람은 바보 같은 짓을 저지르기도 합니다. 어떤 회사가 토목 공사를 시작한 지 얼마 안 되어 회계 부서에서 구매 책임자가 허위로 영수증을 발급하여 재료비를 횡령한 것을 발견하고는 바로 윗선에 보고했습니다. 세 번에 걸친 심리를 거쳐 엄격한 처벌이 결정되자, 책임자는 눈물 콧물 다 빼면서 인정에 호소하며 이전의 잘못을 뼈저리게 반성하고 다시는 그런 일이 없을 것임을 다짐했습니다. 그러자 사장은 마음이 약해져 "금액도 그리 크지 않고, 앞으로 그럴 일이 없다고 하니 이번 한번은 넘어가도록 하자"라며 일을 대충 마무리했습니다.

하지만 그 결과는 매우 좋지 않았습니다. 가장 먼저 주위에서 논란이 나오기 시작했습니다. 한쪽은 사장의 일처리가 편파적이고 공평하지는 않지만, 여러 사람들이 먹고사는 일에 인정을 보인 것은 괜찮다는 의견을 보였습니다. 또 다른 한쪽은 훨씬 엄격해서 사장도 문제가 있고, 문제를 일으킨 사람과 한통속이라는 평을 했습니다. 이렇게 되자 사장의 위신, 관리의 권위도 커다란 영향을 받게 되었습니다. 더 좋지 않았던 것은 이후에도 계속 경제적 사고가 발생했고 금액도 점점 커졌으며 전에 용서받은 사람도 또 연루되었다는 사실입니다. 그 결과 사장 자신도 감독 소홀로 처벌을 받고는 얼마 지나지 않아서 회사를 떠나게 되었고 공사는 공사대로 계속 미뤄지다가 커다란 손실을 보게 됩니다.

이것이 우리가 흔히 말하는 "무원칙적으로 관용을 베풀며 눈감아 주면 후환이 끝이 없다"라는 법칙입니다. 조직을 이끄는 사람은 징계 수단을 과감하고 적절하게 사용해야 하고, 처벌할 일은 처벌해야 합니다. 작은 병이라도 사전에 고치지 않으면 큰 병이 됩니다. 반드시 이전의 실패를 훗날의 교훈으로 삼아 병을 고치고 목숨을 구해야 합니다. 천리마를 탄다고 해도 손에는 채찍이 있어야 합니다. 문제가 없을 때에는 모두 일치단결할 수 있지만 문제가 생기면 불호령도 필요합니다. 당사자 본인이 제대로 처신하는 것은 물론 주위 사람을 교육하는 것도 사업을 구해내는 것입니다. 이 때문에 문제가 있는 직원을 처벌하기에 앞서 사정을 봐주거나 관용을 베풀어 눈감아서는 안 됩니다.

그렇다면 제갈량은 어떻게 문제 직원을 처리할까요? 그의 구체적인 방법과 책략을 한번 살펴보겠습니다.

첫 번째 책략

마지노선을 두고 여지를 남겨둔다

이 이야기를 하기 위해 제갈량 수하 중 아주 무게감 있는 한 사람을 거론하려 합니다. 이 사람의 이름은 이엄입니다.

이엄은 보통 사람이 아니었습니다. 유비가 후주를 부탁하던 때 후사를 두 사람에게 위탁했는데, 한 사람이 제갈량이고 나머지 한 사람이 이엄입니다. 이엄의 자는 정방正方이고, 형주 남양 사람입니다. 본래 유표의 부하였는데 조조가 형주를 점령했을 때 이엄은 유장에게 귀순합니다. 건안 18년 이엄은 유장에 의해 호군護軍으로 임명되어 면죽綿竹에서 유비를 저지합니다. 이엄이 무리를 이끌고 유비에 투항하자 유비는 성도를 점령한 후 이엄을 건위犍爲 태수 겸 흥업장군으로 임명합니다.

장무 2년 선주가 이엄을 영안궁으로 불러 상서령으로 제수합니다. 장무 3년 유비의 병세가 악화되자 병상에서 이엄과 제갈량이 함께 유언을 받으면서 고명대신이 됩니다.

그렇다면 유비는 왜 이엄에게 자식을 부탁했을까요? 사실 여기에는 자못 깊은 뜻이 있었습니다. 우선 앞에서도 이야기했듯이 당시 유비 수하의 간부는 형주 그룹과 익주 그룹 두 그룹으로 나뉘어져 있었는데, 제갈량은 형주 그룹의 대표였고 이엄은 익주 그룹의 대표였습니다. 유비가 희망한 것은 이 양대 집단의 권력 분배가 균형 있게 이루어져 그들이 단결하여 공동으로 대사를 꾀하는 것이었습니다.

다음으로 유비가 후사를 부탁할 때 이엄이 맡고 있던 직책은 상서령, 중도호中都護로 내외 군사를 통솔하며 주로 군사 쪽 일의 직무를 맡아 승상 제갈량의 직무와는 보완 관계에 있었습니다. 한 사람은 주로 정치를 맡고 한 사람은 군사를 맡아 정치와 군사의 균형을 이루었습니다. 동시에 권력을 두 사람에게 주면 한 사람의 독단을 막을 수 있고, 제갈량의 권력을 제어하여 균형을 이루게 하려는 뜻도 있었습니다.

고명대신에 이엄을 포함시킨 목적은 분명했습니다. 첫 번째도 균형이고 두 번째도 균형이었습니다.

그렇다면 촉한 정권에 많은 간부들이 있는데, 왜 유비는 다른 사람도 아닌 이엄을 선택하여 이런 책임을 맡겼을까요? 다른 사람은 없었을까요?

여기서 우리는 유비가 확실히 혜안을 가진 사람임을 알 수 있습니다. 이엄은 네 가지 장점을 가지고 있었습니다. 첫째, 이엄은 젊고 혈기 왕성한 익주 간부의 대표 인물이었고 둘째, 이엄은 특히 정치 군사 분야에서 재능이 아주 뛰어났습니다. 형주 유표 시절부터 시작해서 이엄은 줄곧 군이나 현의 장을 담당하여 여러 해 동안 현장에서 일한 경험이 있었고, 이런 능력은 방통, 법정, 장완 등이 갖추지 못한 것이었습니다. 유비는 성도를 점령한 후에 이엄을 건위 태수로 임명했는데, 이엄은 지방을 다스리는 데 매우 뛰어난 재주를 보였습니다. 건안 23년 유비가 한중에서 조조와 싸울 때 후방에서 마진과 고승 등의 도적들이 수만의 사람을 모아 반란을 꾀하자, 이엄은 유비에게 한 사람의 병력 요청도 하지 않고, 자신이 데리고 있던 군병郡兵 5천으로 반군을 물리칩니다. 이렇게 아주 작은 대가를 치르고 유비의 후방에 대한 근심을 해결해주니 유비는 크게 기뻐하며, 그를 보한장군輔漢將軍으로 승진시킵니다.

> **이엄**(?~234년)
> 후에 이름을 이평李平으로 개명했다. 자는 정방正方, 남양 출신이다. 삼국시기 촉한의 중신으로 유비 임종 시 제갈량과 함께 후사를 부탁받은 고명대신이다. 231년, 제갈량이 다시 북벌에 나섰는데, 계속된 비로 인해 군량을 대지 못하자 사람을 보내 제갈양에게 회군하도록 권하는 한편, 제갈량이 막상 돌아오자 회군한 것에 짐짓 놀라 자신에게 책임이 돌아오지 않게 하려고 제갈량이 돌아온 것을 허물로 만들려 했다. 그러나 제갈량이 이엄과 앞뒤로 보낸 편지를 모두 제출하여 진상을 드러내자, 이엄은 더 변명할 수 없었고 죄를 청했다. 제갈량은 이엄을 탄핵하는 표를 올렸고, 이엄은 관직이 폐해져 자동梓潼으로 유배갔다. 234년 제갈량이 원정 중에 병사했다는 말을 듣자 복직의 가망이 없어졌음을 통탄해 울다가 병사했다.

셋째, 이엄의 태도는 아주 선명했습니다. 무엇보다 조조에 반대한 것입니다. 형주목이 조조에 귀순했을 때 많은 유표의 부하들이 조조에 투항했는데, 유독 이엄은 유장에 귀순할지언정 조조에는 투항하지 않겠다는 선명한 태도를 보입니다. 동시에 이엄은 익주 간부 중에서 유비를 적극 지지하던 사람으로, 유비가 한중왕과 황제를 칭하는 과정에서 커다란 역할을 합니다. 한편에서는 분위기를 조성하고, 한편에서는 자신이 앞장서서 권했습니다.

넷째, 이엄은 출신 배경이 아주 적합했습니다. 그는 남양 출신으로 형주 배경이 있었고, 또 익주 집단에도 속해 있어 두 집단을 넘나드는 핵심 인사로 손색이 없었습니다. 그에게 정치를 보좌하도록 하면 모두가 단결된 역량으로 공동의 대업을 꾸려나갈 수 있었습니다.

이런 네 가지 이유로, 유비는 임종 시에 제갈량을 정正으로 하고, 이엄을 부副로 안배합니다. 이 인사 안배는 여러 방면에서 볼 때, 심혈을 기울인 것이라 할 수 있습니다. 예나 지금이나 고명대신 사이의 관계는 아주 미묘한 것으로, 경쟁하면서도 합작하는 전략적 동반자이면서 전략적 경쟁자였습니다. 제갈량과 이엄의 관계도 이런 유형에 속했습니다.

《삼국지》에 근거해 정리하면, 공명과 이엄의 관계를 다음 3단계로 나누어볼 수 있습니다.

첫 단계는 밀월기로, 이 시기를 개괄하면 장무 2년(222년)부터 시작해서 건흥 4년(226년)까지, 대략 5년 정도입니다. 장무 2년 병중의 유비는 이엄을 영안궁으로 불러 상서령으로 임명하고, 장무 3년에는 성도에 있던 제갈량도 부른 뒤 그와 이엄에게 유조를 내려 후주를 보좌하도록 당부하고, 이엄을 중도호로 삼아 내외 군사를 통솔하게 하고 영안에 머물게 합니다. 이로부터 제갈량과 이엄의 사업 합작이 시작됩니다. 제갈량이 정이고 이엄이 부가 됩니다. 서기 222년부터 226년까지, 5년의 시간 동안 제갈량과 이엄 두 사람의 관계는 비교적 좋았습니다. 두 사람의 관계의 특징은 '각자 자신이 맡은 일을 하고, 서로 평안하고 무사했다'로 정리할 수 있습니다. 제갈량이 맹달에 보낸 편지에는 "일을 처리하는 것이 흐르는 물과 같고, 할 일과 버릴 일에 정체됨이 없는 것이 정방(이엄의 자)의 성격입니다"라고 칭찬합니다. 이엄도 제갈량을 칭찬하여 "나와 공명은 함께 선주의 위탁을 받아 근심은 깊고 책임은 막중한데, 좋은 동반자라고 생각한다"라고 말합니다. 이로 볼 때 이 두 사람은 서로를 긍정하고 지지하고 있습니다.

그러나 서로 평안하고 무사한 배후에는 위기가 숨어 있었습니다. 제갈량이 조정을 장악하고 성도에서 전체 일을 주관하였지만, 이엄은 앞서 영안에 주둔하다 후에 강주(江州, 지금의 중경)로 이주하여 줄곧 정치의 중심에 접근할 기회가 없어 일종의 비류주가 된 느낌을 갖게 된 것입니다. 고명대신인 이엄은 당연히 달갑지 않았고, 이리하여 그와 제갈량 사이에는 직위와 권력 분배의 모순이 점차 깊어지게 됩니다.

두 번째 단계는 소원해지는 시기로, 이 시기는 대략 건흥 4년에서 건흥 8년(230년)까지입니다. 제갈량은 두 가지 사건으로 이엄에 대해 크게 반감을 갖게 됩니다. 하나는 이엄이 제갈량에게 칭왕을 권한 일입니다. 이엄은 제갈량에게 편지를 써 조정 대권을 잘 장악하기 위해서 조조가 작위를 받고 왕으로 봉해진 것처럼 '구석(九錫,

중국에서, 천자가 특히 공로가 큰 제후와 대신에게 하사하던 아홉 가지 물품으로, 거마車馬, 의복, 악칙樂則, 주호朱戶, 납폐納陛, 호분虎賁, 궁시弓矢, 부월鈇鉞, 울창주鬱鬯酒가 그것이다)'을 받을 것을 건의합니다. 즉 최고의 대우를 누리라는 이야기입니다. 제갈량은 이에 크게 화를 내며 이엄을 비판하는 내용의 글을 보냅니다.

두 번째 사건은 이엄이 북벌에 참가하면서 조건을 협의한 일입니다. 촉한 건흥 3년(227년) 조비는 이미 죽고, 위 명제明帝 조예曹叡가 황위를 계승했습니다. 제갈량은 북벌을 준비하면서 이엄에게 전 병사를 이끌고 한중에 주둔하면서 자신에게 협조하라고 합니다. 이엄은 명령을 받은 후 이 핑계 저 핑계를 대면서 회피하며 출발하려 않으면서도 다섯 개 군郡을 나누어 파주巴州를 창설하고 자신을 자사刺史로 해줄 것을 요구합니다.

건흥 8년 제갈량은 다시 북벌 준비를 하면서 이엄에게 한중을 지키게 할 생각이었습니다. 이엄은 이를 틈타 사마의와 같은 조위의 고명대신들이 이미 자신들만의 사무 공간인 부府를 개설한 것을 제갈량에게 말합니다. 이는 실제로 남의 이야기를 빗대어 자신의 바람을 이야기한 것으로 자신도 이런 대우를 누릴 것을 요구한 것입니다.

그렇다면 이는 어떤 성질의 문제입니까? 저쪽은 모두 불타고 있는데, 바로 가서 불을 끄려 하지 않고 소화기를 들고 먼저 조건을 협상하는 것입니다. 이 문제의 성질은 작게 말하면 대국을 돌아보지 않은 것이고, 크게 말하면 공갈 협박하는 것입니다. 제갈량의 성격으로 볼 때 이것을 어떻게 용인하겠습니까? 하지만 전체 국면을 고려하여 제갈량은 이엄의 아들을 강주도독독군江州都督督軍으로 임명하여 이엄의 직무를 이어받게 했고 이엄은 비로소 한중으로의 전근 명령을 집행하게 됩니다.

이 단계에서 두 사람의 관계는 '점차 틈이 생기고 서로 관망했다'고 개괄할 수 있습니다.

세 번째 단계는 결렬기로, 이 단계는 건흥 9년(231년)부터 이엄이 면직되기까지의 시기를 말합니다. 사실 제갈량은 처음부터 이엄에 대해 여전한 기대를 갖고 있었고, 이엄이 한중에 온 이후, 제갈량은 유비가 자신에게 안배한 대로 이엄에게도 그대로 적용합니다. 이전 유비는 자신이 전방에 나가 작전을 펴고 제갈량은 후방에서 군수물자를 조달하게 했는데, 지금은 제갈량이 그대로 본 따서 자신이 전방에서 싸움을 지휘하고, 이엄에게 병참 보급을 담당하게 합니다. 하지만 "충후장자忠厚長者에게는 어려움이 적고, 시비지인(是非之人, 따지는 사람)에게는 변고가 많다!"는 옛말이 맞습니다.

건흥 9년 제갈량의 네 번째 북벌 때, 이엄은 한중에서 병참 공급의 책임을 지고 있었습니다. 《삼국지》에는 "여름과 가을 즈음에 장마가 져 군량 운송이 끊어졌다"라고 기록되어 있습니다. 결국 이엄은 때맞추어 양초糧草를 조달하지 못합니다. 어떻게 해야 할까요?

사실 누구라도 일하면서 잘못을 피하기는 어렵습니다. 하물며 날씨와 같은 객관적 이유 때문이라면……? 이때 이엄은 솔직하게 잘못을 승인하고, 자진하여 비판을 받았어야 했습니다. "사람은 성인이 아니니 어찌 과실이 없을 수 있고, 과실이 있어도 이를 고치면 그보다 좋은 일은 없습니다(《좌전》〈선공 2년〉)."

그런데 이엄은 잘못을 인정할 용기와 배짱이 없었습니다. 그는 감추는 것을 선택합니다. 만일 잘못을 저지른 이후 요행 심리로 첫 번째 잘못을 감춘다면, 두 번째로 저지른 잘못은 무엇으로 감출지 생각해보세요. 그러면 세 번째로 저지른 잘못으로 두 번째 잘못을 감추고, 다시 네 번째 잘못은······ 이건 진흙탕 속에 빠져 점점 헤어 나지 못하는 것입니다. 따라서 잘못을 저지르고 잔머리를 굴려 슬쩍 속여 넘기려는 사람은 용기와 배짱이 없을 뿐 아니라 매우 어리석은 사람입니다.

이엄이 바로 이런 사람이었습니다. 그는 특히 소인의 방법을 써서 자기 일의 잘못을 덮으려 했습니다. 그는 제갈량에게 황제가 철군을 명령했다고 편지를 씁니다. 제갈량이 철군한 후 이엄은 또 조정을 기만하여 이 철군이 적을 꾀어내기 위한 것이었다고 말합니다. 제갈량이 돌아온 후, 이엄은 일부러 놀란 듯 묻습니다.

"군량이 이미 충분한데, 어찌 돌연 병사를 돌렸습니까?"

이런 앞뒤가 다른 수법은 마침내 제갈량을 격노하게 만듭니다. 제갈량은 조정에 나가 이엄의 편지를 증거로 제시하고, 여러 장수와 선비들이 서명한 이엄을 탄핵하는 표를 올립니다. 결국 그는 면직되어 서인으로 강등된 후 재동梓潼으로 유배됩니다.

이 단계에서의 제갈량과 이엄의 관계를 한마디로 말하자면, '모순이 폭발하고 철저하게 자신의 패를 다 내보였다!'라고 할 수 있습니다.

당시 많은 사람들이 이엄의 억울함을 큰소리로 호소했습니다. 같은 고명대신으로서 제갈량은 대권을 혼자 틀어쥐면서도 이엄은 조그마한 권력도 없이 외지로 내보내 완전히 비주류로 떨어졌다고 말합니다. 이엄이 조건을 내건 것도 불공정한 대우에 대한 반항이고, 응당 가져야 할 권력을 쟁취하기 위한 것이라고 여깁니다. 사실 이런 말들은 일리가 없는 것은 아닙니다. 사서의 기록을 살펴보아도, 고명대신의 한 사람인 이엄이 쥔 권력이 제갈량보다 작았고 장악한 자원도 제갈량보다 작았음을 확실히 알 수 있습니다.

그러나 설령 이들 모두가 사실이라 하더라도, 이엄이 저지른 잘못에 대한 변명거리가 되기에는 부족합니다. 이엄이 개인의 대우를 쟁취하기 위해 한 행동은 심정적으로는 이해가 됩니다. 우리는 한편에서는 사업을 하면서도 한편에서는 직원의 대우를 개선하는 관리 방법에 대해 찬성합니다. 그러나 개인의 대우를 쟁취하는 과정에서 문제 직원 이엄은 세 가지 치명적인 잘못을 저질러 본래는 동정과 지지를 받을 수 있던 일을 사람들 모두가 언급하기도 싫어하는 일로 만들어버렸습니다. 이엄이 저지른 세 가지 잘못은 무엇일까요?

첫 번째, 자신을 부직副職으로 발탁한 것은 모순을 일으키거나 고의로 정직正職과 갈등하지 말라는 이유에서였습니다. 유비는 유언에서 제갈량을 정으로 하고, 이엄을 부로 한다고 아주 분명하게 말했습니다. 조수는 말 그대로 한 손을 더해주는 사람입니다. 유비는 이엄에게 제갈량과 호흡을 맞추고, 제갈량의 지시에 복종하라고 했습니다. 이엄은 제갈량의 지시에 복종하지 않았을 뿐만 아니라 제갈량과 똑같이 권력을 누리며 자신도 제갈량처럼 대우받을 것을 요구한 것입니다. 그는 자신의 위치를 제대로 파악하지 못한 것입니다.

두 번째, 개인의 득실을 사업보다 위에 놓은 것입니다. 고명대신에게 위촉된 사업은 헌신입니다. 지도자의 자리란 무엇보다 더 많은 책임, 더 많은 노력을 의미합니다. 하지만 이엄은 이렇게 이해하지 않은 게 분명합니다. 그는 후사를 부탁한 유언을 자신의 진보를 위한 징검다리로 삼아 흥정을 위한 패로 변질시켰습니다. 사업을 생각한 것이 아니라 개인의 이익을 얻어내려 한 것입니다. 명리에 대한 마음만 있고 사업에 대한 마음이 부족했습니다.

이엄과 대비되는 한 사람을 예로 들어봅시다. 그는 바로 조운 조자룡입니다. 유비가 후사를 위촉할 때 경력, 공헌, 명망 어떤 것으로 보아도 조운이 이엄보다 훨씬 높았습니다. 이엄이 상서령, 도향후로 봉해질 때, 조운은 더 낮은 진동장군鎭東將軍, 영창정후永昌亭侯였습니다. 북벌 때는 전선에 나간 적도 없던 이엄을 표기장군(驃騎將軍, 한나라 때 가장 높은 군직은 대장군이고, 그 다음은 표기장군이었는데, 이엄은 이미 승상과 대등한 위치에 이르렀다)으로 발탁했는데, 도리어 소란을 일으키고 대우만 요구하며 전선에는 나가려 하지 않았습니다.

같은 시기 조운은 어떠했을까요? 그는 양대에 걸친 노신이었고, 후주의 목숨을 구한 적도 있었습니다. 옛말에 '곤경에 처한 임금을 구하는 것보다 높은 공은 없다'고 했는데, 이렇게 커다란 공로와 자격을 가진 사람이 전장에 나가 생사를 넘나들었으나 직위는 여전히 진동장군으로 이엄보다 훨씬 낮았고, 마속이 가정을 잃은 후 조운의 군대는 여러 군대 중에서 가장 성공적으로 후퇴했으나 사건에 연루되어 진군장군鎭軍將軍으로 한 계급 강등되었습니다. 생사를 넘나들며 전장을 누빈 조운은 강등되었으나, 일하지도 않고 거래만 한 이엄은 발탁되어서도 여전히 불만을 갖고 있었던 것입니다. 우리가 조운이라면 이런 상황에서 화가 나지 않을까요? 그런데 조운이 자리를 다투었습니까? 소란을 일으켰습니까? 그런 적이 없었습니다. 그는 의연하게 아무런 원망도 회한도 없이 북벌의 전선에 있었습니다. 이엄의 경지는 조운에 비해 훨씬 떨어졌습니다.

　세 번째로, 사업과 책임을 조건으로 삼아 거래를 한 것입니다. 여기서 이엄은 가장 무거운 잘못을 했습니다. 대적을 앞에 두고 북벌을 위해 사람을 쓰려 할 때, 국가를 위해 힘을 보태고 사업을 위해 책임을 다하지 않고, 오히려 병사를 움직이지 않고 윗사람을 협박했습니다. 이는 어떤 성질의 문제에 속할까요? 바로 인품의 문제입니다! 여러분이 이엄이라면, 설령 정부가 월급을 질질 끌고, 제갈량이 자사로 임명해주지 않는다고 해서, 설마 나라를 사랑하지 않고, 나라를 지키지 않겠습니까?

　우리 자신도 마찬가지입니다. 설마 부모가 형만을 편애하고, 동생을 푸대접한다고 해서, 그 동생이 부모를 봉양하지 않을 수 있습니까? 설마 회사가 우리를 불만족스럽게 한다고 해서, 사무실에 불이 났는데도 도와주지 않을 수 있겠습니까?

　당연히 그럴 수 없습니다. 그러므로 책임이란 무엇입니까? 어떤 핑계도 대지 않고, 때와 장소에 상관없이 해야 할 일을 조금의 빈틈이 없이 잘하는 것입니다. 충성이란 무엇입니까? 설령 억울한 일을 당하고 불공정한 대우를 받았다고 해도, 한 치의 어김도 없이 임무를 이행하는 것입니다.

　이런 점에서 이엄의 경지는 제갈량, 조운의 경지와는 크게 차이가 났습니다. 확실히 이런 간부는 중용해서는 안 됩니다. 만약 제갈량이 이엄을 홀대할 생각이 있었다 해도 그것은 일리가 있는 행동이었습니다. 사업에 대해 마음이 없고, 책임감도 없이 하루 종일 머릿속에 개인의 대우, 개인의 득실만 가득 차 있는 이런 직원에게 어떻게 큰일을 맡길 수 있겠습니까?

처세는 담백해야 하고 일은 끈기가 있어야 합니다. 평범한 사람이 되어 작은 일을 하면서 여러 가지로 따질 수는 있지만, 높은 자리에서 큰일을 하려면 초탈해야 합니다. 이엄은 자아 수양에서 확실히 결함이 있었습니다. 그러나 설령 그가 부족한 사람이었다고 해도, 제갈량은 완전히 그를 배척하지 않고 일정한 방법으로 그를 단결시키고 고무했습니다.

공명의 지혜

처세는 담백해야 하고 일은 끈기가 있어야 한다.

첫 번째는 차이를 용인하고 마지노선을 두는 것입니다. 만약 제갈량과 조운을 움직이게 하는 것이 사업에 대한 마음과 책임감이라고 한다면 이엄을 움직이게 하는 것은 명리심이었습니다. 촉한 정권 내의 많은 사람들은 이런 간부를 마음에 들어 하지 않았습니다. 《삼국지》에는 진진陳震 등의 간부가 일찌감치 제갈량에게 이엄의 갖가지 불량한 행동을 보고하는 것이 기록되어 있습니다. 그러나 제갈량은 이 때문에 이엄과 멀어지지 않았고, 오히려 직위와 대우에 대한 이엄의 많은 요구를 만족시켜 주었습니다.

유비가 후사를 부탁한 후 제갈량은 성도로 돌아왔고, 이엄은 영안에 주둔했습니다. 제갈량이 무향후가 되고 이엄은 도향후가 되었습니다. 건흥 4년(226년) 이엄은 보한장군에서 승진하여 전장군이 되었습니다. 이전 전장군의 직무는 줄곧 관우가 맡던 것이었습니다. 건흥 8년(230년) 이엄은 또 전장군에서 표기장군으로 승진하는데, 이전에 마초가 맡았던 것이었습니다. 이엄에게 관우와 마초가 맡았던 직위를 준 것은 이엄의 체면을 충분히 세워준 것이라 할 수 있습니다.《후한서》에 기재된 군대의 직무에서 대장군이 가장 높고, 그 다음이 표기장군, 그 다음은 거기장군, 그 다음이 위장군衛 將軍입니다. 대장군과 표기장군은 승상 다음가는 지위로, 이엄은 일 년에 한 단계씩 고속 승진을 했다고 할 수 있습니다.

또한 제갈량은 이엄의 근거지에 대한 요구를 만족시켜주었습니다. 영안 지역과 부대를 이엄에게 주어 관리하게 하고, 또 강주 지역과 부대를 이엄에게 주었습니다. 그를 북벌에 참가하도록 설득하기 위해 제갈량은 이엄을 승진시키는 것과 동시에 그의 아들 이풍李 豊을 강주 도독에 발탁하여 강주의 군대를 통솔하게 했습니다.

그렇다면 제갈량은 왜 이엄과 같이 사심이 많은 사람의 거듭된 요구를 만족시켜주었을까요? 이유는 단 하나, 대국을 위한 것이고 단결을 위한 것이었습니다. 앞에서 말했듯이, 유비는 정권이 안정되려면 반드시 익주에 뿌리를 두고 있는 많은 간부들을 단결시켜야 한다는 점을 분명하게 알고 있었습니다. 이엄은 재간도 있고 영향력도 있어서 익주 간부들을 이끄는 역할을 하고 있었습니다. 이엄을 단합시키면 이들을 무더기로 끌어들일 수 있었습니다. 이 점에서 제갈량도 유비와 같은 생각이었습니다.

《삼국지》〈이엄전〉에는 제갈량의 다음 한마디가 기록되어 있습니다.

> 신은 이엄의 비속한 심사가 출병을 기회로 신을 핍박하여 사리를 취하고자 함을 알고는 이엄의 아들 이풍이 강주를 통솔 주관하도록 주청하여, 그에 대한 대우를 융숭하게 함으로써 일시의 급한 일

을 해결하고자 했습니다. 이엄이 도착한 후 모든 사무를 그에게 주자 위아래의 여러 신하들은 신이 이엄을 후하게 대하는 것에 의아해했습니다. 하지만 이렇게 한 이유는 국가의 대사가 아직 안정되지 않았고, 한 왕실이 기울고 위급한 시기에 이엄의 단점을 지적하는 것은 그를 장려하는 것만 못하기 때문이었습니다.

사업을 하는 것이 바로 이렇습니다. 나의 경지가 높다고 다른 개개인들이 다 경지가 높다고 할 수 없습니다. 내가 사심이 없다고 해서 다른 사람들이 다 사심이 없다고 할 수 없습니다. 내가 사업을 아주 좋아한다고 해서 다른 사람들도 좋아한다고 할 수 없습니다. 억지로 요구한다고 해서 되는 것은 아닙니다. 리더가 되려면 도량이 있어야 하고, 다른 사람의 경지가 자신보다 낮다는 사실을 용인해야 합니다.

경지가 높고 낮음에 상관없이, 그가 노력하도록 격려하고, 사업에 공헌하도록 이끌 수 있어야 하는 것입니다.

그래서 관리는 사람들 모두를 개조하여 천사로 만드는 것이 아니라, 사람들 모두가 천사의 행동을 하도록 인도하는 것입니다. 관리를 잘한다는 것은 마귀에게 천사가 하는 일을 하게 인도한다는 것이고, 잘못된 관리란 천사를 핍박하여 마귀가 하는 일을 하게 하는 것이라는 겁니다. 관리의 핵심은 한 사람을 바꾸려고 하는 것이 아니라 인도하려 하는 행위입니다. 제갈량이 이엄을 용인한 이유는 바로 여기에 있었습니다. 그러나 용인은 무한정한 것은 아닙니다. 무한정한 용인은 곧 방종으로 변하기 마련입니다.

공명의 지혜

관리는 사람들 모두를 개조하여 천사로 만드는 것이 아니라, 사람들 모두가 천사의 행동을 하도록 인도하는 것이다. 다시 말해 관리를 잘한다는 것은 마귀에게 천사가 하는 일을 하도록 인도하는 것이고, 잘못된 관리란 천사를 핍박하여 마귀가 하는 일을 하게 하는 것이다.

제갈량은 이엄에게 하나의 마지노선을 두었습니다. 이 마지노선은 '중앙에 복종하고, 북벌을 지지한다'는 것이었습니다. 제갈량의 원칙은 전체 조직의 이념을 반드시 '북벌흥한北伐興漢'으로 통일해야 한다는 것이었고, 이엄이 이런 목표 안에서 따라오기만 하면 다른 것은 모두 이해할 수 있다는 것이었습니다.

두 번째는 빠져나갈 길을 주고 여지를 남기는 것입니다. 뒤에서 보게 되겠지만 제갈량이 고심한 것은 모두 물거품이 됩니다. 이엄은 북벌에 대해 공동 운명체 의식이 없어서 참여도 소극적으로 했을 뿐 아니라 개인의 사리를 위해 북벌에 걸림돌을 설치하고 문제를 일으켰습니다.

일단 이런 문제가 터져 나오자 제갈량은 시기를 늦추지 않고 바로 결단을 내립니다. 더 이상 용인하지 않고 즉각 이엄을 처벌하기로 결정합니다. 관리는 이렇게 하는 것입니다. 부하들에게 어겨서는 안 되는 규정을 제시하고, 이를 위반하기라도 하면 단호하게 처벌하는 것입니다.

하지만 제갈량은 이엄을 처리할 때 단순히 무턱대고 달려들지 않고, 기교를 사용합니다. 어떤 기교일까요?

첫 번째는 사실을 열거하여 모순을 폭로하는 것입니다. 이엄에 대한 두 차례의 탄핵 상소에서 제갈량은 이렇게 말합니다.

> 첫째, 선제가 붕어 후 이엄은 자기 집안만을 생각하여 작은 은혜를 베풀기 좋아했고, 자신의 명예와 안일만을 추구하였으며 나라 일을 근심하지 않았고, 둘째, 신이 북벌할 때 그의 군사가 한중을 지켜주기를 바랐는데, 온갖 어려움을 들어 한중에 오려는 뜻은 없고 오히려 다섯 군을 관할하는 파주 자사를 시켜달라고 요구했으며, 셋째, 작년에 신이 서쪽으로 원정할 때 이엄에게 한중의 사무를 주관하게 했으나, 이엄은 사마의 등이 관부를 두어 관원들을 불러내는 것만 말했습니다. 신은 이엄의 비속한 심사가 출병을 기회로 신을 핍박하여 사리를 취하고자 함을 알고 있었습니다.

두 번째는 민주 노선을 걷는 것입니다. 개인의 생각을 여러 사람의 의견으로 바꾼 것입니다. 제갈량 한 사람이 이엄을 어떻게 처리할지를 결정하는 것이 아니라, 여러 사람의 의견을 묻고 참고하였습니다. '상서령 이엄의 처벌 요청'에 서명한 장령은 두 명의 군사, 전후좌우 네 장군, 다섯 명의 호군장군, 여섯 명의 참군參軍, 두 명의 감군監軍, 전군典軍 한 명, 장사長史 한 명, 종사從事 한 명 등 모두 22명의 간부들로, 제갈량 그룹 내의 모든 사람들이 서명했고 회의 석상에서 자신들의 의견을 전달했습니다. 이렇게 하여 한편에서는 권위를 높이고, 한편에서는 주위 사람들의 오해를 감소시킨 것입니다.

세 번째는 여지를 남기고 희망을 주어 결코 한 번에 요절을 내지 않는 것입니다. 이엄이 면직된 후 제갈량은 일부러 이엄의 아들 이풍에게 편지를 씁니다. 주요 내용은 이엄과 이풍의 안부를 묻는 것이었는데, 그중 두 구절은 매우 간절합니다. 다음은 첫 번째 구절입니다.

> 바라건대 도호(이엄)를 잘 위로하고 지난 과오를 뉘우치게 하십시오. 지금 비록 해임되어 구체적인 업은 없지만, 노비와 빈객이 1백 명이나 있고, 그대가 중랑참군으로 부에서 일하고 있으니 동류와 비교하면 그래도 상등 가문인 셈입니다.

요지는 '너의 집안은 아직 여전히 상등의 집안이고, 너의 생활은 나쁘지 않다'는 것입니다. 그리고 이어 이야기합니다.

> 만약 도호가 한 마음으로 나라를 생각하고 그대가 장완과 서로 믿고 함께 일한다면 막혔던 길은 다시 통하고, 잃었던 것도 다시 얻을 수 있습니다. 이상의 말을 곰곰이 생각하면 나의 힘쓰는 마음을 알 수 있을 것입니다. 서신을 보고 장탄식을 하며 눈물을 흘릴 뿐입니다.

요지는 '잘못을 고치기만 하면 잃어버린 것을 찾을 수 있으니, 이 교훈을 잘 접수하여 나의 마음을 잘 이해해달라'는 이야기입니다.

제갈량이 이렇게 한 이유는 이엄의 공헌이 여전하고, 재능도 여전하며, 영향력도 여전하였기 때문입니다. 서천의 간부들이 모두 지켜보고 있으니, 만약 혹독한 수단으로 처리하거나, 나아가 이엄이 목숨이라도 잃게 되면 좋지 않은 결과가 나올 가능성이 컸기 때문입니다. 그래서 제갈량은 일을 처리하면서도 이엄의 체면을 살려주고, 그에 대한 대우를 그대로 두면서 친히 위로하고 향후 더 발전할 수 있도록 격려한 것입니다. 이엄과 같이 일하는 태도에 문제가 있는 간부에 대해 제갈량의 처리는 비교적 과학적이고 합리적이었다고 말할 수 있습니다.

그렇지만 촉한 조직에는 이엄처럼 일하는 태도가 바르지 못한 문제 직원 이외에도, 또 다른 종류의 문제 직원이 있었습니다. 이는 일하는 방식에 문제가 있는 직원으로, 이러한 자들은 사업에 막대한 손실을 초래하게 했습니다. 이런 유형의 사람 중 가장 전형적인 인물이 마속입니다. 그렇다면 마속과 같이 신임도 하고 애정도 있었으나 일하는 방법에 문제가 있는 문제 직원은 어떻게 관리해야 할까요?

| 두 번째 책략

기율을 엄숙하게 하되, 마음을 부드럽게 한다

마속은 제갈량의 측근입니다. 리더에게 가장 난처한 일은 자신의 측근이 잘못을 저지르는 것입니다. 이런 사람이 일단 잘못을 저지르면, 주위의 모든 사람들이 리더가 어떻게 처리하는지를 지켜봅니다. 먼저 가볍게 처리할 수는 없습니다. 가볍게 처리하면 자기 사람을 편애한다고 손가락질 받을 수 있습니다. 그렇다고 무겁게 처리할 수도 없습니다. 무겁게 처리하면 독하고 정 없는 사람이라고 비난받습니다. 이 두 가지 사이에서 균형을 잘 잡아야 합니다. 그렇다면 측근이 잘못을 했을 때 도대체 어떻게 해야 할까요? 여기서 제갈량의 방식을 한번 살펴보기로 합시다.

이것에 대해서는 《삼국지》와 《자치통감》에 모두 기록되어 있습니다. 촉한 건흥 6년(228년) 봄 제갈량은 위나라를 정벌하러 떠납니다. 파죽지세의 기세로 남안南安, 천수天水, 안정安定 세 군이 제갈량에게 돌아서자 관중關中이 진동합니다. 이렇게 순조로운 형세에서 제갈량은 경험 많은 위연魏延이나 오의吳懿 등의 대장을 쓰지 않고, 참군 마속을 가정으로 보내 그곳을 지키게 합니다.

> **마속**(190~228년)
> 자는 유상幼常, 양양 의성(宜城, 지금의 호북 의성 남쪽) 사람으로, 시중 마량의 동생이다. 처음 형주에서 종사로 있으면서 유비를 따라 서촉으로 들어가 면죽, 성도의 영슈과 월수 태수를 역임했다. 북벌 시 작전 실패로 가정을 잃고 제갈량에 의해 참수되었다.

왜 마속이었을까요? 먼저 제갈량에게는 북벌이 반드시 성공할 것이라는 믿음이 있었기 때문입니다. 그 다음에 제갈량에게는 사심이 있었습니다. 가정은 북벌 성공의 관건이 되는 지역으로 북벌에서 승리할 경우 가정을 수비한 사령관은 일등 공을 세우는 것이 되고, 이 공을 마속에게 주고자 한 것입니다. 그러나 생각지도 못하게 마속이 명령을 어겨 물을 버리고 산으로 올라가 성지城池를 지키지 못함으로써 전군을 대패로 이끌어, 다시 오기 힘든 좋은 기회를 날려버립니다. 이 단락이 바로 유명한 '마속이 가정을 잃다'입니다.

일찍이 한 친구가 내게 《삼국지》의 지략에서 가장 좋아하는 것이 무엇인지 물은 적이 있습니다. 나는 제갈량이 눈물을 흘리며 마속을 벤 것이라고 대답했습니다. 이 이야기에는 중국 고대인들의 번쩍이는 지혜가 담겨 있습니다. 경극 《실공참失空斬》에서는 가정을 잃고, 공성계를 쓰며, 마속을 베는 이야기를 특별하게 이야기하고 있습니다. 마속이 싸움에서 패하고 부장 왕평王平과 함께 돌아와 보고하자, 제갈량은 마속을 때리거나 욕하지 않고, 다음과 같이 책망합니다.

"유상(幼常, 마속의 자)아, 유상아, 네가 어디가 유상이냐, 너는 유치幼稚다. 너에게 산에 의지하며 물이 있는 길에 주둔하라고 했거늘 왜 내 말을 듣지 않았느냐?"

마속은 고개를 떨어트리고 "승상, 제가 잘못했으니 벌을 받겠습니다"라고 말합니다. 제갈량은 한탄하며 자신이 마속을 벌하는 것이 아니라고 하면서 한 장의 군령장을 가져오게 한 후 말합니다.

"유상아, 군령장이 여기 있다. 싸움에 지면 목을 바치겠다고 했다. 여봐라, 끌고 가 목을 쳐라!"

일견 제갈량이 자신을 정말 죽이려하자 마속은 조금 급해집니다. 사실 제갈량과 마속의 관계는 특별했습니다. 마속의 친형은 마량으로 제갈량의 고향 사람이며 동문이었고, 마속은 제갈량의 학생이면서 동생이었습니다. 또한 마속의 재능은 아주 뛰어났습니다. 예를 들어 제갈량이 남정할 때 맹획을 칠종칠금七縱七擒하여 남중을 평정한 책략은 마속이 제시한 것이었습니다. 마속은 탄원합니다.

"승상, 살려주십시오. 저희 집안에는 위로는 어른이 계시고 아래로는 어린 자식들이 있습니다. 공을 세워 죄를 대신하도록 저에게 기회를 주시면 안 되겠습니까?"

이 한마디에 제갈량은 눈물을 흘립니다. 이어 공명은 그 자리에서 울며 마속에게 말합니다.

"유상아, 너를 죽이는 것은 내 마음을 도려내는 것과 같다! 그러나 군령장이 여기 있으니 내가 너를 죽이려 하는 것이 아니라, 군법이 너를 죽이는 것이다. 군법에 정을 둘 수는 없다! 너의 뒷일은 너무 걱정마라. 너의 고령의 노모는 내가 보살피마. 너의 처와 자식도 내가 보살피마. 너는 마음 놓아라."

그리고 결국 마속을 죽입니다. 《자치통감》은 이를 이렇게 간략하게 기록하고 있습니다.

"돌아오자 마속을 하옥시키고 죽였다收護下獄, 殺之. 제갈량이 친히 제사를 지내며 눈물을 흘렸다. 그의 남은 가족을 돌보고 평생 동안 은혜를 베풀었다."

제갈량은 마속을 죽임으로써 두 가지 효과를 보았습니다. 하나는 전군의 간담이 서늘해지고, 모두들 절대 잘못을 저질러서는 안 되겠다고 느끼게 합니다. '마속과 같이 끈끈한 관계에 뛰어난 재능을 가진 사람도 잘못하니 목이 잘리는구나. 군법에는 진정 정이 없구나!' 두 번째 효과는 사람들이 '승상은 정말 좋은 사람이구나, 정말 아랫사람에게 마음을 쓰는구나!'라고 말한 것입니다.

한 사람을 죽여서 사람들을 두려워하게 만들면서도 감동하게 합니다. 이런 책략을 '눈물 흘리며 하는 살인'이라고 할 수 있겠죠. 온유한 수단으로 냉혹한 일을 하는 것입니다. 제도가 엄할수록 말은 연하고 부드러워야 합니다.

도대체 제갈량이 왜 울었을까요? 뭇사람들은 그가 차마 하지 못해서라고 말합니다. 차마 하지 못하면 죽이지 않으면 됩니다. 그는 군령장을 말합니다. 역으로 생각해보면, 화용도華容道에서 관우가 조조를 놓아줄 때 군령장이 없었습니까? 있었죠. 그런데도 죽였습니까? 제갈량이 울면서 마속을 벤 이 사건에서 마속을 죽인 것도 진심이었고, 운 것도 진심이었습니다.

여러분도 아시다시피 현실 생활에서 많은 지도자들이 이 원리를 이해하지 못하고 눈을 부라리며 화를 내면서 큰소리로 직원을 해고합니다. 해고가 별 문제가 아닌 듯 했지만, 다음 날 회사에서 누군가가 말합니다. "글쎄, 사장 얼굴이 좋은 걸 보니 처음부터 일부러 화낸 것 같아. 손이 저렇게 모질고, 성격이 꼬인 사람은 십중팔구 가정생활이 불행할 거야."

이 일로 사장으로서의 권위는 세웠지만, 사장 개인의 이미지는 완전히 깨져버렸고, 한 줌의 친화력도 없어져버렸습니다.

제갈량은 이 부분에서 아주 현명하게 대처했습니다. 가장 모질게 손을 써야 할 때 눈물을 흘림으로써 제도의 권위를 세워 사람들을 교육시키고, 자신의 이미지를 다잡아 사람의 마음을 사로잡았습니다. 이를 온유한 수단을 써서 냉혹한 일을 한다고 하는 것입니다. 뛰어난 지도자는 아랫사람에게 존경을 받으면서도 두려움의 대상이 되는 사람입니다. 훌륭한 아버지는, 아들이 사랑하지만 무서워하는 아버지입니다.

마속의 일을 처리한 후 제갈량은 곧바로 상소를 올려 스스로를 벌합니다. 간곡한 말로 스스로 책임을 인정하고, 벼슬을 세 단계 깎아내리길 청하여, 승상의 직에서 우장군으로 강등되어 승상의 일을 행합니다.

공명의 이런 조치는 책임감의 체현일 뿐만 아니라 관리 지혜의 체현이기도 합니다. 제갈량은 실패 후, 자신을 포함하여 자신에 속한 지도 그룹의 주요 책임자 모두를 강등시킴으로써 한 번에 제도의 위엄과 관리의 원칙을 수립합니다. 반대로 일이 터졌을 때 지도자가 책임을 미루고, 크고 작은 조무래기만 처벌하면 다음에는 아무도 제도를 경외하지 않아서 문제가 더욱 심각해질 것입니다.

　눈앞의 간부들을 잘 관리하여, 조직의 정신을 진작시켰지만 제갈량은 더 큰 도전에 직면했습니다. 어떤 도전일까요? 그것은 어떻게 젊은 사람을 잘 쓸 것인가의 문제였습니다. 장강의 뒤 물결이 앞 물결을 밀어내고, 신인들이 구인들을 바꾸듯이, 사업의 토대가 오래가려면 반드시 계승자가 필요하고, 사업을 하려면 반드시 후진들을 양성해야 합니다. 젊은이들을 양성하여 쓰는 것이 미래를 결정합니다. 젊은 인재를 보유하고 있어야 진정한 미래가 있습니다. 그렇다면 공명 선생은 대관절 젊은 인재들을 어떻게 양성하고 썼을까요? 그는 어떤 책략을 운용하였을까요?

8장

제갈량,
마음을 다스려 정세를 바로잡다

| 들어가며 |

리더와 관리자의 자세

∴

제갈량은 정치나 군사행동을 하면서 항상 침착함을 잃지 않았다. 오나라에 가서 손권을 설득할 때부터 오장원에서 '죽은 공명이 산 중달을 물리친' 이야기에 이르기까지 그는 위기 때마다 침착함을 잃지 않고 냉정하게 대처했다. 그는 항상 침착하고 맑은 정신으로 미래를 내다보며 일을 진행했고, 그래서 실수를 최소화했다.

유비 사후 제갈량이 촉한의 CEO가 된 후, 그는 바로 오와의 동맹을 회복하고 이를 기반으로 지속적으로 북벌을 시도했다. 하지만 조위에 비해 10분 1의 국력을 가진 촉한이 어떻게 끊임없이 대량의 자원을 필요로 하는 군사행동을 지속할 수 있었을까? 혹자는 제갈량의 이런 북벌이 맹목적인 것으로 결국은 촉한의 백성들을 피로하게 했다고 비판한다. 하지만 북벌의 번번한 실패에도 촉 정권 내부의 아무런 저항이 없었고, 또 제갈량 사후 그에 대한 백성들의 칭송이 후세에까지 계속 이어진 것은 어떻게 설명할 것인가? 《삼국지》를 쓴 진수는 제갈량의 정치를 이렇게 썼다.

법률 조문과 교령은 엄격하고 분명하게 했고, 상벌에는 반드시 신의가 있고 공정하여 잘못은 징벌을 받지 않음이 없었으며, 착한 일은 표창하지 않음이 없었습니다. 이리하여 관리들은 간사함을 용납되지 않게 되었고, 사람들은 스스로 힘쓰려는 마음이 생기게 되어, 길에 떨어져 있는 것을 줍지 않고, 강자가 약자를 침해하지 않는 숙연한 사회 기풍이 이루어졌습니다.

　제갈량의 리더십은 바로 여기서 나온 것이었다. 이런 리더십은 그의 인사 관리에서도 그대로 반영되었다. 제갈량은 인재를 쓸 때 말보다는 성실함을 높이 샀다. 그는 능력은 있으나 말이 앞서고 일하는 데 이러쿵저러쿵하는 사람보다는 묵묵히 자기 위치에서 할 일을 하는 사람을 좋아했다. 그래서 그는 가정의 실패로 자신을 포함하여 대부분의 장수들의 직급을 내릴 때에도 마속의 부관이었던 왕평에게는 끝까지 자신의 자리를 지키면서 후퇴를 지휘한 공을 높이 사 상을 주었다. 이렇게 상벌이 분명하니 어느 누가 자신의 직무에 최선을 다하지 않겠는가?
　이런 제갈량의 태도는 자식 교육에서도 그대로 드러난다. 그가 자식 교육에서도 우려한 것이 재능이 너무 빨리 드러나 교만해지는 것이었다.
　여기서 제갈량이 보여준 것은 리더나 관리자가 가져야 할 태도에 대한 것이다. 리더는 위기 때일수록 침착함을 잃지 않고 현실을 보며 멀리 생각하고 준비해야 한다. 그리고 자기 직분에 최선을 다하는 모습을 보여주고, 조직 내에서도 그런 사람들은 발굴하고 포상하여야 한다. 그러면 조직은 자연스럽게 따라오기 마련이다. 제갈량은 이런 점에서 과연 모범으로 삼을 만하다.

정위조군 靜爲躁君
성공은 마음을 다스리는 데서 비롯된다

'명수잔도, 암도진창明修棧道, 暗渡陳倉', 즉 '겉으로는 잔도를 수리한다고 하면서 몰래 진창을 건너간다'라는 말이 있습니다. 이 고사는 《삼국연의》제98회〈한군을 추격하던 왕쌍王雙을 베고, 진창을 습격하여 무후가 승리를 챙기다〉에 기록되어 있습니다.

그렇지만 이 제목은 절반만 맞게 이야기한 것입니다. 촉군을 추격하던 위나라 장군 왕쌍을 벤 것은 확실하지만, 제갈량은 진창을 습격한 전투에서 결코 승리하지는 못했기 때문입니다.

이 고사는《삼국지》와《자치통감》에 명확하게 기록되어 있습니다. 촉한 건흥 6년(228년) 12월, 제갈량은 2차 북벌에서 진창을 포위합니다. 당시 제갈량에게는 수만의 신예 부대가 있었고, 진창을 수비하던 군대는 일천여 명에 불과해, 실력 차이가 매우 컸습니다.

진창을 수비하던 장수 학소郝昭는 태원 사람으로 사람됨이 웅장하고, 어려서부터 종군하여 여러 차례 전공을 쌓았고, 하서에 주둔하며 지킨 지가 10여 년이 된 경험이 매우 풍부한 장수였습니다. 처음 제갈량이 준비한 전략은 투항을 설득하는 것이었습니다. 그는 학소의 동향 사람 은상鄞祥을 보내 투항을 권했습니다. 그러나 학소의 태도는 매우 단호했습니다.《삼국지》에는 은상의 유세를 들은 학소가 성 위에서 단호하게 회답한 말을 다음과 같이 기록하고 있습니다.

"위나라의 법도는 경도 아실 게요. 나의 사람됨도 경이 아실 게요. 나는 나라의 은혜를 많이 받아, 위나라에서의 지위門戶가 무거우니, 경은 더 이상 말하지 마시오. 단지 죽음만 있을 것이니, 경은 제갈량에게 돌아가 빨리 쳐들어오라고 일러주시오."

'나는 이미 죽을 각오로 싸울 것이니 더 이상 말하지 말라'는 뜻입니다.

은상이 돌아온 후 제갈량에게 보고하자, 아마 재주를 사랑하는 마음이 일었는지 다시 한 번 은상을 보내 학소에게 말하게 합니다.

"병사가 대적할 수 없으니 헛되이 자신을 파멸시키지 말라."

'나에게 수만의 대군이 있고 너는 단지 1천여 명의 병사만 있으니, 계란으로 바위를 치려하지 말라'는 이야기입니다. 학소는 훨씬 간명하게 대답합니다.

"앞서 말한 것으로 이미 정해졌소. 나는 경을 알지만, 화살은 알지 못하오."

'더 이상 소란피우지 말라, 계속하면 너라고 해도 화살을 쏘아 죽이겠다'는 이야기입니다.

이렇게 유세가 실패하니 이제 싸울 일만 남았습니다. 이 전투는 사서(《삼국지》〈위서 명제기〉와《자치통감》)에 다음과 같이 아주 생생하게 잘 묘사되어 있습니다.

> 제갈량은 자신의 수만의 병사가 있으나 학소의 병이 천여 명이고 아직 동쪽에서 구원병이 도착하지 않아 이에 학소를 공격하게 했다. 구름사다리雲梯와 충차衝車로써 성에 이르렀으나, 학소가 불화

살로 구름사다리를 쏘니 사다리가 불타고 사다리 위의 사람들이 모두 타 죽었다. 학소는 또 큰 돌을 밧줄로 묶어 충차를 내려치니 충차가 부서졌다. 제갈량이 다시 백 척 높이의 정란井蘭으로 성안에 화살을 쏘고, 흙덩이로 참호를 메워 직접 성에 오르려 했으나 학소는 또 안에 다시 벽을 쌓았다. 제갈량은 또 땅굴을 파 성안으로 들어가려 했으나, 학소는 성안에 길게 도랑을 파 차단했다. 밤낮 없이 이십여 일을 싸웠으나, 제갈량도 계책이 없고 구원병이 이르자 퇴각했다.

이 기록에 따르면 이 전투는 규모가 매우 컸고 촉군의 사상자도 아주 많았음을 알 수 있습니다.

촉군이 운제를 쓰자, 학소는 불화살을 쏩니다. 촉군이 충차를 쓰자, 학소는 돌을 쏩니다. 촉군이 정란을 쓰고 흙으로 참호를 메우자 학소는 벽을 다시 쌓습니다. 촉군이 땅굴을 파자 학소는 도랑을 길게 팝니다.

이렇게 20여 일을 주고받으면서 작고 작은 진창성은 제갈량이 통솔하는 수만의 정예 앞에서 놀라울 정도로 동요하지 않았습니다. 이는 확실히 삼국의 여러 전쟁 중에서 하나의 기적이었습니다. 그것도 이름도 별로 알려지지 않은 학소라는 장수가 뜻밖에도 전신戰神 제갈량의 연이은 공격을 막아낸 기적이었습니다.

이 일은 조위의 그 많은 대장군들도 하지 못한 일이었고, 삼국의 그 많던 사람들도 하지 못한 일이었는데, 놀랍게도 학소가 해낸 것이었습니다. 학소가 믿었던 바는 무엇이었을까요?

조위의 입장에서 보면 이유는 첫째, 사전에 준비를 충분히 하여 쉬면서 힘을 비축한 다음 지친 적을 친 것입니다. 둘째, 통제가 적절하여 싸움에 임해 흐트러지지 않았던 것입니다. 셋째, 주장이 침착하여 삼군이 단결한 것입니다.

하지만 촉한의 입장에서 보면, 학소가 승리할 수 있었던 이유는 단 한 가지였습니다. 제갈량의 이번 북벌은 여하튼 성을 공격하고 땅을 빼앗는 것이 아니라 조위를 견제하고 동오와 보조를 맞추는 것이 주요 목적이었습니다. 왜냐하면 이전에 동오는 이미 조위와 전쟁을 시작했습니다. 동오 전선이 긴박해지자 사마의, 장합이 지휘하는 대군은 동쪽 전선에 역량을 집중하여 동오를 상대하려 준비하고 있었습니다.

우군과의 보조를 맞추기 위해 제갈량은 군사를 이끌고 북상했습니다. (이때 20여 일의 양식만을 가지고 갔습니다.) 이번 북벌에서 채택한 전략이 바로 '명수잔도, 암도진창'이었습니다. 한편에서는 사곡(斜谷, 섬서성 종남산) 쪽의 파손된 잔도를 수리한다고 하면서 한편에서는 대군이 몰래 진창을 습격한 것입니다. 단지 진창을 지나가려 했는데 지나가지 못한 것일 뿐입니다.

《삼국지》〈조진전〉은 하나의 정보를 넌지시 드러내고 있습니다. 사실 조진은 촉군이 진창에 올 것을 사전에 예측하고 미리 수하를 진창에 보내 임전 태세를 갖추고 제갈량의 진공에 대비했습니다. 진창성이 높고 견고한데다가, 군대가 이미 방비를 하고 있던 사실을 정상대로라면 제갈량은 분명 파악하고 있었을 것입니다. 그런데 왜 공격을 하려 했을까요?

오촉 연맹의 각도에서 보면 이 전쟁의 목적은 동오에 협조하여 조위를 견제하는 것이었습니다. 조위가 동쪽 전선에 전력을 기울이지 못하게 하는 것이었고, 촉한의 각도에서 보면 허실을 틈타 공격해 들어가 기회를 엿보는 것이었습니다. 바꾸어 말하면 진창을 공략하면 좋고, 공략하지 못해도 괜찮았습니다. 단지 적을 두려워 떨게 하고, 적을 끌어들일 수 있다면 성공이었습니다.

20여 일 후 적이 원군을 보내고 싸움의 첫 번째 목적이 이루어지자 제갈량은 자발적으로 철군합니다. 또한 철군하는 과정에서 불의의 반격을 가하여 조위의 대장 왕쌍을 벱니다.

진창의 싸움으로부터 제갈량이 일을 진행하면서 두 가지 상황에 모두 대비했음을 알 수 있습니다.

먼저, 진창의 싸움에는 최대 목표와 최소 목표가 있었습니다. 최대 목표는 허실을 틈타 진창을 점령하는 것이었고, 최소 목표는 적을 놀라게 하여 적을 끌어들이는 것이었습니다. 만약 최대 목표 달성이 어렵다면 최소 목표만 달성해도 충분했습니다.

다음으로 중요한 행동을 안배할 때에는 승리하고 전진하는 데에도 충분한 준비를 하지만, 안전한 후퇴를 위해서도 충분한 준비를 해야 한다는 것입니다. 싸워서 이길 수 있으면 싸우고, 이길 수 없으면 후퇴합니다. 시종 전쟁의 주도권을 쥐면서 후퇴했고, 그것도 아주 잘 후퇴했습니다. 적들이 감히 쫓아오기라도 하면 바로 해치워 버립니다. 이런 것들은 매우 고명한 지혜입니다.

많은 사람들이 일을 하면서 자주 범하는 두 가지 잘못이 있습니다. 하나는 단일 목표만을 갖는 것입니다. 이는 탄성이 부족하여 일단 상황에 변화가 생기면, 당황하여 어찌할 줄 모르고 실수를 하거나 아니면 원래의 틀에만 매달려 일하게 됩니다. 이렇게 하면 실패하기 십상입니다. 나머지 하나는 훨씬 더 자주 접하는 잘못으로, 전진을 위한 준비는 잘하면서 후퇴를 위한 준비가 없는 것입니다. 일단 상황이 변하여 일이 이루어지지 않으면, 바로 혼란에 빠져들어 대오가 흐트러지고 산이 무너지듯 와르르 패배하게 됩니다.

사실 실패는 리더의 수준을 가장 잘 검증해줍니다. 지혜로운 리더는 소기의 목표를 달성하기 위해 힘차게 나아갈 줄도 알아야 하지만 추세에 따라 유리한 방향으로 이끌고, 목표를 조정하고 순조롭게 철수하는 것에도 능해야 합니다. 인생은 늘 좋은 경우만 있을 수는 없고, 사업도 늘 성공할 수만은 없습니다. 두 가지 상황을 준비하는 데 능하지 못한 사람은 때때로 아주 작은 일 때문에 실패에 빠질 수 있습니다.

"나아갈 때와 물러날 때를 알고, 일을 이루었을 때와 실패했을 때를 생각한다知進知退, 料成料敗"는 것은 성공한 사람의 진정한 자질입니다. 이 점을 우리는 공명 선생으로부터 확실하게 배워야 합니다.

공명은 신야에서 기병하고, 적벽대전을 치른 이래 군사적으로는 모두 성공했고, 다른 정치 방면에서도 비교적 순조롭게 일을 잘 처리했습니다.

이렇게 비교적 성공했거나 순조로웠던 사람이 실패하거나 퇴각을 할 때를 위해 충분한 준비를 하는 것은 특히 쉽지 않은 귀중한 자질입니다. 제갈량이 이렇게까지 할 수 있었던 것은 그가 특별하고 독특한 성공의 자질을 타고났음을 설명합니다. 그 자질은 바로 '냉정하고 맑은 정신과 함께 자만하지 않는 것'입니다. 세상에는 많은 장벽이 있지만 각 장벽마다 문도 있습니다. 어떤 사람이 이 문을 지나가지 못할까요? 바로 자신을 과대평가하는 사람입니다. 냉정하지 못하고 발끈하여 자신을 과대평가하고, 머리를 높게 치켜든 사람은 꽝하고 확실하게 문에 부딪치고 말 것입니다.

　설령 한번 성공했다고 해서 거기에 빠져들어서는 안 됩니다. 성공했을 때일수록 더 냉정하고 맑은 정신을 유지해야 합니다. 공명 선생이 우리에게 좋은 본보기를 보여줍니다.

　그렇다면 제갈량의 냉정하고 맑은 정신은 구체적으로 어느 방면에서 구현될까요? 다음과 같이 정리해보도록 하겠습니다.

첫 번째 책략

자세를 낮추면서도 긴 안목을 갖춘다

우리는 앞의 제3강에서 장송이 지도를 헌납한 고사를 이야기한 적이 있습니다. 이 고사는 처세와 일처리 방식, 즉 '자세를 낮추고, 몸을 구부려 물을 얻는' 원리를 제갈량이 잘 이해하고 있음을 보여줍니다. 몸을 구부려 물을 얻는 것은 일종의 경지이며 지혜입니다.

　제갈량이 자세를 낮추면서도 긴 안목을 갖고 앞을 내다보는 지혜를 보여주는 또 하나의 이야기가 있습니다. 이 일은 진창의 싸움이 있은 지 2년 후, 촉한 건흥 7년(229년)에 일어났습니다. 이 해 동오의 손권이 황제를 칭합니다. 이 일이 촉한에 준 충격은 자못 컸습니다. 이전의 오촉 연합이 대의명분으로 줄곧 내세운 것이 '한실을 부흥하고, 조적曹賊을 소멸한다'였는데, 지금 손권도 칭제를 했으니 '한실 부흥'의 명분은 이미 존재하지 않게 되어버린 것입니다. 동오는 더 이상 황위를 찬탈한 조위를 소멸하지 않을 뿐 아니라 그 자신이 손적孫賊이 되어버린 것입니다.

이리하여 촉한 내부에서는 동오의 손권과 절교를 주장하는 목소리가 생겼습니다. 그럼 제갈량은 도대체 손권과 절교해야 할지 말지와 손권이 칭제하여 한을 배반한 일을 어떻게 다뤄야 했을까요?

제갈량은 여기서도 실용적인 태도와 탁월한 안목을 동시에 보여줍니다. 《삼국지》 배송지 주에 인용된 《한진춘추漢晉春秋》에는 제갈량의 대응이 상세하게 기록되어 있습니다. 원문을 그대로 옮겨봅니다.

이해 손권이 황제를 칭하고, 그 신하들이 두 명의 황제가 서게 된 사정을 와서 알렸다. 의논하는 자들이 모두 손권과 교류하는 것은 무익하고 명분 자체가 불순한 것이므로 마땅히 정의를 뚜렷이 밝히고 동맹을 끊어야 한다고 주장했다. 제갈량이 말했다.
"손권이 찬역할 마음을 가진 지 이미 오래이나, 우리나라에서 그 잘못된 생각을 추궁하지 않은 것은 그로부터 적을 협공하는 도움을 구하기 위해서였소. 지금 만약 공개적으로 관계를 끊는다면 반드시 우리에 대한 원한이 깊어질 것이고, 응당 군사를 옮겨 동쪽을 치고 그들과 더불어 힘을 겨루어 모름지기 그 땅을 병탄한 후에야 비로소 중원을 논의할 수 있을 것이오. 저들은 아직 현명한 인재가 많고 장수와 재상이 서로 화목하여 하루아침에 평정할 수 없소이다. 병사를 주둔시키고 서로 대치한 채 앉아서 늙기를 기다리는 것 또한 북적(北賊, 즉 조위)으로 하여금 일을 이루도록 하는 것으로 이는 상책이 아니외다.

옛날 효문제는 겸양의 언사로 흉노를 대했고, 선제께서는 오와 후한 조건으로 결맹했으니, 이 모두가 형세를 헤아려 변통하여 널리 먼 이익을 생각하신 것으로 필부의 분노와는 다른 것이었소. 지금 의논하는 자들은 모두 손권이 삼국정립 구도鼎足之勢에서 이득을 찾기 때문에 우리와 협력할 수 없고, 게다가 그의 바람이 이미 채워졌으니 장강의 북쪽으로 올라갈 뜻이 없다고 하오. 이 말을 살펴보면 모두 옳게 보이나 실제로는 그렇지 않소. 어째서 그렇겠소? 그들은 지모와 역량이 대등하지 못하여 이 때문에 장강을 한계로 스스로를 보존하는 것뿐이오. 손권이 장강을 넘지 못하는 것은 마치 조위가 한수를 넘지 못하는 것과 같은 것으로, 역량에 여유가 있으면서도 이득을 취하지 않는 것이 아니오.

만약 우리의 대군이 (조위를) 토벌하면 저들은 크게는 그 땅(중원)을 분할하여 후일을 도모할 것이고, 작게는 백성들을 빼앗고 국경을 넓혀 안으로 무력을 과시할 것이므로, 결코 가만히 앉아 있지는 않을 것이오. 만약 그들이 움직이지 않고 우리와 화목하면, 우리가 북벌할 때 동쪽을 돌아보며 근심할 필요가 없고, (조위는) 황하 이남의 군사를 모두 서쪽으로 돌릴 수 없으니, 이것의 이로운 점은 또한 큰 것입니다. 손권의 참람한 죄는 마땅히 드러낼 일이 아닙니다."

이에 위위衛尉 진진陳震을 보내 손권이 칭제한 일을 경하했다.

여기에서 제갈량은 다음과 같은 세 가지 관점으로 논리를 전개하고 있습니다.

첫 번째, 손권은 일찍부터 황제가 되려고 했고, 이런 생각은 우리도 이미 알고 있었다. 만약 지금 우리 사이가 틀어져 손을 쓰려고 해도 손권 휘하에는 문무에 출중한 신하들이 많고 정병과 양식이 충분해서 일시에 이를 점령하기 어렵다. 그때 북쪽의 조위가 어부지리를 노리면 우리도 위험해진다. 옛날 한나라 문제가 흉노에 머리를 낮추고, 선제 유비가 동오와 잘 지내려 한 것은 사실 대국을 고려한 것으로 우리 미래를 발전시키는 데 많은 도움이 되었다.

두 번째, 어떤 사람은 손권이 연맹에 진심을 다하지 않고 북벌에도 힘을 쓰지 않을 것이라고 하는데 이는 틀린 것이다. 손권은 북벌의 생각이 없는 것이 아니라 역량이 부족할 뿐이다. 손권이 장강을 넘어 조위를 공격하지 않는 것은 조위가 한수를 넘어 손권을 공격하지 못하는 것과 같이 마음은 있으나 역량이 부족하기 때문이다.

세 번째, 우리와 손권의 연맹은 매우 큰 장점이 있다. 일단 우리가 북벌을 하면 손권도 따라서 북벌을 할 것이고, 그러면 조위의 영토를 점령하든지, 조위의 백성들을 뺏든지, 우리 쌍방의 입장에서는 큰 이익이 되는 조합이다. 그가 소극적인 태도로 병을 움직이지 않아도 좋다. 왜냐하면 그와 우리가 우호적인 연맹을 유지하기만 하면 움직이지 않더라도 조위는 그들을 방어해야 하기 때문에 적들이 전력을 다해 우리와 싸울 수 없을 것이다. 우리는 맹우가 생기지만 적은 상대가 생기는 것이니, 이는 우리가 강대한 적과 싸워 이길 수 있게 도움을 주는 것이다. 그래서 손권이 칭제한 일에 대해 잠시 추궁하지 않는 것이 좋다. 오촉 연맹이 가장 중요하다.

이런 분석을 거쳐 여러 신하들을 설득한 이후 제갈량은 축하 사절로 위위 진진을 동오로 보내 손권의 등극식에 참가하게 합니다. 오촉 연맹은 이로 인해 다시 한 번 공고해지고 강화됩니다.

| 두 번째 책략

냉정함과 예리함을 갖추되, 마음을 활짝 연다

제갈량의 이런 냉정하고 맑게 깨어 있는 심리 상태는 국가 전략에서뿐만 아니라 간부 활용과 인재 선발에서도 드러납니다.

건흥 6년(228년) 기산으로 출정했지만 마속의 가정에서의 실패로 인해 촉군은 아무런 공도 이루지 못하고 전선에서 물러나게 됩니다. 먼저 그는 냉정하게 원인을 분석하여 책임을 추궁합니다. 마속 등을 처벌하고 또 상소를 올려 자신의 관직을 깎아내립니다. 또한 이 과정에서 '눈물을 흘리면서 마속을 베는' 책략과 방법을 썼는데, 이 부분은 앞에서 소개했습니다.

제갈량의 뛰어난 점은 참패를 당한 이후 몇몇 간부를 처벌하기만 한 것이 아니라 몇몇 간부들은 표창하고 발탁한 것에 있습니다. 실패 이후 격분하여 정신을 잃지 않고, 오히려 부하를 칭찬하고 표창합니다. 이는 확실히 보통 사람이라면 할 수 없는 일입니다.

그렇다면 제갈량은 주로 누구를 표창했고 그 사람은 왜 표창을 받았을까요? 제갈량이 표창한 간부는 왕평입니다. 《삼국지》에는 그에 대해 이렇게 기록되어 있습니다.

> 왕평의 자는 자균子均으로 파서巴西 탕거宕渠 사람이다. 본래 외가인 하씨 집안에서 자랐으나 후에 왕으로 성을 바꾸었다. 두획杜濩과 박호朴胡를 따라 낙양에 가 대리 교위가 되었다. 조조가 한중을 정벌할 때 선주에게 투항하자, 선주는 아문장牙門將, 비장군裨將軍으로 임명했다. 손으로 글을 쓰지 못했고, 아는 글자도 10여 자에 불과했다.

이상의 정보에 근거하여 우리는 왕평이 항장 降將이고, 출신이 비천하며, 계급도 비교적 낮았고, 또 교육 수준이 낮아 글자를 쓰지 못했으며 아는 글자도 겨우 10여 자에 불과한 거의 문맹에 가까운 인물이었음을 알 수 있습니다.

그렇다면 가정의 전투에서 왕평은 어떻게 자신을 드러냈을까요? 《삼국지》〈왕평전〉에는 이렇게 기록되어 있습니다.

왕평(?~248년)
자는 자균子均, 삼국 시기 촉한의 고급 장교로 파서巴西 탕거宕渠(지금의 사천 거현渠縣) 사람이다. 관직은 진북대장군, 한중태수, 안한후安漢侯에 이르렀다.

> 건흥 6년, 참군 마속에 배속되어 선봉을 맡았다. 마속이 물을 버리고 산으로 올라가 조치가 어지러워지자, 왕평은 여러 차례 마속에게 살펴 간했으나 마속이 듣지 않아 가정에서 대패했다. 병사들이 별처럼 흩어졌으나 오직 왕평이 이끄는 천 명의 병사들만이 북을 두드리며 홀로 굳건히 지키자, 위장 장합은 복병을 의심하여 더 이상 압박하지 못했다. 이리하여 왕평은 천천히 각 군영에 남은 인마들을 수습하고 장사將士들을 이끌고 돌아왔다.

가정의 전투에서 마속이 물을 버리고 산으로 올라가자 왕평이 간절히 충고했고, 자신의 올바른 의견이 받아들여지지 않은 상황에서도 왕평은 자신의 직무에 최선을 다하고 정확하게 지휘하여 용감하게 싸웠다는 이야기입니다. 마속이 패한 이후 다들 사방으로 도망갔음에도 오직 왕평이 이끄는 일천 명의 군대는 엄정한 진용을 갖추고 북을 울리며 서서히 철군하여 적들이 그 허실을 알지 못했고, 이리하여 왕평은 돌아오는 길에 흩어진 군마를 모아서 이들을 이끌고 본영으로 무사히 돌아오게 되었던 것입니다.

왕평의 행위는 제갈량의 높은 평가를 받습니다.

"승상 제갈량은 마속과 장군 임유, 이성을 참하고, 장군 황습 등의 병권을 빼앗았지만, 왕평은 특별히 떠받들어 표창하여 참군에 임명하여 오부五部를 통솔하고 병영의 사무를 담당하게 하며, 토구장군討寇將軍으로 승진시키고 정후亭侯로 봉했다."

훗날 촉한의 여러 차례 북벌 작전에서 왕평은 커다란 공헌을 하게 됩니다.

실천이 인재를 검증하는 시금석임을 알 수 있습니다. 왕평은 어떤 이론도 없고, 어떤 졸업장도 없으며, 정규교육을 받지도 못했지만, 그는 풍부한 경험, 확고한 신념과 뛰어난 용기를 갖고 있었습니다. 이런 것들은 마속이 갖추지 못한 자질이었습니다.

보통 사람을 선발하여 쓰는 절차에 따르면 왕평이 발탁될 가능성은 아주 적었습니다. 하지만 제갈량은 매우 비범하게도 인재를 선발할 때 고루한 규정에 얽매이지 않았습니다. "보통의 절차로는 작은 인재를 선발하지만, 돌발 사건은 큰 인재를 선발한다"는 말이 있습니다. 이는 인재 선발 시에 통상적인 수단, 표준적인 절차 등 각종 규정에 따라 인재를 선발하면 보통의 인재만을 선발할 수 있지만, 돌발 사건이 발발하여 대처 능력을 통해 걸러낼 때 비로소 큰 재목을 선발할 수 있다는 이야기입니다.

이를 이르러 "작은 하천에 흐르는 물에서는 물고기와 새우를 볼 수 있지만, 거칠고 사나운 파도에서는 교룡이 나타난다"고 하는 것입니다.

현실에서 우리는 많은 리더들이 한편에서는 각종 인재 선발의 규정을 놓지 않고 고수하면서, 한편에서는 하룻밤 사이에 우수한 인재를 선발할 수 있을 것으로 기대하는 경우를 보게 됩니다. 그러나 이는 "땅에 웅덩이를 파고 대어를 기다리고, 돌에 물을 뿌려 꽃이 피기를 기다리는" 것과 같이 어려운 일입니다.

제갈량은 우리가 거울로 삼아 되돌아볼 만한 아주 좋은 본보기를 제시해주고 있습니다.

공명의 지혜

보통의 절차로는 작은 인재를 선발하지만, 돌발 사건은 큰 인재를 선발한다. 작은 하천에 흐르는 물에서는 물고기와 새우를 볼 수 있지만, 거칠고 사나운 파도에서는 교룡이 나타난다.

제갈량이 왕평을 발탁한 것이 고명한 인재 전략을 보여주는 것이라고 한다면, 요립廖立을 처벌한 것은 제갈량의 뛰어난 안목을 보여주는 것이라 할 수 있습니다.

요립은 어떤 인물일까요? 그는 형주에서 널리 알려진 청년 준재였습니다. 《삼국지》〈요립전〉에는 "요립의 자는 공연公淵으로 무릉武陵 임완臨沅 사람이다. 선주가 형주목을 겸임할 때 그를 불러 종사로 삼았고, 나이 서른이 안 되어 장사 태수로 발탁했다"고 쓰여 있습니다. 즉 요립은 유비가 친히 발탁한 형주의 젊은 간부로 20대에 이미 장사 태수를 맡게 됩니다.

손권은 일찍이 제갈량에게 형주에 어떤 인재들이 있는지를 물은 적이 있었습니다. 제갈량은 이렇게 답했습니다. "방통, 요립은 초(楚) 지역의 뛰어난 인재로, 대업을 도와 일으킬 인재입니다." 이로부터 요립이 얼마나 중시되었는지 알 수 있을 것입니다.

요립(생졸년 미상)
자는 공연公淵으로 무릉武陵 임완臨浣(지금의 호남성 상덕常德) 사람이다. 촉한의 신하로 태수와 시중을 역임했다.

오늘날의 눈으로 보면 요립은 어린 나이에 지방 정부의 일인자가 된 인물로, 젊은 나이에 뜻을 이룬 인재였습니다. 그렇다면 이런 젊은 나이에 뜻을 이룬 인재가 쉽게 빠지는 함정이 있습니다.

바로 하늘 무서운 줄 모른다는 것입니다. 아무도 마음에 들어 하지 않고, 아무라도 깔보고, 입으로 큰소리 치고, 모든 것을 낮게 보고 비판하고, 자신이 천하제일인 것처럼 행동하는 것입니다. 한마디로 말하면 건방진 것이지요. 우리 주변에는 이런 사람을 여럿 찾아볼 수 있습니다. 요립도 이런 사람이었습니다.

동오의 여몽이 형주를 점령한 시기, 장사 태수로 있던 요립은 몸을 빼내 성도로 돌아옵니다. 유비는 직무를 이탈한 책임을 묻지 않고, 계속 중용하여 요립을 파군 태수로 임명합니다. 훗날 유선이 즉위하자 요립은 장수교위長水校尉에 임명됩니다.

정상대로라면 이렇게 좋은 상사와 풍족한 대우, 중요한 직책에 요립은 만족해야 했습니다. 그런데 요립은 오히려 그렇지 않았습니다.

요립은 스스로 자신의 재능과 수준이 여러 신하 중에서 서열 2위가 되어야 한다고 생각했습니다. 천하에 자기보다 앞에 있을 사람은 오직 제갈량뿐이라고 생각하여 자기보다 앞에 있는 다른 사람 누구에게도 복종하지 않았습니다. 그래서 자신이 이엄 등 몇몇 대신들보다 뒤에 놓이자 늘 마음이 유쾌하지 않았던 것이지요.

스스로 재능이 뛰어나다고 믿는 사람은 종종 주위의 일들이 마음에 안 차기 십상이고, 그래서 마음이 불편하기 일쑤입니다. 이는 이해할 수 있는 일입니다. 그런데 여기서 자신의 능력을 믿는 사람을 둘로 나누어 생각해봅시다. 국가와 민생을 위하고 천하 흥망을 염려하여 마음이 불편한 사람은 다른 사람들을 탄복하게 하지만, 개인의 대우를 시시콜콜하게 따져서 직위가 기대에 못 미친다고 해서 기분 나빠 하고 소란을 일으키는 사람은 남들이 경멸합니다.

요립은 바로 후자에 속하는 인물이었습니다. 그는 자신의 서열이 남들보다 낮게 되자 불쾌하여 소란을 일으킵니다.

《삼국지》〈요립전〉에는 요립이 승상의 속관인 이소李邵, 장완蔣琬과 만나 이야기한 내용이 기록되어 있습니다. 요립이 이 두 사람에게 다음과 같이 이야기합니다.

> 군대가 원정을 가려 하니 당신 두 사람은 이 일을 잘 살펴야 할 것입니다. 과거 선주가 한중을 취하지 않고 오나라와 남방의 삼군을 다투러 갔지만 결국에는 삼군을 오나라에게 내주어 관리와 병사들의 힘을 헛되이 쓰게만 하고는 공도 없이 돌아왔습니다. 한중을 잃은 후에는 하후연, 장합이 파군 일대까지 들어오게 하여 거의 주 하나를 잃을 뻔했습니다. 후에 한중에 들어갔지만, 관우를 죽게 만들고 남아 있는 것 하나 없게 되었고, 상용이 무너져서 공연히 한 지방만 잃었습니다. 이는 관우가 용맹과 위명만 믿고 군사를 움직이면서 법도가 없이 자신의 의기로만 돌진한 결과 연이어서 군대를 잃게 된 것입니다. 향랑向朗과 문공文恭은 범속한 사람일 뿐입니다. 문공은 치중治中 일을 하면서 기강이 없고, 향랑은 이전에 마량 형제를 시봉하면서 성인으로 불렸는데, 지금은 장사로 임명되어 단지 규칙만 준수할 뿐입니다. 중랑中郎 곽인장郭演長은 다른 사람을

따르는 사람일 뿐으로 그와 함께 대사를 꾸미기에는 부족한데도 시중侍中 자리를 맡고 있습니다. 지금 국세가 약한데도 이 세 사람을 임용하려는 것은 맞지 않습니다. 왕련王蓮은 세속적인 사람으로 단지 세금을 가혹하게 거두어 백성을 피폐하게 하여 오늘에 이르게 된 것입니다.

이 요 선생은 유비부터 시작해서 손가락을 꼽아가며 유비, 관우, 향랑, 문공, 곽유지, 왕련의 문제를 늘어놓고 있습니다. 한마디로 여섯 명을 폄하한 것이지요. 또한 말도 아주 신랄합니다. 특히 동료들 앞에서 감히 '보스'인 유비의 잘못을 지적하니 큰일 날 일입니다. 장완과 이소 두 사람은 요립이 한 말을 그대로 제갈량에게 보고합니다. 그러자 한순간에 일이 소란스러워졌습니다.

여기서 우리가 반드시 생각해야 할 문제가 있습니다. 회사 동료들 앞에서 절대 사장을 비난하지 마십시오. 특히 사장이 당신을 도와준 적이 있거나 당신에게 은혜를 베푼 적이 있는 상황에서 공공연하게 사장을 비난하는 것은 대단히 잘못된 일이고, 여러분 자신을 아주 피동적인 처지로 떨어뜨릴 수 있습니다.

윗사람에게 건의할 것이 있으면 직접 맞대면해서 말하면 됩니다. 뒤에서 함부로 말하는 것은 무조건 피해야 합니다. 우리 자신이 말하지 않아야 할 뿐 아니라, 남이 말할 때에도 해명하거나 주의를 주는 책략을 채택해야 할 것입니다.

요립은 고급 간부인데 설마 이런 상식도 없었을까요? 분명 있었을 것입니다. 그렇다면 그는 왜 상식대로 하지 않았을까요? 유일한 원인은 바로 그가 너무 건방졌기 때문입니다. 그는 규칙을 지키는 것을 하찮게 여겼고, 그 자신이 젊어서 성공해서 모든 일을 자신이 주무를 수 있고, 재능이 비범하며 학식이 풍부해서 마음대로 해도 된다고 생각한 것입니다. 이렇게 맹랑하고 경솔한 행위는 결국 요립의 앞길을 막아버립니다.

제갈량은 인재를 아까워하는 사람지만, 그가 더 걱정하는 것은 '미꾸라지 한 마리가 물을 흐리는 것'이었습니다. 만약 모든 간부가 요립처럼 이렇게 대우를 비교하며 이상한 말로 소란을 일으킨다면 조직 전체는 바로 통제력을 잃게 될 것입니다.

그래서 제갈량은 과감하게 손을 써 요립을 처벌합니다. 〈요립을 탄핵하는 표〉에서 공명은 날카롭고 엄숙한 말로 다음과 같이 지적합니다.

> 장수교위 요립은 오만하게도 여러 선비들을 헐뜯고, 나라에서 현달한 사람을 임용하지 않고 속리(俗吏)만 임용한다고 공언했습니다. 또 대군을 통솔하는 이들을 소인이라고 말했습니다. 선제를 비방하고 중신들을 흠집 내고 깎아내렸습니다. 어떤 사람이 나라의 병사들이 정연하고 대오가 분명하다고 하자 요립은 머리를 들고 집 천장을 보면서 벌컥 화를 내며 안색이 변해 말하기를 "말할 가치도 없다!"라고 했습니다. 이런 일들은 셀 수 없을 정도로 많습니다. 양의 무리를 흐트러지게 하는 양도 해를 끼치는 것인데, 하물며 높은 지위에 있는 요립임에야 일반 사람들이 어떻게 그 진위를 가려낼 수 있겠습니까?

이리하여 요립은 일체의 직무에서 면직되고 문산군(汶山郡)으로 유배됩니다. 제갈량이 요립을 처벌한 이 사건은 우리에게 두 가지를 시사합니다.

첫째, 지도자가 되려면 한편에서는 인재 발굴과 육성에 관심을 가져야 하고, 다른 한편에서는 이미 발굴한 인재에 대한 관리를 강화하여 문제가 발생하면 즉시 처리하여 전체에 해를 끼치는 사람을 제거해야 한다는 것입니다. 간부는 능력의 크고 작음에 따라 나누어 이해할 수 있으나, 만약 인품에 문제가 있다면 결코 용납해서는 안 됩니다.

둘째, 고속 성장한 젊은 간부라면 일단 뜻을 이뤘다고 해서 절대 오만하게 행동해서는 안 됩니다. 항상 겸허하고 신중한 자세로 일은 많이 하되 대우를 다투는 것은 적게 해야 합니다. 생활에서는 지족知足할 줄 알고 탐심해서는 안 되지만, 사업에서는 늘 진취적 태도로 만족하면 안 됩니다. 이를 "생활에서는 늘 만족함을 알면서 즐겁게 지내고, 사업에서는 더욱더 완벽을 추구해야 한다"라고 말할 수 있습니다.

제갈량의 맑은 정신과 침착함은 일과 인재 활용 방면에서 체현되었습니다. 그리고 또 자녀 교육이라는 가정생활에서도 그대로 체현됩니다. 계속 아래를 보시죠.

세 번째 책략
교육을 중시하고 자녀에 대한 책임을 다한다

공명은 몸소 대임을 맡았기 때문에 얼마나 바빴을지는 미루어 짐작할 수 있을 것입니다. 그런데 이런 바쁜 와중에도 그는 자녀 교육 문제를 홀시하지 않았습니다. 이것 또한 그의 침착함과 맑은 정신 때문입니다.

자녀 교육은 큰 문제이지요. 크게 말하면 국가의 미래를 결정하는 것이고, 작게 말하면 한 가정의 미래를 결정하는 것입니다. 모든 사람들이 소홀히 할 수 없는 일입니다. 자녀 교육에 대한 투자는 진정한 전략적 투자입니다.

제갈량은 젊은 시절 아들이 없어 형인 제갈근諸葛瑾의 아들 제갈교諸葛喬를 양자로 삼았습니다. 제갈량은 제갈교에 대한 교육에 무척 고심합니다. 《삼국지》〈제갈량전〉에는 제갈량이 제갈근에게 보낸 편지가 실려 있는데, 전적으로 제갈교에 교육 문제를 이야기하고 있습니다.

> 제갈교의 자는 백송伯松이고 제갈량의 형인 제갈근의 둘째 아들이다. …… 당초 제갈량에게 아들이 없어 제갈교로 후사를 잇고자 하여, 제갈근이 손권에게 아뢰고 제갈교를 서쪽으로 보냈다. 제갈량이 제갈교를 자신의 적자適子로 삼고 이 때문에 그의 자字가 바뀌었다. 부마도위駙馬都尉에 제수되어 제갈량을 따라 한중에 이르렀다.

아울러 배송지의 주에는 이와 관련하여 제갈량이 형 제갈근에게 보낸 편지를 소개하고 있습니다.

> 제갈교는 본래 성도成都로 돌아가게 되어 있었으나, 지금 제장諸將들의 자제들이 모두 군량을 운반하는 일을 맡고 있으니, 마땅히 영

욕을 함께해야 한다고 생각합니다. 지금 제갈교에게 500~600의 병사를 감독하게 하여, 여러 자제들과 함께 곡중(谷中)에서 군량을 운반하도록 했습니다.

제갈량은 제갈교의 친아버지 제갈근에게 제갈교가 원래는 성도로 돌아가야 하지만, 모든 사람들이 북벌을 위해 공헌하고 있는 지금, "우리 아들도 남들과 똑같이 동고동락해야 하기 때문에 제갈교에게 군사를 맡겨 후방의 병참 업무에 참여하여 그의 성격과 능력을 단련하게 했다"라고 말하고 있는 것입니다.

제갈량이 쓴 이 편지의 목적은 제갈교를 바로 성도로 보내지 못한 원인을 설명하고 제갈근의 이해와 지지를 얻기 위한 것으로 사실 위로의 색채를 띠고 있습니다.

사실 이치대로 하면, 이미 양자로 받아들여 자신의 아들이 되었으니 전적으로 자신의 목표와 스타일에 따라 아이를 관리할 수 있었을 것입니다. 하지만 제갈량은 여전히 친부모의 감정까지 고려하여 수시로 상황을 통보하여 양해와 지지를 얻었습니다.

여기서 제3자인 우리가 알 수 있는 것은 제갈량이 비록 지위도 높고 권력도 많았지만, 자신의 자녀에 대해 사랑에 빠져 응석받이로 키우거나 특별하게 다루지도 않고, 그를 주위 사람들과 한 덩어리가 되어 동고동락하게 한 사실입니다. 이는 아주 좋은 교육 방법입니다.

작은 나무 묘목은 비바람의 세례를 받아야 성장합니다. 만약 줄곧 온실에서만 자라면 조만간 생기를 잃고 시들어버릴 것입니다. 또한 성장의 과정에서 물과 거름을 주면서 때맞춰 가지를 쳐줘야 합니다. 그렇지 않으면 나무 묘목은 비딱하게 자랄 것입니다. 사랑이 없으면 상처를 주지만, 과도한 사랑은 더 큰 상처를 남기게 됩니다. 이런 소박한 교육 이념은 오늘날에도 여전히 우리 모든 부모들이 깊이 생각해볼 만한 것입니다.

제갈교를 양자로 삼은 후 제갈량은 자신의 친아들 제갈첨諸葛瞻을 낳았습니다. 제갈첨의 자는 사원思遠으로 촉한 건흥 4년에 태어났습니다. 제갈량이 자기 아들에게 지어준 이름과 자에 대해 주목해볼 필요가 있습니다. 이름의 '첨' 자는 높게 보고 멀리 본다高瞻遠瞻는 뜻의 첨이고, 자인 '사원'은 눈에 보이지 않은 먼 곳까지 생각하라는 뜻입니다. 이것은 제갈량의 자식에 대한 기대를 표현한 것이라 할 수 있겠습니다.

건흥 12년(234년), 제갈량은 마지막 북벌을 감행하러 나가면서 아들 첨에 대한 우려를 형인 제갈근에게 편지로 이야기합니다.

"제갈첨은 지금 벌써 여덟 살로 총명하고 사랑스러우나 그 조숙함이 걱정되니, 큰 그릇이 되지 못할까 두렵습니다."

제갈량은 자식 교육에서 오늘날의 많은 부모들과는 다른 점이 있었습니다. 오늘날의 부모들은 애들이 빨리빨리 성장하기를 바랍니다. 빠르면 빠를수록 좋죠! 그런데 제갈량은 이와 반대로 아들이 너무 빨리 성장하는 것을 우려합니다. 그는 자식의 성장 과정이 좀 천천히 진행되기를 희망했습니다.

"애들아, 좀 느긋하게 커라!" 이런 생각은 우리 사회의 모든 사람, 특히 교육계에서 일하는 사람과 부모들이 진지하게 생각해볼 만한 가치가 있다고 봅니다.

제갈량은 〈아들을 훈계하는 글誡子書〉에서 자식에게 이렇게 얘기합니다.

> 무릇 군자가 행하는 바는 고요함靜으로 자신을 수양하고, 소박함으로 덕행을 닦는 것이다. 담박하지 않으면 뜻을 밝힐 수 없고, 평온하지 않으면 멀리 이룰 수 없다. 무릇 배움도 고요함으로 해야 하고, 재능도 닦아야 한다. 배움이 없으면 재능을 널리 펼칠 수 없고, 뜻이 없으면 배움을 이룰 수 없다. 게으름을 즐기면 정신을 가다듬을 수 없고, 자칫 조급하면 심성을 다스릴 수 없다. 세월은 시간과 함께 흐르고 뜻도 날로 사라져가서 마침내 시들어 떨어져, 대부분 세상과 떨어져 슬픔 속에서 빈궁한 집이나 지켜야 할 것이니 그때 후회한들 어이할 것이냐《태평어람》!

여기서 제갈량이 특별하게 강조하는 것은 '정靜'인데, 이 글자의 함의는 매우 깊습니다. 휘황찬란하고 눈이 부신 시대에 가장 하기 어려운 일이 마음의 안정과 담박함을 유지하는 것입니다. 공명 선생은 우리에게 이렇게 훈계하고 있습니다.

'재능 있는 사람도 계속 배워야 하고, 그렇지 않으면 황폐해질 것이다. 공부하기로 한 이상 차가운 책상에 앉아 쓸쓸함을 견뎌내야 한다. 부지런함과 착실함은 가장 귀한 품성이다. 왜냐하면 인생에서 가장 중요한 것은 속성, 즉 빨리 이루는 것이 아니라 천천히 공을 들이며 노력하는 것이기 때문이다.'

이것이 바로 '정'의 역량입니다. 무엇을 '정'이라고 할 수 있을까요? 그것은 남이 논문을 발표하고, 프로젝트를 따고, 표창을 받고, TV에 나올 때, 조급해하거나 초조해하지 않고 자신의 리듬을 유지하며 자신이 해야 할 일을 하고, 조심스럽게 가르치고 배우며, 착실하게 연구하여 한 걸음 한 걸음 착실하게 나가는 것을 학계에서의 '정'이라고 합니다.

또 무엇을 '정'이라 할 수 있을까요? 그것은 남들이 전시용 공사나 이미지용 공사와 같은 단기 공사로 신문이나 TV에 나와 떠들썩할 때, 질투하거나 초조해하지 않고 성실하게 자신의 눈앞에 있는 문제를 처리하고, 착실하게 백성들의 복리를 도모하기 위해 자신의 책임을 다하는 것이 관리 또는 정치가들의 '정'이라 할 수 있습니다.

또 무엇을 '정'이라 할 수 있을까요? 그것은 남들이 프로젝트를 따서 의기투합하여 연줄을 대고, 대대적으로 성공시켜 하루저녁에 부를 쌓고 이름을 날릴 때, 이를 부러워하거나 선망하지 않고 자신의 길을 가면서 자신의 신념과 품격을 지키는 것을 사업하는 사람들의 '정'이라 할 수 있습니다.

이런 '정'이 있으면 사람의 내심 세계가 안정되어 마음속에 뿌리가 있게 되고 일을 해도 토대가 있어서, 생활은 행복으로 즐거워지고 사업은 착실하게 발전할 것입니다.

공명 선생의 이런 교훈은 비록 1,800여 년이 지났어도 여전히 핵심을 찌르고 있습니다. 우리는 끊임없이 움직여야 하는 시대에 살고 있습니다. 여러분도 알다시피 현대인들은 고속으로 달리면서 빠른 것을 추구하고, 속성으로 사랑하고, 배고프면 빨리 먹을 수 있는 인스턴트식품을 먹고, 병이 나면 빨리 낫는 약을 먹고, 모두 빨리빨리 하는 것을 좋아합니다.

이렇게 무턱대고 빨리빨리만 하는 것은 결국에는 커다란 문제를 일으킬 수 있습니다. 인생은 아름다운 음악처럼 활기찬 악장이 있으면 평온하고 느린 선율이 더 필요한 법입니다.

생명은 평온함 속에서 뿌리를 찾을 수 있습니다. 노자가 《도덕경》에서 "무거운 것은 가벼운 것의 근본이 되고, 고요한 것은 시끄러운 것의 지배자가 된다重爲輕根, 靜爲躁君"고 한 것은 바로 이런 원리를 말한 것입니다.

공명 선생은 솔선수범하고 말과 행동으로 아이들이 건강하게 자랄 수 있는 길로 인도합니다. 훗날 등애鄧艾가 촉을 정벌하자, 제갈첨과 그의 아들 제갈상諸葛尙은 모두 면죽을 지키기 위한 전투에서 나라를 위해 목숨을 바쳐 장렬하게 전사합니다. 그가 지닌 정의, 충성, 용감은 모두 제갈량의 정확한 교육에서 비롯된 것입니다.

9장

제갈량,
정성을 다해 젊은 인재를 키우다

| 들어가며 |

젊은 인재가 미래의 성패를 결정한다

건흥 12년(234년) 8월, 오장원에서 사마의와 대치하던 제갈량은 병으로 숨을 거둔다. 제갈량은 10여 년에 걸쳐 총 여섯 번 북벌을 떠났다. 그가 이토록 집요하게 북벌을 고집한 이유는 무엇일까? 〈후출사표〉에는 이렇게 기록되어 있다.

선제께서 촉한과 조위는 양립할 수 없고, 왕업王業은 구석 땅에서 안거하는 것이 아니라고 생각하시어 이 때문에 신에게 적을 토벌하는 임무를 맡기셨습니다. 선제의 명철함으로 신의 재주를 헤아리시고, 신이 적을 토벌하기에는 재주가 적고 적이 강하다는 것을 아셨습니다. 하지만 적을 토벌하지 않으면 왕업 또한 없어지게 되니, 마냥 앉아서 망하기만을 기다리는 것이 어찌 적을 토벌하는 것에 비기겠습니까? 이 때문에 신에게 이 일을 맡기고 의심하지 않으신 것입니다.

(중략)

무릇 세상일이 이와 같으니, 미리 짐작하는 것은 어려운 일입니다. 다만 신은 몸을 낮춰 온 힘을 다하고 죽은 뒤에야 그칠 뿐, 일이 성공할지 실패할지, 순조로울지 어려울지는 신이 미리 헤아릴 수 있는 바가 아닙니다.

비록 최선을 다했지만 그는 결국 '융중'의 원대한 구상을 실현하지 못하고 죽었다. 하지만 그가 죽기까지 그는 자신의 과업이 계속될 수 있는 조건을 만들었다. 하나는 앞서 이야기한 '북벌'이라는 과제를 촉한 군민들의 공유된 비전으로 만들었고, 하나는 자신을 대신할 후계를 찾은 것이다. 군사 방면에서는 강유姜維가 그를 대신했고, 정치 방면에서는 장완이 뒤를 이었다. 그는 이들 젊은 인재들을 육성하면서도 명확한 기준이 있었고, 자기 스스로가 그들의 모범이 되었다.

하지만 그의 말처럼 최선을 다할 뿐 그 자신도 세상의 모든 일을 맘대로 하지 못했다. 《삼국지》의 저자 진수는 제갈량이 일을 이루지 못한 이유를 이렇게 썼다.

> 제갈량의 재능은 군대를 다스리는 데治戎는 장점이 있었지만, 기발한 책략奇謀에서는 단점이 있었고, 백성들을 다스리는 재간理民之幹이 장수로서의 지략將略보다 뛰어났다. 그와 대적한 사람들 가운데 혹자는 걸출한 인물도 있었고, 게다가 병력의 많고 적음이 같지 않았고, 공격하고 수비하는 것이 다른 것이었기 때문에 비록 해마다 군대를 움직였어도 승리를 얻을 수 없었던 것이다.

제갈량의 리더십에 대한 평가는 보는 각도에 따라 다양할 수 있다. 하지만 물자와 인력이 조위나 오나라에 비해 턱없이 부족했던 촉한이 여러 차례의 난관을 극복하고 한때 전략적 우세를 점하면서 천하의 향방을 가늠할 수 있었던 것은 모두 제갈량이라는 걸출한 CEO에 의한 것임을 누구도 부인하지는 않는다.

추랍결합 推拉結合
업무능력과 인격 수양을 모두 중요시한다

서기 228년 봄, 아름다운 기산의 초목들이 싹을 틔우고 얼어붙은 눈들이 녹기 시작하자 생기발랄한 정경이 펼쳐집니다. 천수로 가는 대로 위에 한 부대의 인마가 산을 휘감으며 고개를 넘어 깃발을 나부끼며 기세등등하게 달려오고 있습니다. 앞서 가는 노 장군은 키가 8척에 얼굴은 저녁노을 같고, 은색 투구와 갑옷에 명주 전포를 걸치고 하얀 수염을 휘날리는데, 예순 세의 나이인데도 등은 꼿꼿하고 눈에는 정기가 넘칩니다. 이 노 장군이 누구겠습니까? 그는 다름 아닌 장판파의 상승장군 조운 조자룡입니다.

이 해는 촉한 건흥 6년, 후주 유선이 황제가 된 지 6년이 지난 때였습니다. 촉한 정권은 이릉 참패의 그늘에서 벗어났고, 맹획을 칠종칠금하여 남중 지구를 안정시켰습니다. 이에 제갈량은 대군을 거느리고 북상하여, 기산으로 나아가 중원을 도모합니다. 노 장군 조운은 자진해서 북벌의 선봉장을 맡습니다. 처음에 노 장군은 천수군을 빼앗으라는 제갈량의 군령을 받들고는, 병사 5천을 거느리고 천수성 아래에 이르러 성 위에 대고 큰소리로 호통을 칩니다.

"나는 상산의 조자룡이다! 너희들은 이미 우리 승상의 계략에 빠졌으니 어서 성을 바치고 항복하여 목숨이라도 건져라!"

과거에 조자룡이 이렇게 한 번 소리치면 적들은 놀라 넋이 나가, 성을 버리고 도망갔습니다. 그런데 생각지도 못하게 이번에는 그렇지 않았습니다. 천수성을 지키는 적들은 조금도 두려워하지 않고 오히려 큰소리로 웃으며 말합니다.

"우리가 계략에 빠진 것이 아니라, 너희들이 우리 소 장군의 계략에 빠졌다. 아직도 그걸 모르겠느냐!"

조운은 대노합니다. 몇 안 되는 천수의 병사들은 대담하게 조운을 얕보고 또한 제갈 승상의 계책을 깔보았으니, 큰일 날 일이 벌어졌습니다. 조운이 큰 창을 들고 막 구름사다리로 성을 공략할 준비를 할 때 갑자기 등 뒤에서 함성 소리가 들리며 사방에서 복병이 일어나는데, 앞에서 스무살 남짓의 한 소년 장군이 하얀 갑옷을 입고 손에는 긴 창을 들고 달려오고 있었습니다. 조운은 말을 몰아 창을 세우고 맞으러 나갔습니다. 그런데 생각지도 못하게 이 소년 장수의 무예가 출중하여 십여 합을 겨루었는데도 싸울수록 점점 용맹해지고, 창 쓰는 법이 정교하고 기이하여 창을 휘두르는 것이 신출귀몰했습니다. 조운은 속으로 놀랍니다.

'이 작은 천수에 뜻밖에 이런 인물이 있을 줄 생각지도 못했다!'

싸움은 한창 끝날 줄 모르고 계속되는데 적들이 또 다른 길에서 달려들자 조운은 머리와 꼬리를 돌볼 겨를도 없이 길을 뚫어 병사들을 이끌고 패주하고 맙니다.

상승장군 조운이 뜻밖에도 이십여 세의 시골 청년에 패한 것입니다. 이 일은 촉한의 대군영에 작은 진동을 일으켰습니다. 조운은 돌아와 공명에게 적들의 매복에 걸려 패배한 경과를 이야기하고, 특히 그 소년 장군의 창법을 칭찬합니다. 공명도 매우 놀라 바로 현

> **강유**(202~264년)
> 자는 백약(伯約), 천수 기(冀, 지금의 감숙성 감곡 동남) 사람으로, 삼국 시기 촉한의 유명한 군사전략가이다. 원래는 조위 천수군의 중랑장이었으나 후에 촉한에 항복했다. 관직은 양주자사, 대장군에 이르렀다.

지 사람을 찾아 물으니, 이 소년 장군의 이름은 강유이고 자는 백약(伯約)으로 천수 토박이임을 알게 됩니다.

제갈량은 머리가 있는 리더입니다. 그는 젊은 간부의 중요성을 잘 알고 있었습니다. 그래서 강유의 이야기를 듣자 바로 여러 각도로 강유에 대한 정보를 찾아 나섭니다. 결국 강유가 각 방면에 상당히 뛰어난 재능을 가지고 있고 부모를 모시는 데 효를 다하며 문무와 지용을 겸비한 인재로 현재 천수에서 참군으로 있음을 확인합니다. 이리하여 제갈량은 강유를 항복시켜 자신의 사업에 끌어들이기로 결심을 합니다.

제갈량이 강유을 선발한 것은 현대의 눈으로 보면 사실 인재 풀을 구축하고 젊은 간부를 육성하는 것과 동일합니다. 그렇다면 공명 선생은 강유를 선발하면서 어떤 책략을 보여줄까요?

이 책략은 제갈량의 글을 모은 문집에 명확하게 기록되어 있습니다. 제갈량이 쓴 《편의십육책便宜十六策》은 제목 그대로 간편하게 행하기 쉬운 16가지의 책략을 담은 글입니다. 이 글에는 인재 선발에 관한 제갈량의 뛰어난 식견을 보여주는 두 구절이 있습니다.

그것은 '直木出於幽林, 直士出於衆下'와 '故人君選擧, 必求隱處'입니다. 무슨 뜻일까요? 공명 선생은 우리에게 다음과 같이 말합니다.

> 크게 쭉 뻗은 목재는 모두 산림이 우거진 깊은 곳에서 나오고, 재능이 탁월한 사람은 수많은 대중 속에 숨어 있다. 그래서 고명한 사람은 인재를 선발할 때 아래를 내려다보고, 은둔처를 보며, 주목을 받

지 않는 곳을 보아야 한다.

어떤 사람은 "이건 틀린 말이다!"라고 말하기도 합니다. '인재를 왜 주목 받지 않는 곳에서 찾아야 하지? 눈에 띄는 곳에 가서 찾아야 하지 않나?'라고 생각합니다.

사실 여기에는 하나의 고사가 숨어 있습니다. 서진西晉 초년 왕융王戎이라는 사람이 있었는데 그는 제갈량의 고향인 산동 임기 사람으로 제갈량보다 어렸고, 제갈량이 육출기산할 때 왕융이 막 태어났습니다. 《세설신어世說新語》에 이런 이야기가 기록되어 있습니다.

어린 시절 왕융은 아주 총명했다고 합니다. 7세 때 친구들과 함께 논 적이 있었는데, 길가에 있는 자두나무에 자두가 많이 열려서 가지가 휘어져 있는 것을 보고는, 어린 친구들은 자두를 따러 앞다투어 달려가는데 왕융만은 움직이지 않았습니다. 모두들 그에게 왜 자두를 따러 가지 않느냐고 물었습니다. 그러자 왕융이 대답합니다.

"이 나무는 길가에서 자라는데도 이렇게 많은 자두가 열린 것을 보니 아마 따가는 사람이 없어서일 것이다. 이 자두는 분명 쓸 것이다."

다른 친구들이 따서 맛을 보니 과연 맛이 썼습니다.

이 이야기는 우리에게 "길가의 자두는 쓰다!"라는 기본 이치를 이야기해주고 있습니다.

다시 말하면, 공개적인 장소에 진열된 좋은 물건은 여러분이 봐도 좋은 물건일 것입니다. 모두들 바보가 아니니 그것이 좋은 것임을 금방 알아볼 것입니다. 그래서 공개된 장소에 있는 좋은 물건은 당신이 가져가길 기다리지 않고 분명 누군가가 빨리 가져갈 것입니다. 만약 어떤 물건이 공개된 장소에 있는데도 모두가 한나절 동안 보기만 하고 가져가지 않는다면, 이 물건은 분명 문제가 있을 것입니다.

이것이 바로 숨겨진 곳에서 인재를 구하는 이유입니다. 길가의 자두는 쓰기 때문이고, 단 것은 이미 남이 따가지고 갔을 것이 분명하기 때문입니다. 그래서 다시 자두를 찾으려면 반드시 드러나지 않은 곳으로 가야지, 남이 발견한 곳에서는 찾기가 쉽지 않습니다.

내가 아는 한 기업가는 졸업생 채용 시즌이 지난 후 갑자기 인재를 채용하려고 하면서, 그것도 몇몇 인기 학교에 가 졸업생을 뽑으려 했습니다. 나는 그에게 이렇게 이야기해주었습니다.

"인기가 많은 학교에서 인재를 모집하려고 했다면 좀더 일찍 출발했어야 합니다. 그런 실력이 있는 학교를 다니는 인재들은 이미 이름 있고 영향력 있는 회사들이 여러 차례 접촉했을 텐데, 어떻게 당신 차례가 돌아오겠습니까? 지금은 이름 있는 학교에서 사람을 찾기 쉽지 않을 것이니, 오히려 인기가 없는 몇몇 학교에 가는 것이 더 나을 것입니다. 그곳에 오히려 남들이 발견하지 못한 인재가 있을 수 있습니다."

제갈량이 인재를 선발함에 있어 특출한 점은 바로 여기에 있습니다. 그는 나라와 나라의 경쟁은 근본적으로 인재의 경쟁임을 알았습니다. 각 방면에서 모두 인재를 찾아 모으는데, 조위의 인사 방면의 선발 시스템과 역량으로 보면 아마도 일반적인 지역의 인재는 다 모였을 것입니다. 도리어 몇몇 드러나지 않은 곳, 예를 들어 천수와 같이 편벽한 곳에 아직 발견되지 않은 인재들이 있을 가능성이 높았던 것입니다.

이를 이르러 "항상 한문寒門에서 국사國師가 나오니, 일부러 낮은 곳에서 고인을 찾는다"라고 할 수 있습니다.

강유의 재능을 인정한 이후, 제갈량은 반간계反間計를 교묘하게 사용하여 강유의 윗선과 강유를 반목하게 만들고는, 마지막에 아주 수월하게 강유를 귀순하게 만듭니다. 여기서 공명은 강유를 굴복시키기 위해 생포하거나 포위하여 곤경에 처하게 하는 등 항상 쓰던 수단을 쓰지 않고 비교적 복잡하고 공을 많이 들인 반간계를 사용합니다. 왜 쉬운 방법을 버리고 빙 둘러가며 어렵게 공을 들여가면서 반간계를 사용했을까요?

우리는 이 반간계가 아주 적절하게 사용되었다고 말할 수 있습니다. 한편에서는 강유와 정면으로 작전을 벌이지 않고 감정 상할 일을 만들지 않음으로써 앞으로 함께 일하는 데 도움이 되게 한 것입니다. 다른 한편에서는 강유가 원래 속했던 조직의 보스와 동료들과의 사이가 틀어지게 만들어 강유의 퇴로를 끊고, 그가 한마음 한뜻으로 함께 일할 수 있게 한 것입니다.

이처럼 강유를 선발하여 크게 쓰려고 제갈량은 미리부터 준비했습니다. 역사는 우리에게 말해줍니다. '모든 일의 성공은 결론적으로 말하면 용인의 성공이고, 당연히 모든 일의 실패는 결론적으로 용인의 실패다!' 제갈량의 인재 정책을 구체적으로 체현한 것이 강유를 쓴 일입니다. 하지만 겨우 강유 한 사람이 있다고 해서 대업을 이어받을 후계자가 있다고 담보하기는 부족했습니다. 여기서 나는 단어 하나를 강조하려 합니다. 그 단어는 바로 '후진 그룹'입니다.

영웅이라고 해서 항상 승리하는 것은 아니고, 고수라고 해서 영원히 높은 경지에 있을 수는 없습니다. '강산은 대대로 인재를 배출하고 그 인재들이 이후의 몇 십 년을 이끌어간다江山代有才人出, 各領風騷 幾十年'는 것입니다.

나는 인력 자원 관리를 연구하는 과정 중 이런 관리자와 접촉한 적이 있습니다. 그들은 수하에 한두 명, 심지어 서너 명의 고수와 능력자가 있다고 해서 왕왕 우쭐거리며 뽐내곤 했습니다. 예를 들어 방 회장이란 사람은 창업할 때 두 사람의 형제와 연합했는데, 한 사람은 영업의 고수이고, 한 사람은 기술 전문가였습니다.

방 회장은 이 두 형제들을 신임하여 주식과 직위를 주고 함께 창업을 했습니다. 세 사람은 매우 잘 어울렸고, 회사는 날로 번창했습니다. 방 회장은 이로 인해 항상 자신을 대견하게 여겼습니다.

나는 그의 회사와 관계를 맺게 되면서 그 회사의 인재 정책에 대해 문제를 제기했습니다. 그는 초조해하며 내게 말했습니다.

"나는 능력 있는 사람이 필요하자 능력자를 찾았고, 정책이 필요하자 정책도 갖췄으며, 신임이 필요하다고 하자 신임하여 일을 맡겼는데, 내 인재 관리에 무슨 문제가 있습니까?"

나는 "아주 간단합니다. 당신의 인재 관리에는 후진 그룹이 없습니다"라고 말해주었습니다.

후진 그룹이란 무엇을 말하는 걸까요? 간단하게 말해서 입으로 음식을 먹으면서도 그릇을 보고, 솥을 생각하며, 농사지을 생각까지 해야 한다는 것입니다.

인재는 반드시 이렇게 해야 합니다. 쓰는 인재도 있고, 관찰하는 인재도 있으며, 준비된 인재도 있고, 육성하는 인재도 있어야 합니다. 이렇게 해야만 사업은 건강하게 발전할 수 있습니다. 왜 그럴까요? 이유는 두 가지입니다. 하나는 사업이 끊임없이 확대되면 지금 있는 인재는 곧 부족해지기 마련이므로 미리 육성하거나 준비하지 않으면 공급이 부족해지기 때문입니다. 다른 하나는 지금의 인재는 몸과 지식 모두 점차 노화하지만 시대는 발전하고 사회는 진보함으로 끊임없이 새로운 피를 수혈해야지만 발전에 따른 인재 수요를 충족시킬 수 있기 때문입니다. 그러므로 반드시 다양한 인재 그룹을 만들어서 한 그룹은 쓰고, 한 그룹은 육성하며, 한 그룹은 준비하고, 한 그룹은 발굴하는 것을 동시에 진행해야 하는 것입니다.

다시 《삼국연의》로 돌아가봅시다. 여러분 모두 《삼국연의》에 나오는 9대 고수를 아실 것입니다. 여포, 조운, 전위, 관우, 마초, 장비, 황충, 하후돈, 강유가 그들입니다. 촉한 건흥 6년, 제갈량이 북벌할 때 이 중 조운을 제외한 앞의 일곱 명은 모두 학을 타고 서쪽으로 갔습니다. 강유 이 젊은이는 이제 막 이십여 세의 나이로 풍채와 재능이 한창 무르익고 의기는 늠름하였습니다. 그것은 '정말 장강의 뒷물결이 앞 물결을 밀어내고, 새로운 세대의 신인이 옛사람을 바꾼 것長江后浪推前浪, 一代新人換舊人'이었습니다.

몇 해 전 남아프리카공화국에서 열린 월드컵을 본 기억이 있을 것입니다. 경기장은 변하지 않지만 운동장 안의 영웅들은 영원히 변합니다. 2위의 조운도 9위의 강유에 의해 도태되는 것은 아주 정상입니다. 피파 순위 1위였던 이탈리아 대표팀도 예선에서 떨어지지 않았습니까! 늙은 말은 어린 말을 따라잡을 수 없고, 늙은 독수리는 어린 독수리와 경쟁할 수 없습니다. 왜냐하면 세계는 젊은이의 소유이기 때문입니다! '청춘의 노래', '청춘 만세', '청춘은 한 번뿐'입니다. 노인 조운의 시대는 갔고, 이제 소년 강유의 시대가 온 것입니다. 그래서 안목이 있는 리더라면 반드시 젊은이에 대해 흥미를 갖고 있어야 합니다.

　이쯤에서, 공명 선생에게 존경을 표합시다. 그는 여기까지 해냈습니다. 대업이 길이길이 지속되려면 후계자가 없어서는 안 됩니다. 젊은이를 잃은 사람은 미래를 잃은 사람입니다. 반드시 젊은이에 주목하고, 젊은이를 끌어들이고, 젊은이를 살려야 미래를 가질 수 있습니다. 공명 선생도 이 문제를 충분히 중시했습니다.

공명의 지혜

대업이 길이길이 지속되려면 후계자가 없어서는 안 된다. 젊은이를 잃은 사람은 미래를 잃은 사람이다.

　그렇다면 제갈량은 어떻게 젊은이를 육성하고 썼을까요? 전체적으로 정리하면 그는 아래의 몇 가지 책략을 주로 사용했습니다.

첫 번째 책략
혜안으로 재능을 보고, 속안으로 성격을 본다

이 책략을 이야기하려면 아주 슬픈 순간부터 말해야 합니다.《삼국연의》에는 제갈량의 마지막 순간이 기록되어 있습니다. 촉한 건흥 12년 가을 8월 23일, 병으로 누워 있던 제갈량은 갑자기 정신이 들어 여러 장수들을 거느리고 오장원의 군영을 순시합니다. 헤아려 보면, 봄에 북벌을 개시한 이래 사마의와 대치한 지 이미 3개월 남짓이 지났습니다. 북벌이 호전될 기미는 전혀 없는데, 제갈량의 몸은 오히려 하루하루가 달랐습니다. 승상 제갈량이 군영을 순시하는 것을 보자 사람들은 마음속으로 잠시 희망을 보았습니다. 중군을 지키는 대장은 천수군에서 끌어들인 인재 강유였는데, 그가 친히 사람을 배치하여 공명을 작은 수레에 태웠습니다. 오장원의 초목이 시들어 활기를 잃어가는 이때 제갈량은 친숙한 작은 수레에 앉아 군영을 돌아봅니다. 이는 제갈량이 마지막으로 자신의 부대를 시찰하는 것이었습니다. 그의 마음은 슬픔과 처량함으로 가득했습니다. 그런데 멀리 가지 않아 가을바람이 뼛속을 뚫는 듯한 한기를 일으키자 장탄식을 금하지 못합니다.

"다시는 싸움터에 나가 역적을 칠 수 없겠구나! 넓고 넓은 푸른 하늘아, 어찌 이렇게 끝없이 푸르냐!"

이 시각, 제갈량이 걱정한 것은 더 이상 자신의 건강이 아니었습니다. 그는 이미 자신이 더 이상 살지 못할 것을 알고 있었습니다. 그렇다면 그가 가장 우려했던 것은 무엇이었을까요? 그가 가장 걱정한 것은 자신이 죽으면, 주도면밀한 사마의가 지켜보는 가운데 어떻게 안전하게 십만이 넘는 대군을 철수하게 하느냐는 것이었습니다. 이런 전체 국면을 장악하여 철군을 지휘하는 중임을 맡길 사람으로 누가 적합했을까요?

제갈량은 병세가 계속 악화되자, 임종할 즈음 전군 철수의 임무를 장사 양의楊儀에게 맡깁니다. 이렇게 생사가 걸린 일을 왜 양의에게 맡겼을까요? 왜냐하면 양의는 다음 두 가지 장점을 가지고 있었기 때문입니다.

첫째, 전체 정황을 환히 꿰뚫고 있었습니다. 이 양의 선생의 자는 위공威公으로 양양 사람, 즉 형주 간부였습니다. 전에 관우 밑에서 공조工曹 일을 했고, 후에는 유비를 따라 서천에 들어왔습니다. 《삼국지》에는 "선주가 그와 군국의 계책과 정치 득실을 논하며, 크게 기뻐했다"고 쓰여 있습니다. 이리하여 파격적으로 상서로 발탁됩니다. 제갈량도 양의의 재간을 매우 마음에 들어 했습니다. 북벌 때 양의는 비서실장에 해당되는 행군장사行軍長史로 임명되어, "군대의 단속과 통제는 모두 양의가 맡았다"고 합니다. 전체 국면을 장악하는 일에서 그는 경험도 있고 능력도 있었습니다.

둘째, 양의는 생각이 민첩하고 임기응변의 기지가 있었습니다. 《삼국지》에는 "제갈량이 여러 차례 출군할 때 양의는 항상 계획을 세워 부대를 나누고 양곡을 준비했는데 깊이 계산하지 않고도 빠른 시간에 일을 마쳤다"고 적혀 있습니다. 이런 반응속도는 긴급한 일을 처리하는 데 없어서는 안 될 핵심 재능입니다. 격렬한 경쟁 중에서는 큰 물고기가 작은 물고기를 먹는 것이 아니라 빠른 물고기가 느린 물고기를 잡아먹는 법입니다. 승리는 단지 실력에만 있는 것이 아니라 속도에도 있습니다. 10초에 70점을 받을 수 있는 답안이 곧 승리입니다. 이틀에 걸쳐 100점을 받을 수 있는 답안을 가지고 그대로 하면 실패할 수 있습니다. 겨루는 것은 속도입니다. 양의는 이런 속도가 있었습니다.

그래서 심사숙고 끝에 제갈량은 양의를 선택합니다. 그가 양의에게 말합니다.

"왕평, 요화, 장익, 오의 등은 다 충의지사이고, 오랫동안 전장을 경험했으며, 고생도 마다 않고 열심히 일했으니 모두 가히 쓸 만하오. 내가 죽은 후 모든 일은 그전에 정한 법에 따라 행하시오. 또 군사는 천천히 철수하고, 급하게 달려가서는 안 되오. 그대는 지모와 계략에 깊이 통하니 여러 말이 필요 없을 것이오. 강백약은 지모와 용맹을 갖춘 자이니 뒤를 막게 하시오."

> **양의**(?~235년)
> 자는 위공威公, 양양(지금 호북성 양번襄樊) 사람으로 삼국 시기 촉한의 대신으로 관직은 중군사에 이르렀다.

양의는 울며 명을 받아들입니다.

양의는 공명이 세상을 떠난 후, 군권을 장악하고 전체적인 철군의 임무를 담당합니다. 그래서 많은 사람들은 자연스럽게 제갈량을 대신할 후계자로 지금 위치에 있는 양의가 아니면 할 사람이 없다고 여겼고, 양의 자신도 이렇게 생각했습니다.

그러나 현실은 그렇지 않았습니다. 이는 곰곰이 새겨볼 만한 내용입니다. 양의가 대군을 이끌고 안전하게 돌아온 후 받은 새 임명장은 실권이 없는 이름뿐인 직책인 중군사中軍師였습니다. 제갈량이 안배한 후임자는 경력이나 위망 모두 양의와 큰 차이가 없는 장완이었습니다.

제갈량은 왜 이렇게 안배했을까요? 왜냐하면 양의에게는 하나의 치명적 약점이 있었습니다. 양의의 성격에 문제가 있었던 것입니다. 제갈량은 양의가 속이 좁아 주위 사람들과 잘 어울리지 못하는 것을 알았습니다. 그가 상서로 있을 때 윗사람인 유파와 마찰을 빚었고, 장사로 있을 때는 동료 위연과 마찰을 일으켰습니다. 또한 이 사람은 사심이 비교적 커서 결정적 순간에 개인과 조직의 관계를 올바르게 정립하지 못했습니다. 이런 결점이 있었지만 재주도 있었기 때문에 임시로 권한을 받아 일을 처리한 것이지 대권을 준 것은 아니었습니다.

양의에게는 또 다른 치명적인 약점이 있었습니다. 그는 승리는 누릴 수 있지만 좌절은 감당하지 못하는 사람이었습니다. 일단 약간의 개인적 좌절을 겪자 개인의 전체 심리 상태가 붕괴되어버립니다. 그래서 후계자의 기회를 잃은 후, 양의는 뜻밖의 말을 쏟아냅니다.

"당시 승상께서 돌아가시고 내가 전군을 장악했을 때, 그때 내가 만약 군대를 데리고 조위에 투항했더라면 지금의 원통함은 없었을 텐데!"

이런 모반의 말로 인해 양의는 유배되고 결국 자살하게 됩니다.

확실히 제갈량이 생전에 본 것과 같이 양의는 재주는 있었지만 포용력은 없는, 능력에는 문제가 없지만 태도에는 문제가 있는 간부였습니다. 양의를 후임으로 쓰지 않은 것은 전적으로 옳았습니다.

젊은이를 볼 때는 두 가지 점을 보아야 합니다. 하나는 재능이고 하나는 성격입니다. 그렇다면 어떻게 하면 볼 수 있을까요? 우리의 경험이 증명하지 않습니까? 재능을 보는 일은 독특한 각도와 독특한 안목으로 보는 것입니다. 이를 혜안을 갖추었다고 하는 것입니다. 반면 성격을 보는 일은 반드시 일반적인 관점, 즉 대중의 안목으로 해야 합니다. 이를 속안(俗眼)을 갖추었다고 합니다. 혜안이 없으면 큰 재목을 볼 수 없고, 속안이 없으면 큰 병폐를 보지 못합니다.

공명의 지혜

재능을 보는 일은 독특한 각도와 안목으로 보는 것이다. 이를 혜안을 갖추었다고 하는 것이다. 반면 성격을 보는 일은 반드시 일반적인 관점, 즉 대중의 안목으로 해야 한다. 이를 속안을 갖추었다고 한다.

혜안으로 보면 양의는 확실히 재능이 있었고, 이런 재능은 충분히 중임을 맡을 만한 것이었지만, 속안으로 보면 양의의 성격에는 큰 문제가 있어 이런 성격으로는 중임을 맡을 수 없었던 것입니다. 혜안으로 살펴본 이후 다시 속안으로 성격을 알아보는 것이 바로 제갈량의 고명한 점이었습니다.

앞서 말했듯이 제갈량이 후임으로 선택한 사람은 바로 장완입니다.

왜 장완을 후임으로 선택했을까요? 이 문제에 앞서 장완의 괴이한 꿈 얘기부터 하려 합니다. 《삼국지》에는 장완이 광도현廣都縣 현령 때 꾼 괴이한 꿈 이야기가 실려 있습니다. 가히 무서운 꿈이라 할 수 있습니다. 꿈에서 놀라 깨어난 후에도 그의 심장이 어지럽게 쿵쿵거릴 정도였습니다. 무슨 꿈이었기에 장완이 그렇게 무서워했을까요? 장완은 꿈속에서 몸집이 거대한 소 한 마리가 자기 집 문 앞에서 전신에 선홍색의 피를 줄줄 흘리고 서 있는 것을 보았습니다. 그야말로 '피 흘리는 빨간 소 꿈'이었습니다.

이 꿈은 장완을 아주 긴장하게 만들었습니다. 현대 심리학의 눈으로 보면 꿈은 억압된 잠재의식이고 마음속 걱정의 해방입니다. 사실 그 소는 장완 자신이고, 피를 흘리는 것은 큰 상해를 입는 것이며, 심지어 생명이 위험하다는 것을 나타냅니다. 소의 상징적 의미는 수고를 마다하지 않고 열심히 일하지만 세상에 이름이 알려지지 않는 것입니다. 전체 꿈의 의미는 수고를 마다하지 않고 열심히 일하면서도 불평하지 않는 장완 자신이 생명의 위협을 받는 것을 걱정하는 것

장완(?~246년)
영릉 상향湘鄕 사람으로, 삼국 시기 유명한 정치가이며 군사전략가이다. 처음 유비를 따라 촉에 들어왔다. 제갈량이 죽은 후 대장군에 임명되어 후주 유선을 보좌하고 조정을 주재하며 병사를 통솔하여 위나라를 막았다. 관직은 대사마, 안양정후安陽亭侯에 이르렀다.

이었습니다.

그렇다면 어떤 일이 장완을 이렇게 초조하게 하고, 자신의 생명을 걱정하게 했을까요? 그것은 자신의 상사가 업무 감사를 나왔기 때문입니다. 상사는 다른 사람이 아닌 보스 유비였습니다.

장완은 본래 영릉零陵 상향湘鄕 사람으로 형주 간부에 속해 있었습니다. 유비가 서천에 들어올 때 장완은 서좌, 즉 비서의 신분으로 선주를 따라 촉에 들어왔는데, 유비가 그를 발탁하여 광도 현령으로 발령을 냈습니다.

이번에 유비는 지방을 순시하러 나갔다가 장완이 일하는 상황을 점검하러 광도에 들립니다. 그런데 장완은 지방장관의 신분으로 쌓인 일은 처리하지 않고, 술에 크게 취해 대낮에 잠을 자다가 유비의 격노를 사고 맙니다. 유비는 당장 장완을 붙잡아 쫓아내라고 말하며 호되게 처벌하려고 했습니다.

장완의 걱정은 바로 이것이었습니다. 우리는 장완의 꿈을 이렇게 분석할 수 있습니다. 소는 장완 자신의 능력과 태도에 대한 긍정을 나타내고, 피는 그가 자신의 생명을 걱정하는 것을 나타내며, 소가 문 앞에 서 있는 것은 이런 위험이 눈앞에까지 다가와 곧 발생하려 한다는 것을 나타낸다고 해석할 수 있습니다.

유비가 호된 수단을 준비하던 때 군사로 있던 제갈량이 일어서서 말합니다. 《삼국지》에는 이때의 제갈량의 말이 실려 있습니다.

"장완은 사직의 그릇이지, 백 리를 다스리는 재목이 아닙니다. 그의 정치는 백성을 편안하게 하는 것을 근본으로 하고, 겉치레를 앞세우지 않습니다. 주공께서는 다시 한 번 살피시기 바랍니다."

제갈량의 말에서 우리는 세 가지 사실을 알 수 있습니다. 첫째, 제갈량은 장완을 국가를 다스릴 만한 큰 재목으로 인식했고, 둘째, 장완은 민생을 중시하며 일을 했고, 백성들이 그에 대해 만족한다는 것이며, 셋째, 장완은 자기표현에 서툴러 전시 행정이나 이미지용 프로젝트는 잘하지 못한다는 사실입니다.

제갈량은 드러내길 좋아하지 않은 장완에 대해 이렇게 긍정적인 평가를 했습니다. 제갈량이 장완을 아주 잘 이해한 걸 보면 확실히 혜안을 가지고 있었음을 알 수 있습니다. 동시에 속안, 즉 대중의 눈으로 보아도 장완의 성격은 양의에 비해 훨씬 적합했습니다. 장완은 성실하고 치밀하며, 신중하고 도량이 클 뿐더러, 대체를 인식하고 대국을 살피니, 개인과 조직의 관계도 바로잡을 수 있었습니다.

제갈량의 호소로 장완은 처벌을 받지 않았습니다. 얼마 안 있어 제갈량은 그를 십방령什邡令으로 발령 내고, 후에 다시 승상부 참군으로 발탁합니다. 제갈량이 여러 차례 원정을 나갈 때마다 장완은 항상 먹을 것과 병기를 충분히 공급합니다. 훗날 제갈량은 후주에게 비밀리에 이렇게 상주합니다.

"신이 만약 불행하게 되면, 후사는 장완에게 맡기는 것이 마땅합니다."

우리는 장완의 모습에서 어렴풋이 과거 방통의 그림자를 엿볼 수 있습니다. 제갈량도 방통과 같은 전문 인재를 대하는 눈빛으로 장완을 평가했습니다. 이런 인재는 그가 하는 일을 잘못한다고 해서 가볍게 그 능력을 부정해서는 안 됩니다. 어떤 사람은 집안 청소를 잘할 수 있지만 어떤 사람은 천하를 청소할 수 있으니, 중요한 것은 합리적인 안배인 것입니다. 제갈량이 확실히 혜안을 갖고 있었음을 사실이 증명해주고 있습니다. 훗날 제갈량이 세상을 떠난 후 장완이 촉한의 정권을 맡으면서 대국을 안정적으로 주도하여 위험한 국면에서 벗어날 수 있었습니다.

이로부터 우리는 제갈량이 조직의 상층부를 이끌어가기 위해 무진 애를 썼음을 알 수 있습니다. 사실 조직을 이끄는 것에는 두 가지 방법이 있습니다. 하나는 미는 것$_{push}$이고 하나는 끄는 것$_{pull}$입니다. 비유를 하나 들어봅시다.

한 무리의 양 떼가 산비탈을 올라가는데 안전하고 효과적으로 올라가려면 먼저 목양견 한 마리가 필요합니다. 그 개는 미는 역할을 하여 양이 무리에서 떨어지면 짖어댑니다. 또 다른 하나는 길잡이 양입니다. 이 양이 하는 역할은 시범을 보여 어떻게 가고 어디로 가야 할지를 알려줍니다.

평소 우리에게 익숙한 포상이나 징계 조치는 목양견과 같이 밀어주는 역할을 합니다. 그런데 이것만으로는 충분하지 않습니다. 누군가가 나서서 인도하고 함께하며 시범을 보이는 사람이 꼭 있어야 합니다. 현재 많은 조직의 문제는 밀어주는 역량은 많지만 끌어주는 역량이 부족한 것에 있습니다. 많은 사람들이 당근과 채찍만 가지고 목표 관리만 잘하면 모든 문제를 해결할 수 있다고 여깁니다. 이런 생각은 단편적인 것입니다. 반드시 밀어주는 힘과 끌어주는 힘이 결합되어야 합니다. 제갈량은 밀어주고 끌어주는 것을 결합했을까요? 이제 제갈량이 젊은 인재를 쓰는 두 번째 책략을 살펴보기로 합시다.

| 두 번째 책략

밀어붙인 뒤에는 반드시 끌어준다

임무를 완성하는 데는 업적 심사와 조직의 기율이 반드시 있어야 하는데, 이것이 밀어주는 힘입니다. 자신을 계발하는 데는 모범을 보이고 인도하는 것이 가장 필요한 것인데, 이것이 끌어주는 힘입니다. 젊은 인재는 임무를 완성하고 자기를 계발한 연후에 비로소 중임을 맡을 수 있습니다. 제갈량은 어떻게 했을까요?

공명의 지혜

임무를 완성하는 데는 업적 심사와 조직의 기율이 반드시 있어야 하는데, 이것이 밀어주는 힘이다. 자신을 계발하는 데는 모범을 보이고 인도하는 것이 가장 필요한 것인데, 이것이 끌어주는 힘이다.

《삼국지》에는 제갈량이 임종 시 후주에게 올린 표문이 실려 있습니다.

> "성도에는 뽕나무 8백 그루, 메마른 밭 열다섯 경頃이 있으므로 제 자손의 의식은 충족하고도 남음이 있습니다. 신이 밖에서 임무를 수행할 때에는 특별히 조달할 필요도 없고, 몸에 필요한 의식은 모두 관부에서 지급해주었음으로 다른 생업을 영위하여 약간의 재산이라도 늘릴 필요가 없습니다. 만일 신이 죽었을 때, 집안에 남는 비단이 있게 하거나 밖에 여분의 재산이 있게 하여 폐하의 은총을 저버리지 않을 것입니다."

죽은 후에 보니 그가 말한 그대로였다.

공명 선생은 확실히 훌륭한 지도자였습니다. 엄격히 스스로를 단속하고, 청렴하게 나라를 위해 힘쓴 그의 삶은 우리로 하여금 경건한 마음으로 존경을 표하게 합니다. 청렴은 일종의 능력입니다. 공명 선생이 스스로 말한 "위를 잘 다스리면 아래가 바르게 되고, 몸을 잘 다스리면 사람들이 공경한다理上則下正, 理身則人敬"는 말은 정말 좋은 말입니다.

이 말은 우리에게 다음과 같은 하나의 이치를 이야기합니다. '지도자는 본보기여서, 사람들은 본보기에 따라 자신의 행위를 조정한다.' 이를 "위에 좋은 것이 있으면 아래는 반드시 이를 따른다"라고 합니다.

지도자가 소박하면 아랫사람도 소박하고, 지도자가 유머가 있으면 아랫사람은 만담을 할 수 있으며, 지도자가 골프를 좋아하면 복도 청소하는 어르신조차도 대걸레로 골프 동작을 합니다. 지도자가 좋아하는 것은 무엇이든 아랫사람은 따라서 좋아합니다. 지도자가 견지하는 것 모두 아랫사람도 따라서 견지합니다. 말과 행동으로 가르치는 두 가지 호소 방법 중에서 행동으로 가르치는 것이 말로 가르치는 것보다 훨씬 효과적입니다. 구호를 외치며 요구 사항을 제시하는 것은 스스로 시범을 보이는 것만 못합니다. 이를 이르러 '좋은 사람과 함께하면 좋은 사람이 되는 것을 배우고, 무당을 따라 다니면 굿을 배우게 된다'고 하는 것입니다.

제갈량은 진정으로 모범적인 본보기로서의 역할을 하여, 촉한의 많은 간부들은 특별히 청렴했습니다. 동화董和는 '죽는 날 집에 조금의 재산도 없었고', 등지鄧芝는 '끝까지 사적인 재산을 모으지 않아 죽는 날 집에 남은 재산이 없었으며', 여예呂乂는 '수신하고 검약하여, 겸손하게 조용히 하며 말을 적게 했다'고 사서에 기록되어 있습니다.

그래서 조직을 거느리려면 엄격한 제도와 기강도 있어야 하지만 지도자 스스로 모범을 보여야 합니다. 공명 선생은 확실히 밀어주고 끌어주는 것 둘을 결합하여 사용했습니다.

제갈량의 내면세계를 지탱한 것 중에는 가치관 영역의 이상과 신념을 제외하면 심리적 영역에서는 특수한 내재된 역량이 있었는데, 우리는 이를 성취동기라고 말합니다. 각각의 개인이 일을 할 때 동기는 서로 다릅니다. 어떤 사람은 돈, 즉 물질적 동기가 있고, 어떤 사람은 권력과 지위, 즉 권력 동기가 있으며, 어떤 사람은 감정, 즉 정서적 동기가 있습니다. 또 어떤 사람은 일을 할 때 도전하여 임무를 완성함으로써 느끼는 만족감, 즉 성취동기가 있습니다. 제갈량이 일하는 동기는 이런 성취동기였습니다.

성취동기란 도대체 어떤 것인지, 알기 쉬운 한 가지 예를 들겠습니다. 마작을 예로 들어봅시다. 어떤 사람은 돈을 따기 위해서 마작을 하는데, 이는 물질적 동기입니다. 어떤 사람은 함께 즐기기 위해 마작을 하는데, 이는 정서적 동기입니다. 또 다른 사람은 작게 나는 것은 먹지 않고, 크게 나는 것만 좋아합니다. 10원, 20원을 따는 것에는 흥미를 느끼지 않고, 적어도 칠소대(七小對, 마작에서 24배를 딸 수 있는 조합으로 같은 패 2개로 7쌍을 맞추는 것) 정도는 되어야 즐겁게 콜을 합니다. 이것이 바로 성취동기입니다.

제갈량이 북벌을 추진할 수 있었던 기본적 추동력은 여기에 있었습니다. 혹자는 "사천은 좋은 땅이니 정권을 공고히 하고 경제를 발전시키면서 하루하루 잘 지내면 정말 즐거울 텐데, 왜 백성들을 수고롭고 하고 돈을 써가면서 북벌을 하느냐?"라고 말했습니다. 나는 이렇게 생각하는 사람이 예나 지금, 그리고 앞으로도 많을 것이라 생각합니다.

이들은 제갈량과는 동기 유형이 다른 사람들입니다. 제갈량은 조그만 땅에 안주하여 삼분천하의 이점을 누리려 하지 않았습니다. 그는 중원의 통일과 한실 부흥이라는 원대한 이상을 실현하려 했습니다. 이것만이 그를 만족하게 할 수 있었습니다. '작은 땅덩이에 안주하여 할거하는 것이 무슨 대수라고? 이런 작은 것들은 전부 필요 없다. 나는 반드시 크게 먹을 것이다. 게임에서 지더라도 작게는 먹지 않겠다'라는 것이지요.

제갈량의 뜻은 이런 것이었습니다. 사람들은 다 같지 않지만, 근본적으로 다른 점 하나는 동기가 다르다는 것입니다. 그래서 같은 일에도 다른 방식, 다른 관점이 있는 것입니다.

우리는 확신합니다. 만약 물질 동기, 권력 동기 혹은 안전 동기를 가진 사람이 삼국시대로 돌아가 제갈량을 대신한다면, 그는 결코 육출기산하지 않을 것이지만, 성취동기를 가진 사람이 돌아간다면 분명 실패할 가능성이 매우 크다고 할지라도 그는 분명 육출기산하여 목표를 쟁취하려 노력할 것입니다.

북벌의 성공을 확보하기 위해 제갈량은 밀어주고 끌어주는 인사 책략에 따라 젊은 간부군을 육성하고 적절한 안배를 통해 자신의 조직에 가입시킵니다. 제갈량은 이들을 어떻게 쓸까요? 세 번째 책략을 살펴봅시다.

| 세 번째 책략

중요한 일은 중점관리하고
작은 일에는 자율을 준다

228년 제갈량은 첫 번째 북벌을 감행합니다. 흔히 모든 일은 시작하는 것이 어렵다고 말하지만, 이 처음의 북벌은 두 번째, 세 번째와는 달리 모든 일을 처음부터 시작하는 것이었고, 모든 방면에서 맨손으로 이룬 것이었습니다.

출병 전, 제갈량이 가장 먼저 안배한 것은 후방입니다. 《삼국연의》에는 이에 대해 비교적 상세하게 기재되어 있습니다. 공명은 곽유지, 동윤董允, 비위費禕 등을 시중侍中으로 삼아 궁중의 일을 대리하게 하고, 향총向寵은 어림군을 감독하게 하며, 장완을 참군, 장예張裔를 장사로 삼아 승상부의 일을 처리하게 합니다. 또 양홍楊洪은 상서, 맹광孟光은 좨주祭酒, 윤묵尹默은 비서, 초주譙周는 태사로 삼았으며, 내외 문무 관료 100여 명이 모두 열심히 일할 수 있게 부서를 안배합니다.

후방을 안배하고 나서는 이제 전방을 안배합니다. 무장 방면에서는 진동장군 조운, 진북장군 위연, 평북장군 마대 등 16명의 대장을, 문관 방면에서는 수군장군綏軍將軍 양의, 안원장군 마속이 거느리는 4개의 호군과 4개의 참군 등을 포함한 10여 명의 문관을 안배합니다. 또 특별히 고명대신인 이엄에게 영안의 요충지를 맡기고 동오를 방비하게 합니다.

모든 점검을 끝내고 대군이 면수沔水 북쪽 기슭으로 이르자, 제갈량이 북을 쳐서 장수들을 모아 막 북벌 대사를 상의하려고 할 때, 홀

위연(?~234년)
자는 문장文長으로 의양(義陽, 지금의 하남성 신양) 사람이다. 삼국 시기 촉한의 장군으로, 제갈량 사후 장사 양의의 통제를 받는 것에 불만을 품고 퇴군 도중 잔도를 불사르고 양의를 공격했다. 하지만 병사들이 따르지 않아 패주하고 양의가 보낸 마대에 의해 참수되었다.

연 큰소리치며 장막 안으로 들어오는 사람이 있었습니다. 보아하니 키는 8척이고 얼굴은 홍갈색으로 세 갈래로 탄 긴 수염, 차가운 눈초리는 관우와 닮았습니다. 이 대장이 바로 위연 위문장魏文長입니다. 위연의 당시 직무는 진북장군 도정후都亭侯로, 삼군에서 무공과 지위가 조운 다음이었습니다.

위연이 군막에 들어와 계책을 내놓습니다. 당시 제1차 북벌의 시기, 위장 하후무夏候楙가 안서장군으로 장안을 지키고 있었는데, 위연이 다음과 같은 계책을 건의합니다.

하후무는 부잣집 도련님으로 겁이 많고 계책도 모릅니다. 제게 정병 5천을 주시면 포중褒中으로 나가 진령秦嶺 동쪽을 돌아 자오곡子午谷으로 빠져 북상하면 10일 안으로 장안에 도달할 수 있습니다. 하후무는 제가 갑자기 나타났다는 소리를 들으면 틀림없이 성을 버리고 도망갈 것이니, 그러면 장안은 우리 것이 됩니다. 적이 새롭게 대오를 갖추는 데 20여 일은 걸릴 것이니, 승상께서 이 시간을 이용하여 대군을 지휘하여 오면 함양 서쪽이 한꺼번에 우리 것이 될 것입니다.

오늘날의 관점으로 보면, 이 책략은 대단한 전략적 안목을 가진 것입니다. 그러나 결점은 위험이 좀 크다는 점입니다. 제갈량은 이렇게 하는 것은 위험이 너무 크다고 보고, 순서대로 일보일보 진군하는 것이 온당하다고 생각하여 그 자리에서 위연의 건의를 거절합니다.

　북벌을 위해 출병하는 이 1막에서 우리는 제갈량의 권한을 행사하는 원칙을 명확하게 알 수 있습니다. 일반적인 일은 아래 젊은 간부들이 하도록 내버려두지만 핵심적인 전략 방안은 반드시 자신이 단단히 틀어쥡니다. 여러분도 보셨다시피 정부에 관한 일은 장완과 장예에게 맡기고, 궁중 사무는 동윤에게 맡겼습니다. 후방 군사는 향총에게 맡기고, 동쪽 전선은 이엄에게 맡겼습니다. 그러나 북벌의 대전략은 자신의 손에 단단히 틀어쥐고 누구에게도 내주지 않았습니다.

　위연은 자신의 전략 건의가 통과되지 못하자 어떤 반응을 보였을까요? 위연은 불쾌했습니다. 그의 심정은 담 구석의 고무공처럼 답답했습니다. 들판의 말벌은 침을 갖고 있고, 솥을 나온 꽈배기는 삐뚤어지게 됩니다. 그래서 《삼국지》는 위연이 "항상 제갈량을 겁쟁이라고 하고, 자신의 재능이 다 쓰이지 못함을 한탄했다"고 적고 있습니다. 이로 보건대 위연은 제갈량과는 스타일이 완전히 다른 사람임을 알 수 있습니다. 그는 모험심이 더 많았고, 더 대담했으며, 독자적으로 한 축을 담당하길 희망하면서 제갈량 밑에서 장기판의 말이 되는 것을 달가워하지 않았습니다. 동시에 위연은 조금 거만한 사람이었습니다. "사졸들을 잘 다루고 용맹이 뛰어났지만, 자긍심이 높아 당시 모두 그를 피했다"고 합니다. 그래서 그와 주위 동료의 관계는 조금 불안했습니다. 리더와 반대 논조를 펴고, 동료들과 어울리지 못한 것이지요. 이는 위연 개인의 특징이었습니다.

　그래서 제갈량은 차라리 마속을 써서 가정을 잃고 후퇴하며 한중으로 돌아오면서도 위연의 장안을 취하는 모험 전략을 쓰지 않았습니다. 왜 위연을 쓰지 않았을까요? 이는 공명 선생의 용인 심리를 잘 드러냅니다. 그는 비교적 말 잘 듣고 지도자와 생각이 같은 간부를 쓰는 것을 좋아했으며, 반대 논조를 펴고, 개성 있고 비교적 떠벌리고 다니는 사람을 좋아하지 않았습니다.

말 잘 듣는 아이는 말 잘 들어서 좋고, 개구쟁이 아이는 개구쟁이라서 좋은 법입니다. 갑작스럽게 생긴 일이나 도전적인 임무는 왕왕 개구쟁이들이 잘해냅니다.

그래서 팀을 짤 때 중요한 원칙이 있는데, 그건 보완하는 것입니다. 모든 사람은 다 결점이 있고 부족한 점이 있습니다. 예를 들어 우리 모두를 백지 한 장이라고 가정해봅시다. 이 종이 위에 구멍 몇 개가 뚫릴 수밖에 없다면 어떻게 구멍을 메워야 할까요? 가장 좋은 방법은 두 장의 종이를 함께 붙이는 것입니다. 그러면 각각의 종이에 난 구멍은 다른 종이가 덮어주어 구멍은 자연스레 감소하게 됩니다. 이것이 조직으로 개인의 부족한 부분을 서로 보완하는 방법입니다. 그러나 만약 백지 두 장의 구멍이 모두 같은 위치에 있다면 붙였을 때 어떤 결과가 생기겠습니까? 서로 보완도 되지 않을 뿐더러 문제가 더 커질 것입니다.

공명 선생은 간부를 안배할 때 한 가지 유형의 사람들만 좋아한 결과 조직의 약점이 쉽게 만들어졌습니다. 용인은 반드시 다양화해야 합니다. 위연을 배척하여 그에게 더 큰 능력을 발휘할 공간을 주지 못한 것은 유감스러운 일입니다. 이 점은 우리 모두가 깊게 생각해볼 만한 것입니다. 일을 할 때 자신이 마음에 들어 하는 사람만 써서는 안 됩니다. 스타일을 보완할 수 있는 사람이 함께 있어야 가장 좋은 조합입니다.

공명은 도대체 북벌을 몇 번이나 했을까요? 비교적 전통적인 견해는 '육출기산'입니다. 《삼국지》와 《자치통감》의 근거하면 사실 제갈량이 조위와 군사적 대결을 한 것은 일곱 차례입니다.

첫 번째로 건흥 6년(228년) 봄, 제갈량은 미리 큰소리치며 사곡도斜谷道로 가 미眉를 취하고, 조운과 등지로 하여금 의병을 꾸며 조진의 중병을 유인하게 하고, 자신은 대군을 이끌고 기산(지금 감숙 서화현 서북)을 공격합니다. 농우의 남안, 천수, 안정 3군이 위를 버리고 촉에 귀의하지만, 장합이 나와 반격하여 가정에서 마속을 대파합니다. 제갈량은 어쩔 수 없이 한중으로 돌아오게 되는데 이것이 첫 번째 기산 출격입니다.

두 번째로 같은 해(228년) 겨울, 제갈량은 산관(散關, 지금의 섬서 보계시 서남)으로 나가 진창을 포위하고, 20여 일을 공략했으나 이기지 못하고 양식이 떨어지자 한중으로 돌아옵니다. 위장 왕쌍이 추격하다 오히려 매복에 걸려 죽습니다. 제갈량은 교묘한 '회마창回馬槍' 전술을 사용하고, 촉군이 철수하자 위군도 감히 쫓아오지 못합니다.

세 번째로 건흥 7년(229년) 봄, 제갈량은 먼저 진식陳式을 보내 무도武都와 음평陰平 두 군을 공격합니다. 옹주자사 곽회郭淮가 병사를 이끌고 구하러 오자 제갈량은 건위(建威, 지금 감숙성 서화현 서쪽)까지 나아가 곽회를 물리칩니다. 제갈량은 앞에서 말한 무도와 음평 두 군을 점령합니다.

네 번째로 건흥 8년(230년) 가을, 이번은 방어전으로, 실제 싸움은 일어나지 않았습니다. 위군이 3개의 길로 나누어 진공하는데 사마의는 서성西城으로, 장합은 자오곡으로, 조진은 사곡으로 나옵니다. 제갈량은 군대를 성고城固와 적판赤坂에 주둔시킵니다. 이때 큰 비가 내려 위군은 도중에 철군합니다.

다섯 번째로 같은 해(230년), 제갈량은 위연과 오의에게 특수부대를 주어 서쪽 강羌 지역으로 보내 위나라 후장군 비요費曜와 옹주자사 곽회를 대파합니다.

여섯 번째로 건흥 9년(231년) 2월, 제갈량은 대군을 이끌고 기산을 공격합니다. 이때 조진은 중병이 들어 사마의가 도독이 되어 관중의 제장을 이끌고 반격합니다. 제갈량은 상규(上邽, 지금 감숙성 천수시)에서 보리를 벱니다. 사마의는 제갈량을 쫓아 노성(鹵城, 지금 천수시와 감곡 사이)에 이르고, 성에서 나오지 않고 엎드려 지키기만 하니 "촉을 두려워하길 호랑이 두려워하듯 한다"라는 조소를 받습니다. 5월, 사마의와 제갈량은 교전하여 위연 등이 갑병 3,000급, 갑옷 5,000개, 각노角弩 3,100개를 획득합니다. 6월, 이엄이 군량을 맞추지 못하자 제갈량을 불러들입니다. 위장 장합이 병사를 이끌고 목문木門까지 추격하였으나 촉의 매복에 걸려 화살을 맞고 사망합니다. 제갈량은 교묘한 '회마창' 전술을 써서 강적을 물리칩니다. 이는 제갈량이 두 번째로 쓴 '회마창' 전술입니다.

일곱 번째로 건흥 12년(234년) 2월, 제갈량은 대군을 이끌고 사곡도를 나와, 무공武功의 오장원을 점거하고, 위빈渭濱에서 둔전을 시작합니다. 8월까지 서로 대치하면서 사마의는 굳게 지키는 전략을 채택하여 문을 잠그고 나오지 않자 쌍방의 주력이 정면 대결한 적은 없었습니다. 촉한 건흥 12년 가을, 8월 23일 제갈량은 오장원에서 숨을 거둡니다.

이상의 일곱 차례의 용병에서 네 번째는 방어였으며 진짜 전투는 없었고, 다섯 번째는 특수부대로 제갈량은 참여하지 않았습니다다. 그러므로 진정한 의미로 북벌은 다섯 차례였다고 해야 합니다.

사료에 의거해 종합해서 말하면 제갈량의 '오벌중원五伐中原'이라는 표현이 '육출기산'보다 훨씬 정확하고 믿을 만합니다.

《삼국연의》에는 사마의를 전쟁터로 이끌어내기 위해 제갈량이 격장법激將法을 쓰는 아주 재미있는 이야기가 나옵니다. 제갈량은 여인들이 입는 옷을 구해 큰 상자에 넣고 편지 한 통을 써서 위나라 영채로 보냅니다. 편지의 주요 내용은 이렇습니다. "너 사마의는 대장으로서 용감하게 싸워 한번 자웅을 겨뤄야 한다. 네가 남자라면 병사를 이끌고 싸울 결심을 했을 것인데, 만약 네가 싸움을 두려워하여 감히 나오려 하지 않으니 너는 여자와 같다. 그래서 나는 특별히 여자 옷을 준비해서 보내니 빨리 입어보아라."

이것은 격장법입니다. 하지만 사마의는 결코 속지 않았습니다. 오히려 사자에게 후하게 상을 내리고 음험하게 묻습니다.

"너희 제갈 승상은 요즘 건강은 어떻고, 일은 어떠하며, 음식은 어떠냐?"

그러자 사자는 말합니다.

"승상은 새벽에 일어나고 밤이 늦어야 잠자리에 듭니다. 또 스무대 이상 매를 때릴 일은 모두 몸소 맡으십니다. 드시는 것도 몇 홉에 불과합니다."

이에 사마의가 여러 장수들에게 말합니다.

"공명이 먹는 것은 적고, 일은 많으니 어찌 오래 살 수 있겠는가?"

이 사건은 《삼국지》 배송지 주에도 똑같이 기록되어 있어 믿을 만한 사실입니다. 그런데 이 일이 진실이라면 이렇게 비평할 수 있습니다.

"제갈량은 지도자로서 관리를 너무 세밀하게 하여 작은 일이든 큰일이든 너무 신경을 썼다. 20대 이상의 매를 때리는 것조차 친히 가서 수를 세었으니, 죽을 정도로 피곤했을 것이다. 이는 잘못된 것이다."

하지만 또 다른 사람은 이렇게 말할 수 있습니다.

"사소한 부분이 성패를 결정한다. 지도자는 당연히 사소한 것까지 신경을 써야 한다. 공명 선생은 일하면서 문제가 없을 때까지 자세하게 살폈다. 관건은 이렇게 자세히 살피는 것에 있다. 단지 지속적으로 건강에 힘쓰지 않은 것은 잘못이다."

이런 두 관점이 팽팽하게 맞서고 있습니다. 제갈량의 일하는 방식이 도대체 맞는 것인지 틀린 것인지에 대해 여러분에게 한 가지 기본적인 분석 원칙을 제시하려 합니다.

지도자는 정상이 아닌 일에는 신경을 쓰고, 정상적인 일에는 신경을 쓰지 않아야 하며, 예외에는 신경을 쓰고, 관례적인 일은 신경을 쓰지 않아야 합니다. 정상적인 일은 아랫사람에게 관리하게 하고, 관례적인 일은 제도로 관리하게 해야지 지도자 자신이 관리해서는 안 되는 것입니다.

공명의 지혜

지도자는 정상이 아닌 일에는 신경을 쓰고, 정상적인 일에는 신경을 쓰지 않아야 하며, 예외에는 신경을 쓰고, 관례적인 일은 신경을 쓰지 않아야 한다.

모든 일에는 세세한 대목들이 있기 마련입니다. 선택해서 관리하지 않으면 아마 죽을 정도로 피곤할 것입니다. 반드시 먼저 선별을 해야 합니다. 수많은 세부적인 일들 중에서 가장 긴요하고 가장 전략적 가치가 있는 것을 선별하여 주목해야 합니다. 그래서 여러분에게 두 마디만 선물하려 합니다.

첫째, 열심히 하기보다는 더 중요한 일을 선택해라.

둘째, 현미경으로는 코끼리를 볼 수 없다.

관리의 본질은 다른 사람을 통하여 일을 하는 것입니다. 모든 일을 하나하나 자신이 다 한다면 그것은 모범 근로자입니다. 자신이 하지 않고 사람을 배치하여 하게 하면 그것은 관리라 할 수 있습니다. 그래서 관리의 규율은 이렇습니다. 하나의 일이 있어서 잘할 수 있으면 합격이고, 10개의 일을 잘할 수 있으면 우수한 것이며, 50개의 일을 잘하면 탁월하다고 하고, 100개의 일이 있는데 노력하여 다 잘하려고 하면 그것은 죽음을 자초하는 길입니다.

상술한 관점에서 보면 공명 선생의 관리는 확실히 지나치게 세밀했고, 일의 경중을 잘 선별하지도 못했습니다. 어떤 사람은 그가 이렇게 한 것을 보고 그가 근본적으로 리더가 되기 위해 어떻게 해야 하는지를 이해하지 못했다고 이야기합니다. 이런 관점이 맞을까요? 아닙니다. 제갈량의 이런 행위는 능력의 문제가 아니라 성격의 문제입니다. 그는 이런 성격을 갖고 있었고, 그 성격이 운명을 결정한 것입니다.

그렇다면 공명 선생은 어떤 성격이었죠? 한번 분석해봅시다. 우선 심리학에 참고할 만한 관점이 있습니다. '어린 시절은 인생의 아버지고, 환경은 인생의 어머니다'라고들 합니다. 다시 말하면 사람의 성격은 유년과 어린 시절에 형성되고 또 주위 환경에 깊은 영향을 받는다는 것입니다.

제갈량은 부모가 일찍 죽어 어린 시절 아버지 사랑은 없었고, 어머니 사랑은 부족했습니다. 훗날 삼촌도 세상을 뜨고 형이 집을 나가자 혼자서 한 명의 남동생과 두 명의 여동생을 키워야 하는 무거운 짐을 지고 어렵게 생활했습니다.

고아의 성격에서 가장 잘 드러나는 것이 안전감의 결핍이고, 그 다음이 욕구를 통제하는 것을 비교적 잘한다는 점입니다. 모든 일을 자신의 통제 안에 두어야 안심합니다. 그래서 우리는 또 육출기산의 원인은 찾아낼 수 있는데, 그것은 안전감의 결핍입니다. 안전감이 결핍된 사람은 이따금 쉽게 공격성을 띠게 되고, 일단 멈추게 되면 마음이 불안해집니다. 남의 집 앞에서 칼을 품고 잠을 잘지언정 집으로 가 자기 침실에서는 잠을 자지 못합니다. 왜냐하면 자신의 침대는 안전하지 않다고 느끼기 때문에 자지 못하는 것이지요. 제갈량의 계속된 북벌은 성취동기 외에 또 하나가 있는데, 그것은 이런 성격적 원인이 만든 것입니다.

이밖에도 안전감이 결여된 사람은 때때로 통제를 좋아하여 손을 놓고 그냥 내버려두려 하지 않습니다. 남에게 일임하면 자신의 마음이 불안해지고, 자기가 직접 해야 안심합니다. 이 또한 제갈량이 큰일이든 작은 일이든 자신이 직접 하게 된 주요 원인의 하나입니다.

성격에 따라 리더는 다음과 같이 네 가지 유형으로 분류할 수 있습니다.

첫 번째는 매鷹형 리더로 이런 사람은 위쪽 높은 데 있으면서 고도의 전략으로 권한 위임은 잘하지만, 일선을 겨냥하면서 바싹 붙어 주시합니다. 조조는 이런 유형으로, 일반적인 일은 모두 아랫사람에게 넘기지만 의심이 많아 바싹 다가가 주시하며 감시와 통제를 계속합니다.

두 번째는 용龍형 리더로 이 사람도 위쪽 높은 데 있으면서 권한 위임은 잘하지만, 딱 붙어서 주시하지는 않고, 보이는 듯 안 보이는 듯이 하는데 삼국에서는 손권이 이런 리더입니다. 아시다시피, 적벽대전은 주유에게 일임하고 자신은 현장에 나가지 않습니다. 백의도강白衣渡江, 즉 형주 탈환도 여몽에 일임하고 그 자신은 현장에 나가지 않습니다. 이릉전투도 육손에게 일임하고 자신은 후방에 있으면서 조정만 했습니다. 단지 결정적 순간에 한번 나타나기만 하면 됩니다.

세 번째는 목양견형 리더로, 이런 사람은 현장에 직접 나가 이리 뛰고 저리 뛰면서 일을 챙기지만, 구체적인 일은 자신이 하지 않고, 심지어는 어디로 갈지조차 길잡이 숫양에게 일임합니다. 그가 주로 하는 것은 독촉으로 유비가 이런 유형의 리더입니다. 주요 책임이 독촉과 격려이기 때문에 전략적으로 사람을 안배하면 실행 중에 직접 움직일 필요는 없습니다. 하지만 목양견은 설사 조급한 일이 생기더라도 무리를 거느리고 풀을 뜯으러 올라갈 줄은 모릅니다. 일단 정말 대오를 거느리게 되면 그것은 재난입니다. 아무튼 훗날 유비가 직접 싸움터에 나간 결과 700리 진영을 불사르는 참패를 당하는 것이 바로 이를 증명합니다.

네 번째는 암탉형 리더로, 일선에 뿌리를 내리고 뭐든지 직접 자신이 처리합니다. 자신이 서둘러 할 수 있는 일은 모두 자신이 서둘러서 처리하고, 자신이 짊어질 수 있는 것은 모두 짊어집니다. 또한 항상 병아리를 쳐다보면서 그들이 잘못해 다치지 않을까 걱정하고, 일단 급해지면 "차라리 너 옆으로 가라. 내가 대신할게!"라며 일에 달려들어 결국에는 자신을 녹초로 만듭니다. 공명이 바로 이런 유형의 리더입니다.

어떤 유형의 리더도 완벽하지는 않습니다. 모두 조직의 힘을 빌려 서로 보완해야 성공할 수 있습니다. 리더의 유형은 능력의 문제만 있는 것은 아닙니다. 그 배후에는 주로 성격의 문제도 있습니다. 공명의 생활 경력이 그의 성격을 만들었습니다. 또한 성격의 특징은 그의 리더십 스타일과 그의 운명을 결정했습니다. 목숨은 목숨이지만, 성격은 운명입니다! 제갈량의 일생은 이상, 신념, 성취동기와 안전감이 결핍된 성격이 합쳐서 만들어낸 일생이고, 그의 모든 성공과 실패는 모두 이들 요인들을 융합하고 있습니다.

민간 전설에서 우리는 그를 한 사람의 성인, 혹은 신과 같은 사람으로 묘사하지만, 사실 진실한 제갈량은 우리와 같은 보통 사람입니다. 그도 꿈을 꾸었고, 분투했으며 방황하고 머뭇거렸습니다. 그는 매우 뛰어났지만 또한 실의에 빠지기도 했습니다. 자신의 기복 있고 변화무쌍한 일생에서 그는 고난에 머리를 숙이지 않았고, 부귀를 꾀하지 않았으며, 마음에 품은 꿈을 가지고 현실과 거래하지 않았습니다. 그는 전심전력으로 이상을 향해 태만하지 않고 노력했습니다. 이런 정신은 이미 우리의 귀중한 재산의 일부분이 되었습니다. 오늘 우리가 제갈량을 이야기할 때에는 사실 단지 제갈량 한 개인을 이야기하는 것이 아니라 일종의 정신과 생활 방식, 나아가 인생의 신념을 이야기하는 것입니다.

영웅이라고 해서 반드시 자신의 이상을 실현할 필요는 없습니다. 그러나 영웅은 반드시 다른 사람이 이상을 찾도록 인도할 수 있어야 합니다. 저는 공명 선생에게서 우리가 지혜뿐만 아니라 훨씬 더 귀중한 다른 것들을 찾아냈다고 믿습니다. 이들은 우리가 일생 동안 소중히 여겨야 할 것들입니다.

역자의 말

❶ 본 부록은 진수(陳壽)가 위나라 정통의 입장에서 쓴 정사 《삼국지》〈제갈량전〉과 배송지(裴松之)의 주를 함께 번역한 것이다. 배송지의 주는 5세기 남북조시대 《삼국지》의 역사 기술이 너무 간략하다고 생각한 송의 문제가 주석을 달아 보완하도록 명하여 만들어진 책이다. 배송지는 약 200여 권이 넘는 여러 사서를 인용하여 《삼국지》에 기록된 사실을 보충하고 고증하였으며 본문의 몇 가지 오류나 모순을 지적하고 시정하였다. 배송지의 주는 현재 전해지지 않는 많은 자료들을 인용하였기 때문에 사료적인 가치를 지니고 있을 뿐만 아니라, 삼국시대의 역사를 좀 더 폭넓고 다양하게 이해할 수 있도록 도와준다. 그래서 촉한정통론(蜀漢正統論)에 입각한 소설 《삼국지연의》의 사건들은 배송지의 주석에 근거를 둔 것들이 많다.

❷ 본 번역은 2005년 중화서국(中華書局)에서 발간한 《삼국지》를 저본으로 했고, 국내외의 여러 번역본을 참고하여 번역하였다. 한문에 그리 밝지 않은 역자가 나름의 용기를 내어 번역에 도전할 수 있었던 것은 모두 이들 덕택이다. 가능한 한 쉽게 읽힐 수 있게 번역하려고 노력했으나 그것은 독자들이 판단할 몫이다. 아무튼 이 〈제갈량전〉을 통해서 독자 여러분들이 역사속의 제갈량의 실체에 한 걸음 다가갈 수 있다면 그것으로 만족할 뿐이다.

부록

《삼국지》
〈제갈량전〉

제갈량은 자가 공명孔明이고, 낭야군琅邪郡 양도현陽都縣 사람이며, 한의 사예교위(司隸校尉, 한과 위진 시대 수도와 주변 지방의 감찰관) 제갈풍諸葛豊의 후예이다. 부친 제갈규諸葛珪는 자가 군공君貢이며, 동한 말년에 태산군太山郡의 승丞, 보좌역을 지냈다. 제갈량은 어려서 부친을 여의어서, 숙부 제갈현諸葛玄이 원술에 의해 예장豫章 태수로 임명될 때 제갈량과 제갈균(諸葛均, 제갈량의 동생)을 데리고 부임했다.

마침 한의 조정에서는 주호朱皓를 선출하여 제갈현을 대신하도록 했다. 제갈현은 평소 형주목인 유표와 두터운 교분이 있었으므로 그에게로 가서 의탁했다.¹ 제갈현이 죽자, 제갈량은 직접 밭에서 농사를 지었으며, 〈양보음梁父吟〉을 노래하기를 좋아했다.²

제갈량은 신장이 8척이었으며, 항상 자신을 관중管仲과 악의樂毅

---

1 《헌제춘추(獻帝春秋)》에 이르길, 이전에 예장태수 주술(周術)이 병으로 죽자, 유표는 제갈현을 예장태수로 삼고 남창(南昌)을 다스리게 했다. 한나라 조정에서 주술이 죽었다는 소식을 듣고 주호(朱皓)를 보내 제갈현을 대신하게 했다. 주호가 양주태수 유요(劉繇)에게 군사를 청해 제갈현을 공격하니, 제갈현은 물러나 서성(西城)에 주둔하였고, 주호는 남창으로 들어갔다. 건안 2년(197년) 정월, 서성의 백성들이 반란을 일으켜 제갈현을 죽이고, 그 머리를 유요에게 보냈다.

이 책(《헌제춘추》)에서 말하는 바는 본전(제갈량전)과 다르다.

2 《한진춘추(漢晉春秋)》에 이르길, 제갈량의 집은 남양(南陽)의 등현(鄧縣)에 있었다. 양양성 서쪽 20리 되는 곳으로 융중(隆中)으로 불렸다.

에 비유했지만, 당시 사람들은 그렇게 생각하는 자가 없었다. 오직 박릉군博陵郡의 최주평崔州平과 영천군潁川郡의 서서徐庶만이 제갈량과 사귀었는데, 정말로 그렇다고 이야기했다.³

---

3 《최씨보(崔氏譜)》에 의하면, 최주평(崔州平)은 태위(太尉) 최열(崔烈)의 아들이고 최균(崔均)의 동생이다.

《위략(魏略)》에 이르길, 제갈량은 형주(荊州)에 있었는데, 건안 초, 영천(潁川)의 석광원(石廣元, 즉 석도(石韜)), 서원직(徐元直, 즉 서서), 여남汝南의 맹공위(孟公威, 즉 맹건(孟建)) 등과 함께 유학遊學했다. 이 세 사람은 정통하고 능숙함에 힘썼으나 제갈량만 혼자 대체를 살폈다. 매번 새벽부터 조용하게 있으면서 늘 무릎을 끌어안고 앉아 길게 휘파람을 불곤 했다. 그는 세 사람을 평하여 말했다.

"경(卿) 세 사람이 벼슬에 나아가면 가히 자사(刺史)나 군수(郡守)에까지 오를 것이오."

세 사람이 제갈량은 어떠한지 묻자 다만 웃을 뿐 말하지 않았다. 그 뒤 맹공위가 고향을 그리워하며 북쪽으로 돌아가려 하자 제갈량이 말했다.

"중국(중원)에는 사대부가 많은데 하필이면 고향에서 노닐려고 하시오!"

신 송지의 생각으로는 《위략》의 이 말이 제갈량이 맹공위를 위해 한 것이라고 이야기하는 것은 맞는듯하지만, 만약 제갈량 자신을 위한 말을 겸한 것이라고 한다면 그것은 그의 진심에 이르지 못한 것이라 할 수 있다. 노자는 '남을 아는 것이 지혜라면 자신을 아는 것은 밝음(知人者智, 自知者明)'이라 했으니 무릇 현달(賢達)한 이들에게 있어서 진실로 이 두 가지는 반드시 겸하고 있어야 하는 것이다. 제갈량의 감식(鑒識)으로 어찌 스스로 자신을 헤아리지 못했겠는가? 무릇 높게 읊조리며 때를 기다릴 때 그의 마음이 말에서 나타나고 뜻과 기개를 드러냈으니, 이는 이미 처음부터 정해진 것이었다. 만약 중화(中華)를 거닐며 그 용광(龍光, 뛰어난 재주)을 펼쳤다면, 선비가 많다고 하여 어찌 막혀서 드러나지 않을 수 있었겠는가? 위씨(魏氏, 즉 위나라)에 몸을 맡겨 그 재능을 펼쳤다면 실로 진군(陳群)이나 사마중달(司馬仲達)도 서로 대항할 수 없었을 것인데, 하물며 그 나머지 무리들이랴! 공업을 이루고 도를 행하지 못하는 것을 근심하지 않으며, 비록 뜻이 우주처럼 넓었으나 끝내 북쪽을 향하지 않은 것은 수도가 이미 옮겨가고 한나라가 장차 기울어지려 하므로 바야흐로 종실의 인걸을 도와 미약해진 것을 흥하 그 당시 유비는 신야新野에 주둔하고 있었다. 서서가 유비를 만났는데, 유비는 서서를 중히 여겼다. 서서가 유비에게 말했다.

"제갈공명은 와룡臥龍입니다. 장군께서는 어떻게 그를 만나보기를 원하십니까?"[4]

유비가 말했다.

"그럼 당신이 데리고 오시지요."

서서가 말했다.

"이 사람은 가서 만날 수는 있어도 몸을 굽히고 오게 할 수는 없습니다. 장군께서는 마땅히 몸을 낮춰 그를 찾아가야만 됩니다."

이리하여 유비는 제갈량을 방문하러 갔는데, 모두 세 차례 찾아간 이후에 비로소 만났다. 그리고 옆에 있는 사람들을 물리고 말했다.

"한 왕실이 기울어지고 쇠퇴하자 간신들이 권력을 찬탈하여 황제는 몽진에 오르게 되었습니다. 저는 덕과 역량을 헤아리지 못하

게 하고, 끊어진 것을 잇고, 다시 원래 상태로 되돌리는 것을 자신의 소임으로 여겼기 때문일 것이다. 어찌 궁벽한 변경에서의 구구한 이익 때문이겠는가? 이는 사마상여(司馬相如)가 말한 바처럼 '봉황새와 대붕이 이미 멀리 날고 있는데, 사냥꾼은 여전히 늪과 못을 바라보고 있다'는 것이다.

맹공위의 이름은 건(建)이고 위나라에 있으면서 또한 귀하게 되었다.

4   《양양기(襄陽記)》에 이르길, 유비가 사마덕조(司馬德操, 사마휘)에게 세사(世事)에 관해 물으니 덕조가 말했다.

"유생(儒生) 속사(俗士)가 어찌 시무(時務)를 알겠습니까? 시무를 아는 자가 바로 준걸(俊傑)인데, 이런 준걸에는 복룡(伏龍)과 봉추(鳳雛)가 있습니다."

그들이 누구인지 유비가 묻자 덕조가 말했다.

"제갈공명(諸葛孔明)과 방사원(龐士元)입니다."

고 천하에 대의를 펼치려고 했지만, 지혜와 술책이 얕고 부족하여 마침내 실패하고 오늘에 이르렀습니다. 그러나 뜻만은 아직 버리지 않았으니, 어떻게 하면 좋을지 말씀해주십시오."

제갈량이 대답했다.

"동탁이 난을 일으킨 이래로 각지의 호걸들이 일제히 일어나 주州와 군郡에 할거하는 자는 헤아릴 수 없을 정도입니다. 조조는 원소에 비하면 명성은 미미하고 병력은 적었지만, 마침내 원소를 무찌르고 약자에서 강자가 될 수 있었던 까닭은 단지 천시天時 때문만이 아니라 사람의 지모에 의지했기 때문입니다. 지금 조조는 이미 백만 병력을 거느리고 천자를 끼고 제후들에게 호령하고 있으니挾天子而令諸侯, 이는 진실로 더불어 다툴 수 있는 일이 아닙니다. 손권은 강동을 지배한 지 벌써 삼대가 지났습니다. 나라는 험하고 백성들은 귀부하고 있으며, 현명하고 재능 있는 사람을 쓰고 있으니, 이는 의지할 수는 있지만 도모할 수는 없습니다.

형주는 북쪽으로는 한수와 면수에 인접해 있어 그 (경제적) 이익이 남해南海에까지 이르고, 동쪽으로는 오군吳郡, 회계군會稽郡과 연접해 있으며, 서쪽으로는 파군巴郡, 촉군蜀郡으로 통합니다. 이는 군사를 운용할 수 있는 전략적 요충지用武之國이지만 그곳의 주인 유표는 지킬 능력이 없습니다. 이것은 아마도 하늘이 장군에게 주는 것일 텐데, 장군께서는 취할 뜻이 있으십니까? 익주益州는 험하고 견고하지만, 옥토가 천 리나 되는 천부天府의 땅입니다. 한 고조 유방은 이곳을 기초로 하여 제업帝業을 이루었습니다. 그 땅의 주인인 유장劉璋은 어리석고 나약하고, 장로張魯가 북쪽을 차지하고 있는데, 인구가 많고 나라는 부유하지만 백성들을 보살피는 일을 알지 못하므로 지혜롭고 능력 있는 선비들은 현명한 군주를 얻기 원하고 있습니다.

　장군은 이미 황실의 후예이고 신의를 천하에 떨치셨으며, 영웅들을 한데 묶어 관할하시고 목마른 사람처럼 현인들을 생각하고 있습니다. 만일 형주와 익주를 차지하여 그 요충지를 지키고 서쪽으로는 각 융족戎族과 화목하게 지내고, 남쪽으로는 이월夷越을 안무하며, 밖으로는 손권과 화친을 맺고, 안으로는 정치에 힘쓰고, 천하에 변화가 생긴다면, 한 명의 상장上將에게 명하여 형주의 군대를 완현宛縣과 낙양으로 진군하도록 하고, 장군 자신은 익주의 병력을 이끌고 진천秦川으로 출격한다면, 백성들이 어찌 감히 단사호장(簞食壺漿, 대나무 그릇에 담은 밥과 호리병의 국)을 들고 장군을 환영하지 않겠습니까? 실로 이와 같이 한다면 패업은 성취될 것이고, 한 왕실은 부흥할 것입니다."

　유비가 말했다.

　"좋은 말입니다善!"

　이로부터 유비와 제갈량의 정은 나날이 깊어졌다. 관우, 장비 등이 기뻐하지 않았으므로, 유비는 그들에게 설명하며 말했다.

　"나에게 공명이 있는 것은 물고기가 물을 만난 것과 같은 것이다. 원컨대 그대들은 다시는 언급하지 마라."

　관우, 장비는 이에 그만두었다.[5]

　유표의 장남 유기劉琦 또한 제갈량을 매우 중히 여겼다. 유표는 후처의 말을 듣고 작은 아들 유종劉琮을 사랑하고 유기를 좋아하지 않았다. 유기는 매번 제갈량과 더불어 자신을 안전하게 할 방책을 상의하려고 했지만, 제갈량은 번번이 거절하고 함께 계획하지 않았

5　《위략(魏略)》에 이르길, 유비는 번성(樊城)에 주둔하고 있었다. 이때 조조가 바야흐로 하북(河北)을 평정하니 제갈량은 형주가 그 다음 차례로 적을 맞이할 것을 알았다. 그러나 유표는 성정이 느긋하고 군사에 밝지 못했다. 이에 제갈량은 북쪽으로 가서 유비를 만났다. 유비는 제갈량과 알던 사이가 아니었고 또 그의 나이가 어렸음으로 여러 유생 중 한 명으로 생각하고 그를 대했다. 모임이 끝난 후 빈객들이 모두 떠났으나 제갈량은 홀로 남아 있었는데, 유비 또한 그가 말하고자 하는 바를 묻지 않았다. 유비는 평소 결모(結毦, 짐승의 털이나 새의 깃으로 장식품을 짜는 것)하는 것을 좋아했는데, 때마침 어떤 이가 유비에게 소꼬리 털을 주었으므로 직접 손으로 짜고 있었다. 이에 제갈량이 나아가 말했다.

"명장군(明將軍)께서 방금 원대한 뜻이 있다고 밝히시더니 단지 결모하는 것뿐이었습니까!"

유비는 제갈량이 보통 사람이 아님을 알았다. 이에 짜던 것을 내던지고 대답했다.

"그게 무슨 말씀이오. 내 잠시 근심을 잊으려던 것뿐이오."

그러자 제갈량이 말했다.

"장군께서 헤아리기에 유진남(劉鎭南, 진남장군 유표)을 조조와 비교하면 어떻습니까?"

유비가 말했다.

"미치지 못하오."

제갈량이 또 말했다.

"장군 자신은 어떻다고 생각하십니까?"

유비가 말했다.

"나 또한 미치지 못하오."

제갈량이 말했다.

"지금 둘 다 미치지 못하고 장군의 군사는 수천 명에 불과한데도, 이들 군사로 적을 기다리는 것은 좋은 계책이라고 할 수 없습니다."

유비가 말했다.

"나 또한 이를 근심하고 있소. 지금 어찌해야 되겠소?"

제갈량이 말했다.

"지금 형주는 백성이 적은 게 아니라 호적에 실린 자가 적을 뿐인데 평소대로 징발하니 인심이 기뻐하지 않는 것입니다. 유표에게 말해 나라 안에 영을 내려 호적에 오르지 않은 유호(遊戶)를 모두 실제대로 호적에 올리게 하면 군사를 늘릴 수 있습니다."

다. 유기는 이에 제갈량을 데리고 후원을 노닐다가 함께 높은 누각에 올라 연회를 여는 사이에 사람들에게 사다리를 치우도록 하고 제갈량에게 말했다.

"오늘은 위로는 하늘에 닿지 않고 아래로는 땅에 닿지 않습니다. 말은 당신 입에서 나와 내 귀로 들어올 것입니다. 말씀하실 수 있습니까?"

제갈량이 대답하여 말했다.

"당신은 신생(申生, 춘추시대 진나라 헌공의 아들)이 나라 안에 있다가 위험하게 되었고, 중이(重耳, 진 문공)가 나라 밖에 있어 안전하게 된 것을 보지 못했습니까?"

유기는 문득 그 의미를 깨닫고 은밀히 밖으로 나갈 계획을 세웠다. 마침 강하江河 태수 황조黃祖가 죽었으므로 밖으로 나갈 수 있는 기회를 얻어 마침내 강하 태수가 되었다.

얼마 지나지 않아 유표가 세상을 떠났고, 유종은 조조가 정벌하러 온다는 소식을 듣고 사자를 보내 항복을 청했다. 유비는 번성에서 이 소식을 듣고 그의 부대를 이끌고 남쪽으로 갔다. 제갈량과 서

유비가 이 계책에 따르니 마침내 그 군대가 강성해졌다. 이로 말미암아 유비는 제갈량의 뛰어난 지략을 알게 되었고, 그를 상객으로 예우했다. 《구주춘추》에서 이야기하는 바도 또한 이와 같다.

신 송지가 보건대, 제갈량이 출사표에서 "선제께서 신을 비루하다 여기지 않고 외람되게도 친히 몸을 낮추시어 신의 초려를 세 번 방문하시고 당세의 일을 물으셨다"고 했으니, 제갈량이 먼저 유비를 찾아간 것이 아니라는 것은 분명하다. 비록 듣고 본 것을 다르게 말하는 것이 여기저기서 생겨났다 하더라도, 그 어긋나고 위배되는 점이 이 정도에 이르니 또한 실로 괴이한 일이라 할 것이다.

서가 함께 따랐지만, 조조의 추격을 받아 패하고 서서의 어머니가 포로가 되었다. 서서는 유비에게 이별을 고하며 자신의 가슴을 가리키며 말했다.

"본래 장군과 함께 왕패지업王霸之業을 도모하려고 했던 것은 바로 이 조그만 마음方寸之地이었습니다. 지금 이미 노모를 잃어 마음이 혼란스러워 일에 보탬이 되지 않으니 여기서 작별을 청합니다."

그리고 조조가 있는 곳으로 갔다.[6]

유비가 하구夏口에 이르자 제갈량이 말했다.

---

6 《위략》에 이르길, 서서(徐庶)의 원래 이름은 복(福)이고, 본래 한미한 집안 출신으로 어려서 임협(任俠)과 격검(擊劍)을 좋아했다. 중평(中平, 184~189년) 말, 일찍이 다른 사람을 위해 원수를 갚고는 얼굴에 회를 칠하고 머리를 흩트린 채 달아나다 관원에게 붙잡혔는데, (관원이) 그의 이름을 물어도 입을 닫고 말하지 않았다. 이에 관원이 그를 수레에 태우고 기둥에 묶고는 북을 치며 저잣거리를 돌아다녔으나 감히 그를 식별하는 자가 없었다. 그러다가 그의 도당들이 모여 그를 감옥에서 탈취하여 풀어주어서 거기서 벗어날 수 있었다. 이에 감격하여 칼과 창을 버리고 허름한 두건에 홑옷을 입고 학문으로 뜻을 바꾸었다. 처음 정사(精舍)에 나갔을 때 여러 유생들은 그가 예전에 도적질했다는 것을 듣고 그와 함께하려 하지 않았다. 이에 서복은 몸을 낮추어 아침에 일찍 일어나고 늘 홀로 청소하며 사람들의 뜻을 헤아려 행동하고, 경학을 배우고 익혀 그 뜻과 이치에 정통하게 되었다. 이윽고 같은 군(郡) 출신인 석도(石韜)와 서로 친하게 되었다. 초평(初平, 190~193년) 연간에 중원에 전란이 일자 석도와 함께 남쪽의 형주로 내려가 객이 되었다. 도착한 후 또한 제갈량과 특별히 친하게 지냈다. 형주가 조조에게 투항하자 공명은 유비를 따라갔고, 서복은 석도와 함께 북쪽으로 왔다. 황초(黃初, 220~226년) 연간에 석도는 군수, 전농교위(典農校尉)를 역임했고 서복의 관직은 우중랑장(右中郞將), 어사중승(禦史中丞)에 이르렀다. 대화(大和, 227~232년) 연간, 제갈량이 농우(隴右)로 출병했을 때 서서와 석도의 벼슬이 이 같음을 듣고 탄식하며 말했다.

"사태가 긴급합니다. 청컨대 명을 받들어 손 장군(손권)에게 구원을 요청하도록 해주십시오."

그 당시 손권은 군대를 모아 시상柴桑에 있으면서 싸움의 성패를 관망하고 있었다. 제갈량이 손권을 설득하여 말했다.

"천하가 혼란스러워지자 장군께서는 병사를 일으켜 강동을 차지하였고, 유예주유비 또한 한수 이남에서 군대를 모아 조조와 함께 천하를 다투었습니다. 지금 조조는 난적을 제거하고 대략 평정을 끝내고, 이어 형주를 격파하여 위세를 사해에 떨치고 있습니다. 영웅이 용병할 땅이 없기 때문에 유예주께서는 도피하여 이곳에 이른 것입니다. 장군께서는 역량을 헤아려서 이 사태에 대처하셔야 합니다. 만일 오, 월의 병력으로 중원과 대항하려면 빨리 국교를 단절하는 것만 못하고, 만일 능히 당해낼 수 없다면 무엇 때문에 무기와 갑옷을 내려놓고 북쪽을 향해 신하라 칭하며 섬기지 않습니까! 지금 장군은 겉으로는 복종한다는 명목을 내세우고 있지만, 내심으로는 미루어놓은 계책을 여전히 간직하고 있습니다. 사태가 위급한데도 결단을 내리지 않는다면 재앙은 머지않아 곧 닥칠 것입니다."

손권이 말했다.

"만일 그대의 말과 같다면, 유예주는 무엇 때문에 끝내 조조를 섬기지 않는 것이오?"

제갈량이 말했다.

"전횡田橫은 제나라의 장사壯士일 뿐인데 절조를 지켜 굴욕을 당하지 않았습니다. 하물며 유예주는 왕실의 후예이며 걸출한 재능은 세상을 덮었고, 많은 선비들이 우러러 흠모하는 것은 물이 바다로 흘러가는 것 같은데, 만일 일이 성공하지 못한다면 이것은 곧 하늘의 뜻인 것입니다. 어찌 다시 조조의 신하가 될 수 있겠습니까!"

손권은 발끈 화를 내며 말했다.

"나는 오의 땅 전부와 10만 병사를 바치고 다른 사람의 통제를 받을 수는 없소. 나의 생각은 결정되었소. 유예주가 아니면 조조를 감당할 수 있는 자가 없지만, 유예주는 막 패한 이후이니 어떻게 지금의 어려움을 막아낼 수 있겠소?"

제갈량이 말했다.

"유예주의 군대는 비록 장판長阪에서 패배했지만, 현재 군대로 돌아온 병사와 관우의 수군 정예 병사 만 명이 있습니다. 강하에 모인 유기의 병사들 또한 만 명보다는 적지 않을 것입니다. 조조의 군대는 먼 길을 왔으므로 피곤하고 지쳐 있습니다. 듣건대 유예주를 추격하느라 날랜 기병이 밤낮으로 300여 리를 달려왔다고 합니다. 이것은 이른바 '강궁으로 쏜 화살도 끝에 가서는 노나라의 비단조차 뚫을 수 없다'는 것과 같습니다. 이 때문에 병법에서는 이와 같이 하는 것을 꺼리며, '반드시 상장군을 꺾이게 한다'라고 했습니다. 그리고 북방 사람들은 수전水戰에 익숙하지 못하고, 또 형주의 백성들이 조조에게 붙은 것은 병력의 기세에 압박당한 결과이지 마음으로 복종하는 것은 아닙니다. 지금 장군께서 진실로 용맹한 장수에게 명하여 수만 명의 병사를 인솔하도록 하고, 유예주와 한마음으로 협력한다면 틀림없이 조조의 군대를 격파시킬 수 있을 것입니다. 조조는 군대가 격파되면 틀림없이 북쪽으로 돌아갈 것이고, 이와 같이 되면 형주와 오의 세력이 강대해져 정족지형(鼎足之形, 삼자가 정립하는 상황)을 이루게 될 것입니다. 성공과 실패의 관건은 오늘에 달려 있습니다."

 손권은 매우 기뻐하며 즉시 주유周瑜, 정보程普, 노숙魯肅 등 수군 3만 명을 파견하여, 제갈량을 따라 유비가 있는 곳으로 가서 힘을 합쳐 조조에게 대항하도록 했다.[7] 조조는 적벽赤壁에서 패하고 군대를 이끌고 업鄴으로 돌아갔다. 유비는 마침내 강남을 접수하고, 제갈량을 군사중랑장으로 삼아 영릉零陵, 계양桂陽, 장사長沙 세 개 군을 관리하도록 하였으며, 그 부세를 거두어 군수물자를 충실하게 했다.[8]

 건안 16년(211년), 익주목 유장이 법정을 보내 유비를 영접하고,

7　《원자(袁子)》에 이르길, 장소(張昭)가 손권에게 제갈량을 추천했으나 제갈량은 머물기를 거절했다. 어떤 이가 그 까닭을 묻자 제갈량이 말했다.
 "손 장군은 가히 사람의 주인(人主)이라 할 수 있소. 그러나 그 도량을 보면 나를 어질게 대할 수는 있으나 내 기량을 다하게 할 수는 없으니, 이 때문에 나는 머물 수 없소."
 신 송지가 보건대, 원효니(袁孝尼,《원자》를 지은 원준(袁準))는 글을 짓고 논리를 세우면서 제갈량의 사람됨을 매우 중시했는데, 이렇게 말한 것에 이르러서는 잘못 이해하여 사실과 너무 어긋났다고 할 수 있다. 제갈량은 군신의 만남을 세상에 드문 일로 여겼고 죽어서야 비로소 나누어질 수 있다고 보았는데, 누가 그 틈에 끼어들 수 있었겠습니까? 어찌 도중에 쇠를 자를 만큼 단단한 신의를 거슬러 주인을 고르는 마음을 품었을 것이며, 설령 손권이 그 기량을 다하게 했더라면 그 거취를 뒤집었겠습니까? 제갈량의 몸가짐과 행동에 어찌 그런 일이 있을 수 있단 말입니까! 관우는 조조에게 사로잡혀 극심한 후대를 받아 가히 그 쓰임을 다할 수 있게 되었다고 할 수 있었지만, 오히려 그의 의리는 근본을 저버리지 않았는데, 어찌 공명이 관우만도 못하단 말입니까!

8　〈영릉선현전(零陵先賢傳)〉에 이르길 제갈량이 이때 임증(臨烝)에 머물렀다.

장로를 공격하도록 했다. 제갈량은 관우와 형주를 지키고 있었다. 유비는 가맹葭萌에서 돌아와 유장을 공격했고, 제갈량은 장비, 조운 등과 군사를 이끌고 장강을 거슬러 올라가면서 각각 군현을 나누어 평정한 후 유비와 함께 성도를 포위했다. 성도가 평정되자, 제갈량을 군사장군軍師將軍으로 임명하고, 좌장군부(左將軍腑, 그 당시 유비는 좌장군이었음)의 일을 대행하도록 했다. 유비가 밖으로 출정할 때, 제갈량은 항상 성도에 남아 지키면서 식량과 군사물자를 충분하게 했다.

건안 26년(221년), 신하들이 유비에게 황제를 칭할 것을 권했지만, 유비는 허락하지 않았다. 제갈량이 권유하며 말했다.

"옛날 오한吳漢, 경감耿弇 등이 처음 세조(후한 광무제)에게 제위에 즉위할 것을 권하자, 세조가 사양한 것이 앞뒤로 네 번쯤 됩니다. 그러자 경순耿純이 '천하의 영웅들이 매우 우러르며 흠모하는 것은 바라는 바가 있기 때문입니다. 만일 여러 사람의 의견을 따르지 않는다면, 사대부들은 각자 돌아가 주인을 찾아가 공을 따르지 않게 될 것입니다'라고 진언했습니다. 세조는 경순의 말에 심오한 이치가 있다고 느끼고 마침내 승낙을 했습니다. 지금 조조가 한조를 찬탈하고, 천하에 주인이 없게 되었습니다. 대왕께서는 유씨의 피붙이로서 그 세계世系를 계승하려고 일어났으므로 지금 제위에 오르시는 것이 마땅합니다. 사대부들이 대왕을 따라 오랫동안 부지런히 힘쓴 것 또한 경순의 말처럼 작은 공훈을 얻고자 하는 것입니다."

유비는 이리하여 황제의 자리에 올랐고, 제갈량을 승상으로 임명하는 책서에서 이렇게 말했다.

"짐은 황실의 불행을 만나 삼가 대통을 이어 받고 전전긍긍하면서 감히 편안함을 꾀하지 않고 백성들을 편안하게 하고자 하나 능히 그러지 못할까 걱정하고 있다. 오호라! 승상 제갈량은 짐의 뜻을 이해하고 나태함이 없이 짐의 결점을 보좌하여 짐을 도와 한실의 빛을 다시 밝힘으로써 천하를 비추도록 하는 데 힘쓰라."

그리고 제갈량으로 하여금 승상의 신분으로 녹상서사錄尙書事를 겸임하게 하고 부절을 수여했다. 장비가 죽은 후, 사예교위司隸校尉를 겸임했다.⁹

9 《촉기》에 이르길 진나라 초 부풍왕(扶風王) 사마준(司馬駿)이 관중에 진주할 때, 사마 고평(高平) 사람 유보(劉寶), 장사(長史) 형양(滎陽) 사람 환습(桓隰) 등 여러 관속 사대부들이 제갈량에 대해 함께 논했다. 이때 논의하는 자들 다수는 '제갈량이 잘못된 곳에 몸을 맡겨 촉 백성들을 수고롭게 했으며, 힘은 적은데 계획만 거창했으니 자신의 덕과 역량을 헤아리지 못했다'고 비난했다. 금성(金城) 사람 곽충(郭沖)은 '제갈량의 임기응변의 지혜와 뛰어난 지략이 관중, 안영을 넘어서지만 공업(功業)을 이루지 못해 논자들이 미혹되었다'고 하며, 세상에 알려지지 않은 제갈량의 관한 다섯 가지 일을 조목조목 제시하자 유보 등 또한 다시 반박하지 못했다. 부풍왕은 개연히 곽충의 말이 옳다고 하였다.

신 송지가 보건대, 제갈량의 남다른 훌륭함이라면 실로 듣고 싶은 바이나, 곽충이 말한 바는 사실 모두 의심스럽습니다. 삼가 다섯 가지 일에 대해 다음과 같이 비판하려 합니다.

곽충이 말한 첫 번째 일은 이렇다.

제갈량의 형법(刑法)이 지나치게 준엄하고 백성을 각박하게 다루어서 군자부터 소인에 이르기까지 모두 원망하고 한탄했다. 법정이 간언했다.

"옛날 고조(유방)께서 관중에 들어와 약법삼장(約法三章)을 발표하자 진(秦)나라 백성들이 그 덕을 알았습니다. 지금 그대는 위력(威力)을 빌려 한 주(州)를 차지하고 처음 그 나라를 갖게 되었으면서도 은혜로 위무하지 않고 있습니다. 또한 주인과 손님의 의리로 보아도 의당 서로 낮추어야 하니, 원컨대 형(刑)을 느슨하게 하고 금령을 풀어 그들의 원망을 달래십시오."

제갈량이 대답했다.

"그대는 하나만 알고 둘은 모르시오. 진(秦)이 무도하고 정치가 가혹해 백성들이 원망하니 필부의 함성에 천하의 땅덩어리가 무너져 내렸고, 고조가 이로 인하여 널리 구제할 수 있었소. 유장(劉璋)은 암약(暗弱)하고 유언(劉焉) 이래 누대에 걸쳐 은혜가 있었지만, 문치와 법치가 서로 얽혀 있어 서로를 받들고 따르니, 덕정(德政)도 이루어지지도 못하고 위엄 있는 형벌도 엄숙하게 집행되지 못했소. 촉 땅의 인사들이 권력을 마음대로 휘두르고 스스로 방자하게 되자 군신의 도가 점차 쇠퇴하게 된 것이오. 지위로써 총애하니 지위가 극에 다다르면 업신여기게 되고, 은혜로써 따르게 하니 은혜가 고갈되면 게을러졌소. 폐단은 실로 여기서 비롯된 것이오. 나는 이제 법으로서 위엄을 세울 것이니 법이 행해지면 은혜로움을 알 것이고, 작위로써 제한을 둘 것이니 작위가 더해지면 영예로움을 알 것이오. 영예로움과 은혜로움이 고루 갖추어지면 상하가 절도가 있게 되니, 다스림의 요체는 바로 여기서 드러나게 될 것이오."

배송지는 이렇게 비판한다.

법정이 살아 있을 때는 유비가 죽기 전이었음을 생각하면, 여기서 법정이 간언했다고 말하는 것은 유비가 있을 때의 일이다. 제갈량의 직분은 주요 측근(股肱)일 뿐이고, 일은 우두머리인 유비에게 귀속되는 것이다. 또한 유비가 살아 있을 때 제갈량은 익주를 다스리지 않았으니 포상과 형벌은 그에게서 나온 것이 아니었다. 그러나 곽충이 서술한 제갈량의 답변에 따르면, 오로지 자신에게 그럴 능력이 있다고 하는데, 이는 신하된 사람이 스스로 처해야 할 도리에 위배되는 것이다. 제갈량의 겸순(謙順)한 몸가짐으로 볼 때 분명 그러하지는 않았을 것이다. 또한 제갈량의 형법이 지나치게 준엄하고 백성을 각박하게 다루었다고 하는데, 선정(善政)을 두고 각박(刻剝)이라 칭하는 것은 일찍이 들어보지 못했다.

곽충이 말한 두 번째 일은 이렇다.

조조가 자객을 보내 유비를 만나게 했다. 바야흐로 서로 마주하여 위나라를 정벌하는 형세에 관해 논하기 시작하자 유비가 생각하는 것과 딱 들어맞았다. 자객이 좀 더 가까이 가려 했으나 좀처럼 기회를 얻지 못했다. 이윽고 제갈량이 들어오자 위나라 자객의 안색에 당황한 빛이 드러났다. 이로 인해 제갈량은 그를 관찰하고 보통 인물이 아님을 알게 되었다. 얼마 후 자객이 측간에 가자 유비가 제갈량에게 말했다.

"조금 전에 뛰어난 선비(奇士)를 얻었으니 족히 그대를 도와 보좌할 만하오."

제갈량이 그의 소재를 묻자 유비가 말했다.

"일어서 나간 이가 그 사람이오."

제갈량이 천천히 탄식하며 말했다.

"객(客)의 안색과 거동을 살펴보니 두려워하는 표정으로 시선을 아래로 깔고 장무 3년(223년) 봄, 유비는 영안永安에서 병세가 위중해지자 성도에서 제갈량을 불러와 후사를 부탁했다. 유비는 제갈량에게 말했다.

"그대의 재능은 조비의 열 배에 이르니, 틀림없이 국가를 안정시킬 수 있을 것이고 끝내는 대업을 완성시킬 수 있을 것이오. 만일 내 아들이 보좌할 만한 사람이라면 보좌하고, 만일 그가 재능이 없다면 그대가 스스로 취해도 좋소."

제갈량이 눈물을 흘리며 말했다.

"신은 결연히 온 힘股肱之力을 다하고, 충정忠貞의 절개를 다하여 이를 죽을 때까지 계속하겠나이다."

유비는 또 조서를 내려 후주 유선에게 말했다.

"너는 승상과 함께 일을 처리하고, 그를 아버지처럼 섬겨라."[10]

건흥建興 원년(223년), 유선은 제갈량을 무향후武鄕侯로 봉하고, 승

자주 눈길을 피했습니다. 간사한 형상이 밖으로 드러나고 사악한 마음이 안에 숨겨져 있으니 반드시 조씨(曹氏)의 자객입니다."

그를 추격했으나 이미 담을 넘어 달아난 뒤였다.

비판하여 말한다. 무릇 자객은 맨손으로 범을 때려잡고 황하를 걸어서 건너며, 죽을지언정 후회하지 않는 사람이다. 유비에게는 사람을 알아보는 안목이 있는데 이 자객에게 미혹되었으니 이 자객은 필시 일세의 뛰어난 선비(奇士)일 것이다. 또한 제갈량에게 이르길, '족히 그대를 도와 보좌할 만하다'고 했으니 또한 제갈량에 버금가는 인물이라 할 수 있을 것이다. 무릇 제갈량에 견줄 만한 인물이 남을 위해 자객이 되는 것은 드문 일이고, 이때 그의 주인 또한 응당 그 기량을 아꼈을 것이니 분명 사지(死地)에 던져 넣지는 않았을 것이다. 게다가 이 사람은 죽지 않았으니 위나라에서 반드시 지위와 이름을 드날려야 했을 텐데, 도대체 이 사람이 누구인가? 어찌 이처럼 아무런 흔적도 없고 알려지지도 않았겠는가!

상부를 세워 정무를 처리하도록 했다. 오래지 않아 또 익주목을 겸임하게 했다. 정사는 크고 작은 것을 가리지 않고 모두 제갈량이 결정했다. 남중(南中)의 여러 군이 일제히 반란을 일으켰지만, 제갈량은 방금 국상을 당했기 때문에 곧바로 병사를 파견하지 않았다. 또 오에 사자를 파견하여 화친을 맺고 이윽고 동맹국이 되었다.[11]

10   손성(孫盛, 《위씨춘추》의 작자)이 말했다.

"무릇 도의(道義)에 의거하고 행동에는 진심으로 믿고 따름이 있은 연후에 능히 군주를 돕고 공을 이루어 끝내 대업을 이룰 수 있는 것이다. '바둑을 둘 때 둘 곳을 미리 정하지 않으면 상대를 이길 수 없다'는 말이 있다. 하물며 군주의 재주가 없는지를 헤아려 절의를 바꾼다면 어찌 강한 이웃을 꺾어 복종시키고 사해를 차지할 수 있겠는가? 유비가 제갈량에게 명한 것은 어지러움이 어찌 이리도 심할까! 세간에는 '유비가 맡겨 부탁하는 정성을 보여주고 또한 촉인들의 뜻을 하나로 하기 위해서였다'고 말하는 사람도 있다. 군자는 말한다. 그것은 그렇지 않다. 만약 부탁받은 이가 충현(忠賢)한 자라면 이런 가르침은 필요도 없고, 만약 그런 사람이 아니라면 찬역의 길로 인도하는 것이니 마땅하지도 않다. 이 때문에 옛날에 임금이 신하에게 뒷일을 부탁할 때에는 반드시 유익한 말을 남겼다. 거짓으로 속이는 말은 자식을 부탁(託孤)할 때 할 말이 아니다. 다행히 유선이 어리석고 나약했으며 시기하고 음험한 성격이 아니었기에 제갈량은 위엄과 책략으로 족히 이단(異端)을 단속하고 막아낼 수 있었고, 이런 연유로 서로 다른 마음이 (유선) 자신에게서 비롯되지 않았을 뿐이다. 만약 그렇지 않았다면 아마도 의심의 틈이 생겨 제멋대로 하는 허물이 생겼을 것이다. 이를 일러 권세를 부린다고(爲權) 하니 또한 미혹된 일이 아닌가!"

11   《제갈량집》에서 이르길, 이 해, 위(魏)의 사도 화흠(華歆), 사공 왕랑(王朗), 상서령 진군(陳群), 태사령 허지(許芝), 알자복야 제갈장(諸葛璋)이 각각 제갈량에게 서신을 보내어 천명과 인간사(人事)를 설명하며 나라를 바치고 속국이 되라고 했다. 제갈량은 답장을 보내지 않고 마침내 〈정의(正議)〉를 지어 말했다.

"옛날 항우는 덕으로부터 일어서지 않아 비록 화하(華夏, 즉 중원)에 거처하고 제왕의 위세를 손에 쥐었으나 끝내 탕확(湯鑊, 죄인을 끓여 죽이기 위한 가마솥)에 넣어 건흥 3년(225년) 봄, 제갈량은 군대를 이끌고 남정하여,[12] 그해 가을 전부 평정시켰다. 군수물자가 여기서 나왔으므로 국가는 이로 인해 부유하고 넉넉해졌다.[13] 그래서 군대를 정비하고 무예를 강습

져 영원토록 후대의 경계가 되었다. 위나라는 이를 살펴 본받지 않고 이제 그 뒤를 따르려고 한다. 요행히 자신은 화를 면한다 하더라도 자손들에게는 경계하게 해야 할 것인데, 오히려 몇몇 사람들이 각각 기애(耆艾, 耆는 60, 艾는 50세, 즉 노인을 의미)의 나이에 거짓된 말을 받들어 서신을 보내왔다. 마치 진숭(陳崇)과 장송(張竦)이 왕망(王莽)의 공을 칭송한 것과 같으니 장차 큰 화가 닥치면 어찌 모면하려는가! 옛날 광무제 유수께서 한나라 제업을 중흥하실 때, 피로한 병사 수천을 분발시켜 왕망의 강병 40여 만을 곤양(昆陽) 교외에서 꺾었다. 무릇 정도에 의거하여 방탕한 적을 토벌하는 것은 인원의 많고 적음에 달려 있는 것이 아니다. 조조 대에 이르면 속임수만 뛰어난 능력을 가지고 수십만 군사를 이끌고 양평(陽平)에서 장합(張郃)을 구원했으나, 세가 궁하게 되자 후회하다 겨우 자신의 몸만 빠져 나와 그 정예 병사들을 욕되게 했고, 마침내 한중 땅을 잃고서야 신기(神器, 국가 정권을 대표하는 물건)는 망령되이 빼앗을 수 없음을 깊이 깨닫고 군을 돌려 돌아가다 미처 도착하지 못하고 피로워하다가 죽었다. 조비는 음일(淫逸)하여 조조를 이어 황위를 찬탈했다. 설령 두세 명의 늙은이에게 소진, 장의의 정도에서 벗어난 편향된 말을 맘대로 하게 내버려둘지라도, 그것은 환두(驩兜, 요순 때 4대 악인 중 하나)가 하늘에 이를 정도의 허황된 말로 요임금을 무함함으로써 우(禹)와 후직(后稷)을 조롱하며 갈라놓고자 한 말을 받드는 것이니, 이른바 글재주를 헛되이 쓰고 필묵을 번거롭게 한 것일 따름이다. 이런 것은 대인과 군자가 할 바가 아닌 것이다. 또한《군계(軍誡)》에서 이르길 '만 명이 죽음을 각오하면 천하를 횡행(橫行)할 수 있다'고 하고, 옛날 헌원씨(軒轅氏, 황제(黃帝))는 수만의 군사를 정비해 사방을 제압하고 해내를 평정했다. 하물며 (우리는) 수십만 군사로 정도(正道)에 의거해 죄 있는 자들을 치려 하니, 이를 막아낼 수 있으리라 생각하는가!"

12 《조서(詔書)》를 내려 제갈량에게 부월(鈇鉞) 1구(具), 곡개(曲蓋, 대가 굽은 일산) 하나, 우보(羽葆, 새 깃으로 장식된 일산)와 고취(鼓吹, 취주악대) 각 1부, 호분(虎賁, 숙위군) 60인을 하사했다. 이 일은《제갈량집》에 나와 있다.

함으로써 크게 군사를 일으킬 때를 기다렸다.

건흥 5년(227년), 군사들을 이끌고 북쪽 한중에 주둔했는데, 출병에 임하여 상소(〈출사표〉를 말함)를 올려 말했다.

13 《한진춘추》에 이르길, 제갈량이 남중(南中)에 도착해 싸울 때마다 크게 이겼다. 맹획(孟獲)이라는 자에게 이인(夷人)과 한인(漢人)이 복종한다는 말을 듣고 그를 사로잡아 오도록 했다. 그를 붙잡은 후, 영진(營陳) 안을 살펴보게 하고는 그에게 물었다.

"우리 군이 어떻소?"

맹획이 대답했다.

"이전에는 허실을 몰랐기 때문에 패했소. 지금 허락을 받고 영진을 살펴보니 만약 이 정도라고 하면 쉽게 이길 수 있겠소."

제갈량이 웃으며 그를 풀어주어 다시 싸웠다. 일곱 번 풀어주고 일곱 번 사로잡았는데(七縱七禽), 제갈량은 여전히 맹획을 보내주려 했다. 맹획이 떠나지 않으며 말했다.

"공은 하늘의 위엄을 지닌 분이니, 남인(南人)들은 다시는 배반하지 않겠습니다."

마침내 전지(滇池, 익주군 전지현)에 이르게 되었다. 남중이 평정되자 모든 곳에 그곳의 우두머리(渠率, 현지 군장)들이 그곳을 다스리게 했다. 어떤 이가 제갈량에게 간언하자 제갈량이 말했다.

"만약 외지인(한인)을 남겨두면 응당 병사도 남겨야 하는데, 병사를 남기면 먹을 것이 없으니 이것이 첫 번째 쉽지 않은 점이오. 게다가 이인(夷人)들은 이제 막 패배하여 그 부형(父兄)들이 죽었는데, 외지인들이 남아 있으면서 군사가 없으면 필시 재앙과 우환이 될 것이니 이것이 두 번째 쉽지 않은 점이오. 또한 이인들은 여러 차례 폐살(廢殺)할 죄를 지었지만 자신들은 죄가 중하다는 것에 불만이 있으니, 만약 외지인을 남겨두면 끝내 서로 믿지 못하게 될 것이니 이것이 세 번째 쉽지 않은 점이오. 내가 지금 군사를 남기지 않고자 한 것은 군량을 운송할 필요를 없애기 위함이고, 기강을 대략적으로만 정한 것은 이인과 한인들이 대체로 편안하게 지낼 수 있게 하기 위함이오."

"선제께서는 창업하시고 절반도 이루지 못하고 중도에 붕어하셨습니다. 지금 천하는 셋으로 분열되고, 익주는 피폐해졌으니 이는 진실로 존망이 걸린 위급한 때입니다. 그러나 안으로는 폐하를 가까이 모시는 신하들이 게으름을 피우지 않고, 밖으로는 충실한 장수들이 궁궐 밖에서 자신의 몸을 돌보지 않고 노력하고 있습니다. 이것은 아마도 선제의 각별한 은총을 추모하여 폐하께 보답하려는 것입니다. 폐하께서는 진실로 신하들의 의견을 널리 들어 선제에서 남긴 덕을 빛내고, 뜻있는 선비들의 사기를 진작시켜야지, 공연히 자신을 비하하고 잘못된 비유를 인용하여 충간할 길을 막아서는 안 됩니다. 궁중과 부중이 일체가 되어 상 주고 벌주는 데 서로 차이가 있어서는 안 됩니다. 만일 간사한 일을 저지르고 법령을 범한 자와 충성스럽고 착한 일을 한 자가 있다면 응당 해당 관원에 맡겨 그 형벌과 상을 논하도록 하여 폐하의 공평하고 밝은 원칙을 밝혀야지, 사사로운 정에 치우쳐 안팎으로 법률이 다르게 해서는 안 됩니다.

시중侍中, 시랑侍郎인 곽유지郭攸之, 비위費禕, 동윤董允 등은 모두 선량하고 착실하며, 뜻과 생각이 충실하고 순수합니다. 이 때문에 선제에서 발탁하여 폐하께 남겨주셨습니다. 어리석은 저의 생각으로는, 궁중의 일은 크고 작음에 상관없이 모두 이들에게 물어본 후 시행하면, 반드시 과실이나 부족한 점을 보완할 수 있어 보탬이 되는 바가 클 것입니다. 장군 향총向寵은 성격이나 행동이 맑고 한결같으며, 군사軍事에 두루 밝아 옛날에 선제께서 시험 삼아 써보시고는 그를 유능하다고 칭찬하셨고, 이 때문에 여러 사람들의 의견에 따라 향총을 천거하여 독督으로 삼으셨던 것입니다. 제 생각으로는 군대

안의 일은 모두 이 사람과 상의한다면 틀림없이 화목함을 행하고 베풀어 우수한 자와 열등한 자가 제자리를 찾을 수 있게 할 것입니다.

어진 신하를 가까이 하고 소인을 멀리하는 것, 이것이 전한이 흥성한 원인이며, 소인을 가까이 하고 어진 사람을 멀리 한 것, 이것이 후한이 기울고 쇠퇴한 이유입니다. 선제께서 살아계실 때, 매번 신과 이 일을 논하시면서 후한 말의 환제桓帝와 영제靈帝에 대하여 탄식하고 통한해 하지 않은 적이 없었습니다. 시중, 상서, 장사長史, 참군參軍은 모두 곧고 훌륭한 사람들로 절개를 위해 목숨을 바칠 수 있는 신하들입니다. 원컨대 폐하께서 그들을 친하게 하고 믿으신다면 한 왕실의 융성은 날을 헤아리며 기다릴 수 있을 것입니다.

신은 본래 포의布衣의 신분으로 남양南陽에서 몸소 밭을 갈며, 진실로 난세에 구차하게 생명을 보존할 뿐 제후에게 가서 명성을 구하려고 하지 않았습니다. 선제께서는 신을 비루하다고 생각지 않으시고 외람되게도 몸소 몸을 굽히고 세 번이나 신의 오두막으로 찾아오셔서, 저에게 당세의 상황을 물으셨습니다. 이 일로부터 감격하여 마침내 선제께 있는 힘을 다하여 노력할 것을 약속했습니다. 후에 (형주)가 넘어가고 (장판의 싸움에서) 패배하였을 즈음 중임을 맡은 이래 위급하고 어려울 때마다 명을 받들었는데, 그로부터 21년이 지났습니다.[14]

---

14   신 송지가 보건대, 유비는 건안 13년(208년)에 패하고 제갈량을 오(吳)에 사자로 보냈다. 제갈량이 건흥 5년(227년)에 북벌의 표를 올렸으니, 당양의 패배, 즉 208년으로부터 이때까지는 20년이 된다. 그러한 즉 유비가 처음 제갈량과 서로 만난 것은 패하기 1년 전(즉 207년)이다.

선제께서는 신의 신중함을 아셨기 때문에 임종할 때 신에게 대사를 맡기신 것입니다. 명을 받은 이래, 밤낮으로 걱정하고 탄식하며 선제께서 부탁하신 일을 이루어내지 못하여 선제의 밝음을 손상시키게 될까 두려워하였고, 그 때문에 5월에 노수瀘水[15]를 건너 불모의 땅에 깊숙이 들어간 것입니다. 지금 남방은 이미 평정되었고, 군대와 무기도 이미 풍족하므로 마땅히 삼군三軍을 거느리고 북쪽으로 나가 중원을 평정해야 할 것입니다. 바라는 것은 우둔한 재능을 다하여 간흉들을 제거하고 한 왕실을 다시 일으켜 옛 도읍지로 돌아가는 것입니다. 이것이 신이 선제께 보답하고 폐하께 충성하는 직분이기 때문입니다.

이익과 손해를 헤아려 나아가 충언을 다하는 것은 곽유지, 비의, 동윤의 책임입니다. 원컨대 폐하께서는 신에게 적을 토벌하여 한 왕실을 부흥시킬 공적을 맡겨 주십시오. 만일 공적을 이루지 못한다면 신의 죄를 다스려 선제의 영전에 고하십시오. 만일 덕을 흥성시키는 충언이 없다면 곽유지, 비의, 동윤 등의 태만함을 질책하여 그 허물을 분명히 하십시오. 폐하께서도 또한 마땅히 스스로 모색하시어 신하들에게 치국의 좋은 방도를 자문하고 바른 말을 살펴 받아들이면서 선제의 유언을 깊이 되새기십시오. 신은 큰 은혜를 받고 감격함을 이기지 못하고 있습니다. 이제 멀리 떠나려 하며 표表를 올리니 눈물이 앞을 가려 말할 바를 모르겠습니다."

15　《한서》〈지리지〉에 의하면, 노유수(瀘惟水)는 장가군(牂牁郡) 구정현(句町縣)에서 나온다.

그리고 출발하여 면양(沔陽)에 주둔했다.16

16 곽충이 말한 세 번째 일은 이렇다.

제갈량은 양평(陽平)에 주둔하고, 위연(魏延)을 보내 군사들과 함께 동쪽으로 내려가게 하고는, 제갈량은 단지 만 명을 남겨 성을 지키고 있었다. 진(晉) 선제(宣帝) 사마의가 20만 군사를 이끌고 제갈량을 막았는데, 위연군과 길이 엇갈려 곧바로 전진하여 제갈량으로부터 60리 떨어진 곳에 이르렀다. 척후병이 사마의에게 보고하길, 제갈량이 성안에 있으며 군사가 적어 싸울 수 있는 힘이 미약하다고 말했다. 제갈량 또한 사마의가 거의 당도하여 이미 서로 가까이 있음을 알고 위연군을 향해 나아가려 했으나, 서로 멀리 떨어져 있어 되돌려 다시 추격하려고 해도 세가 서로 미치지 못하니 장졸들이 놀라 얼굴빛이 변하고 어쩔 줄 몰라 했다. 제갈량은 침착하고 태연했다. 군중에 명해 모두 깃발을 눕히고 북 치는 것을 멈추게 하고, 함부로 군막을 나가지 못하게 했다. 또한 영을 내려 네 개의 성문을 활짝 열고 땅을 쓸며 물을 뿌리게 했다. 사마의는 늘 제갈량이 신중함을 갖추고 있다고 생각했는데, 갑자기 약세를 보게 되자 복병이 있을 것으로 의심하여 이에 군을 이끌고 북쪽 산으로 서둘러 들어갔다. 다음 날 밥 먹을 때, 제갈량이 박수를 치며 크게 웃으며 막료들에게 말했다.

"사마의는 필시 내가 겁을 먹고 대체로 강한 복병을 숨겨놨을 것이라 생각해 산을 따라 달아났을 것이다."

척후병이 돌아와 보고하니 과연 제갈량이 말한 대로였다. 사마의는 뒤에 이를 알고 심히 한스러워했다.

반박하여 말한다. 고찰컨대, 양평은 한중에 있다. 제갈량이 처음 양평에 주둔할 때 사마의는 형주도독으로 완성(宛城)을 지키고 있었고, 조진이 죽은 뒤에 비로소 관중(關中)에서 제갈량과 서로 대항하여 막아냈다. 위나라는 일찍이 사마의를 보내 완(宛)에서부터 서성(西城)을 거쳐 촉을 정벌하도록 했으나 장맛비를 만나 성과를 거두지 못한 일이 있었다. 이 전후로는 다시 양평에서 교전한 일이 없다. 만약 곽충의 말대로라면 사마의는 20만 대군을 거느리고 있었고 이미 제갈량이 군사가 적고 힘이 약하다는 것을 알고 있었으니, 만약 복병이 있으리라 의심했다면 바로 방어진을 설치하며 신중을 기했어야지, 어찌 곧바로 달아난단 말인가? 〈위연전〉에 의하면 '위연은 제갈량을 따라 출병할 때마다 정병 1만으로 제갈량과 다른 길로 진격해 동관(潼關)에서 만날 것을 청했으나 제갈량이 이

건흥 6년(228년) 봄, 사곡도斜谷道에서 나와 미현郿縣을 취하려 한다고 소문을 내며, 조운, 등지鄧芝를 의군疑軍으로 삼아 기곡箕谷을 점거하자 위의 대장군 조진이 군사를 이끌고 이를 막았다. 제갈량 자신은 각 군의 병사들을 인솔하여 기산祁山을 공격했는데, 그 대오는 정연하고, 상벌이 엄격하며, 호령은 분명했다. 남안南安, 천수天水, 안정安定 세 군이 위를 배반하고 제갈량에 호응하자 관중이 진동했다.[17] 위의 명제明帝가 서쪽으로 가서 장안을 지키고 장합張郃에게 명하여 제갈량을 막도록 했다. 제갈량은 마속馬謖에게 군사들을 지휘하여 선봉에 서도록 하고 가정街亭에서 장합과 싸우도록 했다. 마속은 제갈량의 지시를 어기고 거동을 바로 하지 못해 장합에게 대패했다. 제갈량은 서현西縣의 천여 가구를 뽑아 한중으로 되돌아온 후[18] 마속을 참하고 병사들에게 사죄했다.

를 제지하고 허락하지 않았고, 이에 위연은 제갈량을 겁쟁이라 하며 자신의 재능이 모두 쓰이지 못함을 한탄했다'고 한다. 제갈량은 분명히 위연에게 일만의 군사도 따로 통솔하지 못하게 했는데, 곽충의 말대로라면 어찌 급작스레 중병(重兵)을 선두에 세우고, 자신은 가볍고 약한 군사로 수비했다는 말인가? 게다가 곽충은 부풍왕과의 대화에서 사마의의 단점을 드러내놓고 말했는데, 자식 앞에서 부친을 비방하는 것은 이치상 받아들일 수 없는 일이다. 그런데도 '부풍왕이 개연히 곽충의 말이 옳다고 했다' 하니, 고로 이 책(《촉기》)에서 인용한 말들이 모두 허구임을 알 수 있다.

17 《위략(魏略)》에 이르길, 처음 위나라는 촉나라에는 오직 유비만 있다고 생각했다. 유비가 이미 죽고 여러 해 동안 조용하고 아무 소리가 없었으므로 사전에 아무런 방비를 하지 않았다. 그런데 갑자기 제갈량이 출병했다는 소식을 듣자 조야(朝野)가 몹시 두려워했고 농우(隴右)와 기산(祁山)이 특히 심했으니 이 때문에 세 군(郡)이 동시에 제갈량에게 호응한 것이다.

상소를 올려 말했다.

"신은 얼마 되지 않은 재주로 분에 넘치는 자리를 함부로 차지하여 직접 지휘봉을 들고 삼군을 독려했으나, 군율을 가르치고 법을 분명하게 하지 못하고 일에 임해서는 신중하지 못하여, 가정에서는 명령을 위반하는 과오를 범하고 기곡(箕谷)에서는 제대로 경계하지 못한 실책을 범하기에 이르렀습니다. 이 모든 잘못은 모두 신이 사람을 쓰는 데 방책이 없는 것에서 비롯되었습니다. 신은 명철하게 사람을 알아보지 못했고, 일을 처리함에는 어리석었습니다.《춘추》에서 (전쟁에 패했을 때) 통수권자를 처벌한다고 했는데, 신의 직무가 바로 처벌을 받아야 마땅한 자리입니다. 청컨대 신 자신부터 삼

18 곽충이 말한 네 번째 일은 이렇다.

제갈량이 기산으로 출병하자 농서(隴西), 남안(南安)의 2군(郡)이 이때에 항복했다. 천수를 포위하고 기성(冀城)을 함락하여 강유(姜維)를 사로잡고, 남녀 수천 명을 내몰아 빼앗고 촉으로 돌아왔다. 사람들이 모두 제갈량에게 축하하자 제갈량은 안색을 바꾸고 슬픈 얼굴로 사양하며 말했다.

"넓은 하늘 아래 한(漢)의 백성이 아닌 이가 없는데, 나라의 위력이 미치지 못해 백성들이 승냥이와 이리(豺狼)의 주둥이에서 고통 받고 있소. 한 사람이 죽어도 모두 나의 죄인데, 이 일로 서로 축하하니 부끄러운 일이 아니겠소."

이에 촉나라 사람들은 제갈량이 위나라를 병탄하려는 뜻이 있으며, 단지 국경을 넓히려 하는 것이 아님을 알게 되었다.

반박하여 말한다.

제갈량이 위나라를 병탄하려는 뜻은 이미 오래되었는데, 이때에 처음으로 사람들이 두루 알게 된 것은 아니다. 게다가 이때 출병해서는 성과는 없고 죽거나 다친 채 돌아온 자가 많았고, 세 군이 항복했으나 차지하지는 못했다. 강유는 천수의 필부일 뿐, 촉이 그를 얻었다고 해서 위나라에 어떤 손실이 있었는가? 서현(西縣)의 1천 가(家)를 데려왔다고 해도 가정에서의 손실을 보충하지는 못하니, 무엇을 공(功)으로 삼아 촉나라 사람들이 서로 축하한단 말인가?

등급 강등시켜 그 죄를 벌해주시기 바랍니다."

이리하여 유선은 제갈량을 우장군으로 삼고, 승상의 직무를 대행하도록 하였으며, 총괄하는 직무는 이전과 같게 했다.[19]

---

19 《한진춘추》에 이르길, 어떤 이가 다시 출병할 것을 권하자 제갈량이 말했다.

"대군이 기산과 기곡(箕谷)에 있을 때 모두 적보다 그 수가 많았소. 그런데 적을 격파하지 못하고 오히려 적에게 격파되었으니, 이 패배의 원인은 군사가 적은 데 있는 것이 아니라 (나) 한 사람에게 있었던 것이오. 지금은 군사와 장수를 줄이고, 벌을 분명히 하고 과오를 반성하여, 장래에 변통할 수 있는 방안을 헤아리려 하오. 만약 그러지 못한다면 비록 군사가 많다한들 무슨 도움이 되겠소! 지금 이후로 국가에 대해 충성을 생각하는 모든 이들이 단지 나의 허물을 부지런히 질책하기만 하면 대사가 이루어지고 적들을 소멸하여 공을 이루는 것은 가히 발뒤꿈치 들고 기다릴 만하오."

이리하여 작은 노고라도 살펴보고 대단하게 장한 일을 분별하였으며, 허물은 자신의 책임으로 돌려 실수한 바를 천하에 널리 알렸다. 병기를 다듬고 군사를 훈련하여 훗날을 도모하니, 병사들은 정련되고 백성들은 그 패배를 잊을 수 있었다. 제갈량은 손권이 조휴(曹休)를 격파하니 위군이 동쪽으로 내려가 관중이 허약하다는 말을 들었다.

11월, 상소를 올렸다.

"선제께서 촉한과 적(조위)은 양립할 수 없고, 왕업(王業)은 구석 땅에서 안거하는 것이 아니라고 생각하시어 이 때문에 신에게 적을 토벌하는 임무를 맡기셨습니다. 선제의 명철함으로 신의 재주를 헤아리시고, 신이 적을 토벌하기에는 재주가 적고 적이 강하다는 것을 아셨습니다. 하지만 적을 토벌하지 않으면 왕업 또한 없어지게 되니, 마냥 앉아서 망하기만을 기다리는 것이 어찌 적을 토벌하는 것에 비기겠습니까? 이 때문에 신에게 이 일을 맡기고 의심하지 않으신 것입니다.

신이 명을 받은 뒤로 잠을 자도 편치 않고 밥을 먹어도 맛을 알 수 없었습니다. 북정(北征)을 하려면 의당 먼저 남쪽으로 들어가야 한다고 생각했기에, 5월에 노수(瀘水)를 건너 불모의 땅으로 깊이 들어가 하루 식량으로 이틀을 지냈습니다.

신도 스스로를 아끼지 않는 것은 아니지만 왕업은 촉도(蜀都)에 치우쳐 온전히 있으면서 이룰 수 없다고 생각하여, 이 때문에 위난을 무릅쓰고 선제의 유지를 받든 것이었습니다. 하지만 의논하기 좋아하는 자들은 이것은 좋은 계책이 아니라고 합니다. 지금 적은 때마침 서쪽의 일로 피로하고, 동쪽에서는 동오와의 싸움에 힘을 쏟고 있습니다. 병법에서는 적이 피로한 틈을 타라 했으니 지금이 밀고 나아가야 할 시기입니다. 삼가 그 사정을 아뢰면 다음과 같습니다.

한 고조 유방께서는 명철함이 해, 달과 같고 모신(謀臣)들의 지혜가 못처럼 깊었으나, 위험을 겪으면서 상처를 입었고, 그런 위기를 겪은 연후에 안정을 찾았습니다. 지금 폐하는 고조에 미치지 못하고 모신들 또한 장량(張良), 진평(陳平)보다 못한데, 장기적인 계책으로써 승리를 취하고 앉아서 천하를 평정하고자 하시니, 이것이 신이 이해하지 못하는 첫 번째 일입니다.

유요(劉繇)와 왕랑(王朗)은 각각 주군(州郡)에 할거하면서 안정을 논하고 계책을 이야기하면서 걸핏하면 성인(聖人)을 인용했지만, 동료들의 의문은 뱃속에 가득 했고 백성들의 근심은 가슴을 답답하게 했습니다. 금년에도 싸우지 않고 다음 해도 출정치 않아, 손책으로 하여금 앉아서 세력을 키울 수 있게 하여 마침내 강동을 아우르게 했으니, 이것이 신이 이해하지 못할 두 번째 일입니다.

조조의 지혜와 계책은 누구보다도 뛰어나고 용병하는 것은 손자와 오자를 방불케 했으나, 남양(南陽)에서 곤란에 빠졌고, 오소(烏巢)에서 험난함을 겪었으며, 기련(祁連)에서 위태로움을 겪었고, 여양(黎陽)에서 핍박당했으며, 북산(北山)에서 거의 패했고, 동관(潼關)에서 거의 죽을 뻔한 연후에야 겨우 한때의 거짓된 평정을 이루었습니다. 하물며 신의 재주는 미약한데도 위태로움을 겪지 않고 이를 평정하고자 하는 것이니, 이것이 신이 이해하지 못할 세 번째 일입니다.

조조는 창패(昌霸)를 다섯 번 공격했으나 떨어뜨리지 못했고, 소호(巢湖)를 네 번 건넜으나 성공치 못했으며, 이복(李服)을 임용했으나 이복은 조조를 도모하려 했고, 하후연에게 중임을 맡겼으나 하후연은 싸움에 지고 죽었습니다. 선제께서는 늘 조조를 유능하다고 칭찬했으나 오히려 이런 실패들이 있었습니다. 하물며 신같이 둔하고 재주 없는 자가 어떻게 반드시 이길 수 있겠습니까? 이것이 신이 이해하지 못할 네 번째 일입니다.

신이 한중에 온 지 겨우 1년 사이에, 조운, 양군(陽群), 마옥(馬玉), 염지(閻芝), 정립(丁立), 백수(白壽), 유합(劉郃), 등동(鄧銅)과 곡장(曲長)과 둔장(屯將) 70여 명을 잃었는데, 이들은 전에 없는 돌격대장(突將)이었습니다. 종(賨), 수(叟), 청강(青羌)의 산기(散騎)와 무기(武騎) 1천여 명을 잃었는데, 이들 모두는 수십 년 동안 규합한 사방(四方)의 정예로 한 주(州)에서 얻은 이들이 아닌데, 만약 다시 몇 년이 지나

겨울, 제갈량은 또 산관散關을 나와 진창陳倉을 포위했는데, 조진이 이것을 막았다. 제갈량은 식량이 다 떨어졌으므로 돌아왔다. 위나라 장수 왕쌍王雙이 기병을 이끌고 제갈량을 추격하였는데, 제갈량이 그와 싸워 격파하고 왕쌍의 목을 베었다.

건흥 7년(229년), 제갈량은 진식陳式을 보내 무도武都, 음평陰平을 공격했다. 위나라 옹주자사 곽회郭淮가 군사를 이끌고 진식을 공격하려 하자 제갈량은 직접 건위建威까지 출병했고, 곽회는 퇴각하여 돌아갔다. 그래서 두 군은 평정되었다.

유선이 제갈량에게 조서를 내렸다.

"가정 싸움의 잘못은 마속에게서 비롯된 것이다. 그런데 그대는

면 여기서 3분의 2를 잃을 것이니 장차 무엇으로 적을 도모하겠습니까? 이것이 신이 이해하지 못하는 다섯 번째 일입니다.

지금 백성은 곤궁하고 군사들은 피로하지만, 그렇다고 일을 그만둘 수는 없습니다. 그만둘 수 없다면 머물러 있는 것이나 움직이는 것이나 노고와 비용은 똑같습니다. 그런데도 지금 도모하지 않고 한 주(州)의 땅으로 적과 오래도록 대치하려 하니, 이것이 신이 이해하지 못할 여섯 번째 일입니다.

무릇 평안하기 어려운 것이 세상일입니다. 지난날 선제께서 초(楚)에서 패하셨을 때 그때 당시 조조는 손뼉을 치며 천하가 평정되었다고 말했습니다. 하지만 그 뒤 선제께서 동쪽으로 오, 월과 연합하고 서쪽으로 파, 촉을 취했으며 군대를 이끌고 북쪽을 정벌해 하후연의 목을 거두었으니, 이는 조조의 실책으로 한(漢)의 대사가 이루어진 것입니다. 그러나 그 뒤 오가 다시 맹약을 어겨 관우가 패하여 죽고, (선제가) 자귀(秭歸)에서 일을 그르치니 조비(曹丕)가 칭제(稱帝)하게 되었습니다. 무릇 세상일이 이와 같으니, 미리 짐작하는 것은 어려운 일입니다. 다만 신은 몸을 낮춰 온 힘을 다하고 죽은 뒤에야 그칠 뿐, 일이 성공할지 실패할지, 순조로울지 어려울지는 신이 미리 헤아릴 수 있는 바가 아닙니다."

그리고 산관(散關)의 싸움이 있었다. 이 표(表)는 《제갈량집》에는 없고, 장엄(張儼)의 《묵기(默記)》에 나온다.

그 허물을 자신에게 돌리고 지나치게 스스로를 폄하하여 벼슬을 깎아내렸다. 나 또한 그대의 마음을 거스르지 않고 그대가 고수하려는 의견을 들어주었다. 지난해 그대는 무력을 빛냈고, 왕쌍의 머리를 베었다. 금년에는 다시 출정하여 곽회를 달아나게 했다. 저족氏族·강족羌族을 항복시키고 안정시켜, 무도군과 음평군을 다시 회복하였다. 그대의 위풍은 흉폭한 무리들을 진압하고, 공훈은 혁혁하다. 바야흐로 지금 천하는 소란스럽고, 주모자는 아직 제거되지 않았다. 그대는 대임을 받들어 나라의 중요한 일을 감당해야 하는데, 오랜 기간 관직을 낮추고 물러나 있는 것은 선제의 공업을 크게 빛내고 드날리는 바가 아니다. 오늘 그대를 승상으로 복직시키니, 그대는 사양하지 마라."[20]

---

[20] 《한진춘추》에 이르길, 이 해 손권이 황제를 칭하고, 그 신하들이 두 명의 황제가 서게 된 사정을 와서 알렸다. 의논하는 자들이 모두 손권과 교류하는 것은 무익하고 명분 자체가 불순한 것이므로 마땅히 정의를 뚜렷이 밝히고 동맹을 끊어야 한다고 주장했다. 제갈량이 말했다.
"손권이 찬역할 마음을 가진 지 이미 오래이나, 우리나라에서 그 잘못된 생각을 추궁하지 않은 것은 그로부터 적을 협공하는 도움을 구하기 위해서였소. 지금 만약 공개적으로 관계를 끊는다면 반드시 우리에 대한 원한이 깊어질 것이고, 응당 군사를 옮겨 동쪽을 치고 그들과 더불어 힘을 겨루어 모름지기 그 땅을 병탄한 후에야 비로소 중원을 논의할 수 있을 것이오. 저들은 아직 현명한 인재가 많고 장수와 재상이 서로 화목하여 하루아침에 평정할 수 없소이다. 병사를 주둔시키고 서로 대치한 채 앉아서 늙기를 기다리는 것 또한 북적(北賊, 즉 조위)으로 하여금 일을 이루도록 하는 것으로 이는 상책이 아니외다.
옛날 효문제는 겸양의 언사로 흉노를 대했고, 선제께서는 오와 후한 조건으로 결맹했으니, 이 모두가 형세를 헤아려 변통하여 널리 먼 이익을 생각하신 것으로 필부의 분노와는 다른 것이었소. 지금 의논하는 자들은 모두 손권이 삼국

건흥 9년(231년), 제갈량은 다시 기산으로 출병하였으며, 목우木牛를 이용하여 군수물자를 운반했다.[21] 양초가 다하여 퇴각하다 위의

정립 구도(鼎足之勢)에서 이득을 찾기 때문에 우리와 협력할 수 없고, 게다가 그의 바람이 이미 채워졌으니 장강의 북쪽으로 올라갈 뜻이 없다고 하오. 이 말을 살펴보면 모두 옳게 보이나 실제로는 그렇지 않소. 어째서 그러겠소? 그들은 지모와 역량이 대등하지 못하여 이 때문에 장강을 한계로 스스로를 보존하는 것뿐이오. 손권이 장강을 넘지 못하는 것은 마치 조위가 한수를 넘지 못하는 것과 같은 것으로, 역량에 여유가 있으면서도 이득을 취하지 않는 것이 아니오.

만약 우리의 대군이 (조위를) 토벌하면 저들은 크게는 그 땅(중원)을 분할하여 후일을 도모할 것이고, 작게는 백성들을 빼앗고 국경을 넓혀 안으로 무력을 과시할 것이므로, 결코 가만히 앉아 있지는 않을 것이오. 만약 그들이 움직이지 않고 우리와 화목하면, 우리가 북벌할 때 동쪽을 돌아보며 근심할 필요가 없고, (조위는) 황하 이남의 군사를 모두 서쪽으로 돌릴 수 없으니, 이것의 이로운 점은 또한 큰 것입니다. 손권의 참람한 죄는 마땅히 드러낼 일이 아닙니다."

이에 위위(衛尉) 진진(陳震)을 보내 손권이 칭제한 일을 경하했다.

21 《한진춘추》에 이르길, 제갈량이 기산(祁山)을 포위하고 선비(鮮卑) 가비능(軻比能)을 부르자, 가비능 등이 옛 북지(北地) 석성(石城)에 이르러 제갈량에 호응했다. 이에 위 대사마 조진(曹眞)이 병이 들어 사마의가 형주에서 와 입조하자 위 명제(明帝)가 말했다.

"서방의 일이 중대하니 그대가 아니면 가히 맡길 만한 자가 없소."

이리하여 서쪽 장안에 주둔하게 하고 장합(張郃), 비요(費曜), 대릉(戴陵), 곽회(郭淮) 등을 통솔하게 했다. 사마의는 비요, 대릉에게 정병 4천을 남겨 상규(上邽)를 지키게 하고, 나머지 군사들을 모두 이끌고 서쪽으로 가서 기산을 구원했다. 장합이 군사를 나눠 옹(雍), 미(郿)에 주둔시키려 하자 사마의가 말했다.

"전군(前軍)이 홀로 적을 감당할 수 있다면 장군의 말이 옳소. 그러나 만약 능히 감당하지 못하면서 전군과 후군으로 나누는 것은, 바로 초(楚)의 삼군이 경포(黥布)에게 사로잡힌 까닭이었소."

그리고는 진격했다. 제갈량은 군을 나눠 공격을 늦추고, 자신은 사마의와는 반대로 상규로 진군했다. 곽회, 비요 등이 막으려하자 제갈량이 이들을 격파했

장수 장합과 교전하여 장합을 활로 쏘아 죽였다.[22]

다. 이에 그곳의 보리를 대거 수확했다. 사마의와 상규 동쪽에서 조우했는데 병사를 거두고 험한 곳에 의지하며 교전하지 않자 제갈량이 군을 이끌고 돌아갔다. 사마의가 제갈량을 뒤쫓아 노성(鹵城)에 도착했다. 장합이 말했다.

"저들은 멀리서 와서 우리를 불러들여 교전을 청하는데 허락하지 않으니, 우리의 이점이 싸우지 않는 데에 있고, 장기적인 계책으로 그들을 제압하려 한다고 여길 것입니다. 게다가 기산에서는 대군이 가까이 도착했음을 알고 민심이 자연 안정되었을 것이니, 이곳에 머물러 주둔하면서 기병(奇兵)을 나누어 그들의 배후에서 출병한 것처럼 보여주면 나아가지도 못하고 감히 접근하지도 못하게 되어 앉아서 백성들의 기대를 잃게 될 것입니다. 지금 제갈량은 고립된 군대는 군량이 적어 또한 가서 쫓아낼 수 있을 것입니다."

사마의는 이를 따르지 않고 제갈량을 찾아다니기만 했다. 도착한 후 또 산에 올라 영채를 세우고 싸우려 하지 않았다. 가허(賈栩), 위평(魏平)이 여러 차례 싸울 것을 청하며 말했다.

"공께서 촉을 범처럼 두려워하니 천하의 웃음거리가 되면 어찌 하시렵니까!"

사마의는 이를 괴로워했다. 제장들이 모두 싸울 것을 청하니, 5월 신사일, 장합에게 명해 남쪽을 포위하고 있던 무당감(無當監) 왕평을 공격하게 하고, 자신은 중도(中道)를 따라 제갈량에게로 향했다. 제갈량은 위연, 고상(高翔), 오반(吳班)을 보내 이들을 막게 해 대파하고, 갑병 3,000급, 철갑옷 5,000벌, 각노(角弩) 3,100개를 노획했다. 사마의는 돌아가 영채를 지켰다.

22   곽충이 말한 다섯 번째 일은 이렇다.

위 명제가 친히 촉을 정벌하기 위해 장안에 행차하고, 사마의를 보내 장합과 제군(諸軍), 옹(雍)과 량(涼)의 강병 30여 만을 통솔케 하고, 몰래 군대를 조직해 검각(劍閣)으로 진격하게 했다. 제갈량은 이때 기산에서 깃발과 날카로운 병기로 험요지를 지키고 있었는데, 군사 10분의 2를 교대해 내려 보내려 하자 남은 군사가 8만이었다. 그때 위군이 진을 치기 시작했다. 마침 깃발과 군사를 교체하려 하자, 참모들은 모두 "적군이 강성하기 때문에 힘이 아니면 제압할 수 없으니 의당 형세를 헤아려 군사를 내려 보내는 것을 한 달간 멈추고 성세(聲勢)를 하나로 아울러야 한다"고 말했다. 이에 제갈량이 말했다.

건흥 12년(234년) 봄, 제갈량은 전군을 인솔하여 사곡도에서 나왔는데, 유마流馬로 군수물자를 운반하였으며, 무공현武功縣 오장원五丈原을 점거하고, 사마의와 위남渭南에서 대치했다. 제갈량은 항상 식량이 계속 공급되지 않아 자기의 뜻을 펴지 못하게 될까 근심하여 병사를 나누어 둔전屯田을 하게하여 장기간 주둔할 기반을 만들었다. 경작하는 자들은 위수渭水 가에 거주하는 백성들 사이에 섞여 지냈는데, 백성들은 마음 놓고 편안히 지냈고, 군대에는 사사로움이

"내가 군을 통수하고 군사를 움직인 이래 커다란 신의를 근본으로 삼았는데, '원성(原城)을 얻고 신의를 잃는 것(得原失信,《춘추좌전》의 고사)'은 옛 사람도 꺼렸던 일이오. 떠날 자들은 행장을 꾸리고 기일을 기다리고 있고, 그 처자들은 학수고대하고 날짜만 헤아리는데, 비록 정벌에 임해 어려움이 있다 해도 의(義)를 폐할 수는 없소."

그리고는 모두 조속히 보내주도록 영을 내렸다. 이러자 떠날 자들은 감격하여 남아서 일전을 치룰 것을 원하고, 남은 자들은 분발하여 죽기로 싸울 것을 다짐하며 서로 말했다.

"제갈공의 은혜는 죽음으로도 다 갚을 수 없다."

싸우는 날이 되자 칼을 뽑아들고 선두를 다투지 않는 이가 없었고, 일당십(一當十)으로 싸워 장합을 죽이고 사마의를 물리쳤다. 한 번 싸움으로 대승을 거두니 이는 제갈량의 신의에서 비롯된 것이다.

반박한다. 신 송지가 보건대, 제갈량이 예전 기산으로 출병했을 때(228년 1차 북벌) 위 명제가 몸소 장안에 도착했으나, 이 해에는 다시 오지는 않았다. 게다가 제갈량의 대군이 관(關), 농(隴)에 있는데 위인(魏人)들이 어찌 제갈량을 앞질러 곧바로 검각으로 향할 수 있단 말인가? 제갈량은 본디 전장에 있으면서 오랫동안 머무르는 법이 없었는데, 바야흐로 병사를 쉬게 하려고 촉으로 돌려보냈다니, 이는 모두 일반적인 사리에 맞지 않는 말이다. 손성(孫盛), 습착치(習鑿齒)가 같고 다른 점을 조사하여 빠뜨린 것이 없는데, 그들이 모두 곽충의 말을 기재하지 않았으니 그 말에 괴리가 많다는 것을 알았던 것이다.

없었다.²³ 서로 대치한 지 100여 일이 지난 그해 8월, 제갈량이 병이 들어 군중에서 사망했는데, 당시 54세였다.²⁴

---

23   《한진춘추》에 이르길, 제갈량이 도착한 이래 여러 차례 싸움을 걸었다. 사마의 또한 표를 올려 굳이 교전을 허락해줄 것을 청하자, 위위(衛尉) 신비(辛毗)에게 부절을 지니고 가게 해 이를 제지했다. 강유(姜維)가 제갈량에게 말했다.
"신비가 부절을 갖고 도착했으니 적들이 다시는 나오지 않을 것입니다."
제갈량이 말했다.
"저들은 본래 싸울 뜻이 없었으나 굳이 (조정에) 싸움을 청한 까닭은 그의 군사들에게 무(武)를 보이고자 함이다. 장수가 군중에 있으면 군주의 명이 있어도 받지 않는 법인데, 만일 나를 능히 제압할 수 있다면 어찌 천 리 길을 가서 출전을 청하겠느냐!"
《위씨춘추》에 이르길, 제갈량의 사자가 도착하자 제갈량의 침식(寢食)과 일의 번거로움 정도만 묻고 군사에 관한 일은 묻지 않았다. 사자가 대답했다.
"제갈공께서는 일찍 일어나 늦게 잠자리에 드시고, 20대 이상의 벌은 모두 직접 챙기십니다. 먹는 음식은 몇 승(升)도 되지 않습니다."
사마의가 말했다.
"제갈량이 곧 죽겠구나!"

24   《위서》에 이르길, 제갈량은 군량이 다하고 형세가 어려워지자 근심과 분노로 피를 토하고, 하룻밤에 진영을 불사르고 달아나다 계곡으로 들어섰을 때 길에서 발병하여 죽었다.
《한진춘추》에 이르길, 제갈량이 곽씨오(郭氏塢, 곽씨 마을)에서 죽었다.
진양추(晉陽秋)는 이르길, 끝이 뾰족한 붉은 별이 동북쪽에서 서남쪽으로 흘러 제갈량의 진영에 떨어졌다. 세 번 떨어지고 다시 되돌아가니 올 때는 크고 돌아갈 때는 작았다. 잠시 후 제갈량이 죽었다.
신 송지가 보건대, 제갈량이 위수 가에 있을 때 위와 대치하여 그 승부의 형세를 측량하기 어려웠다. 그런데도 제갈량이 피를 토했다고 이른 것은 아마도 제갈량이 (자신들과의 싸움에서 죽지 않고) 그냥 죽은 것에 대해 자체적으로 과장한 것으로 보인다. 무릇 공명의 지략으로 어찌 중달(사마의) 때문에 피를 토했겠는가? 유곤(劉琨, 서진 시대의 장군)이 군사들을 잃고 진(晉) 원제(元帝, 동진의 창업 군주)에게 보낸 촉의 군대가 퇴각하자 사마의는 제갈량의 군영과 보루, 거처를 둘러보고 말했다.

"천하의 기재奇才구나!"[25]

제갈량은 임종할 때 한중의 정군산定軍山에 매장하도록 유언했다. 산에 의지하여 분묘를 만들고, 무덤의 크기는 관을 넣을 정도로 하며, 염할 때는 평상시 입던 옷으로 하고, 기물器物은 사용하지 못하게 했다.

조서를 내려 말했다.

"그대는 문무의 재능을 몸에 갖추고, 예지와 돈독함을 지녔으며, 선제께서 고아를 부탁한 유언을 받아 짐을 바로잡고 보완하여 끊어진 국통을 잇고, 쇠미한 황실을 흥성시켰으며, 마음속에는 대란을 평정하려는 뜻이 있었다. 이리하여 6군을 정돈하고 해마다 출병하여 신 같은 무예를 혁혁하게 빛내고, 위엄으로 천하를 평정하고,

---

서신에서 또한 '제갈량이 싸움에서 패하고 피를 토했다'라고 했는데, 이는 잘못된 기록을 인용하여 한 말이다. 그리고 '계곡으로 들어간 뒤 죽었다'고 이른 것은, 촉인들이 계곡으로 들어간 뒤에야 발상(發喪)한 사실에서 연유한 것이다

25 《한진춘추》에 이르길, 양의(楊儀) 등이 군을 정돈하고 출발하자 백성들이 사마의에게 달려와 고했고 사마의는 그들을 추격했다. 강유는 양의에게 명하여 군기를 반대로 하고 북을 울리도록 하여 마치 사마의에게 향하는 것처럼 하자, 사마의는 곧 물러나 감히 접근하지 못했다. 이에 양의는 진형을 짠 채 물러나고 계곡으로 들어간 뒤 발상을 했다. 사마의가 퇴각하니 백성들은 "죽은 제갈(諸葛)이 살아 있는 중달(仲達)을 달아나게 했다"라는 속언을 지었다. 어떤 이가 이를 사마의에게 고하자 사마의가 말했다.

촉한 건립의 특별한 공훈을 세웠으니 이윤, 주공의 큰 공훈과 나란히 할 수 있다.

대업이 거의 완성될 무렵에 병을 얻어 생명을 잃었으니 어찌 애통하지 않겠는가! 짐은 비통하여 심장과 간장이 찢어지는 것만 같다. 무릇 덕을 숭상하고 공훈을 평가하고 생전의 행적에 따라서 시호를 내리는 것은 장래에도 이름과 공훈을 빛나게 하고, 사서에 기재하여 영원히 사라지지 않게 하기 위함이다. 지금 좌중랑장 두경杜瓊에게 부절을 가지고 사자로 보내어 그대에게 무향후武鄕候의 인수印綬를 추증하고, 충무후忠武候라는 시호를 내리겠노라. 그대의 혼령이 있다면 이런 은총과 영예를 기뻐할 것이다. 오호, 슬프도다! 오호, 슬프도다!"

이전에 제갈량 자신이 유선에게 표를 올려 다음과 같이 말했었다.

"성도에는 뽕나무 800그루, 메마른 밭 15경頃이 있으므로 제 자손의 의식은 충족하고도 남음이 있습니다. 신이 밖에서 임무를 수행할 때에는 특별히 조달할 필요도 없고, 몸에 필요한 의식은 모두 관부에서 지급해주었음으로 다른 생업을 영위하여 약간의 재산이라도 늘릴 필요가 없습니다. 만일 신이 죽었을 때, 집안에 남는 비단이 있게 하거나 밖에 여분의 재산이 있게 하여 폐하의 은총을 저버리지 않을 것입니다."

죽은 후에 보니 그가 말한 그대로였다.

제갈량은 선천적으로 기발한 생각에 뛰어났다. 연노連弩를 개선하고, 목우木牛, 유마流馬를 제작한 것은 모두 그의 생각에서 나온 것이다. 병법을 응용하여 팔진도八陳圖를 만들었는데, 모두 그 요령을 얻었다고 한다.[26] 제갈량의 말, 포고령, 서신, 상주문에는 볼 만한 것이 많으므로 따로 하나의 문집으로 엮었다.

《제갈량집》에 기록된 목우木牛, 유마流馬의 제작법은 이렇다.

목우는 배(腹, 차체)가 방형이고 머리는 둥글다. 다리(脚, 바퀴) 하나에 발(足, 받침 기둥)이 4개이고, 머리는 목(領, 멍에) 안으로 들어가고, 혀(舌, 제동장치)는 배(腹, 차체)에 붙어 있다. 많이 실으나 천천히 가므로 큰 짐을 싣기에 적합하고, 적은 짐을 싣기에는 적합하지 않다. 혼자서 가면 하루에 수십 리 가고, 떼를 지어 가면 하루에 20리를 간다. 굽은 것은 소의 머리이고, 쌍으로 된 것은 소의 다리脚이다. 가로지른 것은 소의 목領이고, 굴러가는 것은 소의 발足이다. 덮은 것은 소의 등背이고, 방형으로 된 것은 소의 배腹이다. 드리워진 것은 소의 혀舌이고, 굽은 것은 소의 갈빗대肋이다. 깎아서 새긴 것은 소의 이빨(齒, 손잡이 역할)이고, 바로 선 것은 소의 뿔角이다. 가느다란 것은 소의 가슴걸이鞅이고, 끌어당기는 것은 소의 추축(鞦軸, 후걸이)이다. 소는 두 개의 끌채轅에 의존하는데, 사람이 6척尺을 간다면 소는 4보步를 간다. 한 사람의 1년 식량을 싣고 하루에 20리를 가도 사람이 지치지 않는다.

유마流馬의 치수는 다음과 같다. 갈빗대肋는 길이 3척 5촌, 넓이 3

26　《위씨춘추》에 이르길, 제갈량은 팔무(八務, 8가지 힘쓸 일), 칠계(七戒, 일곱 가지 경계할 일), 육공(六恐, 여섯 가지 걱정해야 할 일), 오구(五懼, 다섯 가지 두려워할 일)를 지었는데 이 모두에 조(條)와 장(章)이 있고 이로써 신하들을 훈도하고 독려하였다. 또한 연노를 개량해 이를 원융(元戎)이라 했다. 쇠로 화살을 만들고 화살 길이는 8촌이었고, 한번 노(弩)를 쏘면 10개의 화살이 함께 발사되었다.

촌, 두께 2촌 2푼으로 좌우가 같다. 전축공(前軸孔, 앞 축 구멍)의 먹줄은 머리頭에서 4촌 떨어져 있고, 직경은 2촌이다. 전각공(前脚孔, 앞다리 구멍)의 먹줄은 2촌이고, 전축공에서 4척 5푼 떨어져 있고, 넓이 1촌이다. 전강공(前杠孔, 앞 막대기 구멍)은 전각공 먹줄에서 2척 7푼 떨어져 있고, 구멍의 길이는 2촌, 넓이는 1촌이다. 후축공(後軸孔, 뒤 축 구멍)은 전강공의 먹줄에서 1척 5푼 떨어져 있고, 크기는 전과 같다. 후각공(後脚孔, 뒷다리 구멍)의 먹줄은 후축공과 3척 5푼 떨어져 있고, 크기는 전과 같다. 후강공(後杠孔, 뒤 막대기 구멍)은 후각공의 먹줄과 2촌 7푼 떨어져 있다. 뒷부분의 재극(載剋, 제동장치)는 후강공의 먹줄에서 4촌 5푼 떨어져 있다. 전강(前杠, 앞 막대기)는 길이 1척 8촌, 넓이 2촌, 두께 1척 5푼이다. 후강後杠, 뒤 막대기은 전강과 같다. 장방형의 나무상자는 둘이고 널판자의 두께는 8푼, 길이는 2척 7촌, 높이는 1척 6촌 5푼, 넓이는 1척 6촌이고, 각각의 나무상자에는 쌀 2곡(斛, 1곡은 10두) 3두斗를 담을 수 있다. 위의 강공(杠孔, 막대기 구멍)에서 갈빗대까지는 7촌이고, 전후가 같다. 위의 강공은 아래의 강공 먹줄에서 1척 3촌 떨어져 있고, 구멍孔의 길이는 1촌 5푼, 넓이는 7푼이고, 8개의 구멍이 모두 같다. 전후의 네 다리脚는 넓이 2촌, 두께 1촌 5푼이고, 형상은 코끼리 다리 같고, 길이는 4촌, 경면徑面은 4촌 3푼이다. 다리 구멍 안에 있는 세 각강脚杠은 길이 2척 1촌, 넓이 1촌 5푼, 두께 1촌 4푼으로, 강杠은 모두 같다.

경요景耀 6년(263년) 봄, 조서를 내려 제갈량을 위해 면양에 사당을 세우도록 했다.[27]

가을, 위나라 진서장군 종회鍾會가 촉나라를 정벌하러 한천漢川에 이르렀을 때, 제갈량의 사당에 제사 지내고 군사들에게 명하여 제갈량 묘소 주변에서 말에게 풀을 뜯게 하거나 나무를 베지 못하게 했다.

제갈량의 동생 제갈균은 관직이 장수교위長水校尉에 이르렀다. 제갈량의 아들 제갈첨諸葛瞻이 부친의 작위를 이었다.[28]

---

27   《양양기》에 이르길, 처음 제갈량이 죽었을 때, 도처에서 저마다 사당 세울 것을 청했으나 조정에서 예의 질서를 따져 이를 들어주지 않았다. 그러자 백성들은 절기에 따라 길거리에서 사사로이 제사를 지냈다. 간언하는 이 중에 어떤 이가 성도에 사당을 세우자고 청했으나 유선은 따르지 않았다. 보병교위(步兵校尉) 습융(習隆), 중서랑(中書郎) 상충(向充) 등이 함께 표(表)를 올렸다.

"신이 듣기로 주나라 사람들은 소백(召伯)의 덕을 기려 감당(甘棠, 팥배나무)을 베지 않았고, 월왕(越王)은 범려(範蠡)의 공을 생각해 쇠를 주조해 그 형상을 보존했다고 합니다. 한나라가 흥한 이래 작은 선행과 덕으로도 그 형상을 그리고 사당을 세운 이가 많습니다. 하물며 제갈량은 덕이 가까운 곳이든 먼 곳이든 본보기가 되었고, 공적은 계세(季世, 말세)를 덮어 왕실이 무너지지 않은 것은 실로 이 사람에 힘입었습니다. 그런데도 제사를 사문(私門)에 그치게 하고 묘(廟)에 상과 비석을 세우지 못하게 하여, 백성들이 길거리에서 제를 올리고 융이(戎夷)들은 들판에서 제사를 지내게 하는 것은 덕을 보존하고 공을 기림으로써 옛 사람의 일을 밝히고 추념하는 바가 아닙니다. 지금 만약 민심을 그대로 따른다면 예의가 없어 전범에 맞지 않고, 수도에 세우면 또한 종묘(宗廟)에 가까우니, 이것이 임금이 마음속으로 꺼리는 까닭이라 생각됩니다. 어리석은 신이 생각건대, 제갈량의 묘에 가까운 면양(沔陽)에 사당을 세워 친속으로 하여금 때마다 제(祭)를 올리게 하고, 무릇 그 신하나 옛 관원으로 사(祀)를 받들고자 하는 자는 모두 그 사당에서만 지내도록 한정하여 사사로운 제사를 끊는 것이 올바른 예법을 숭상하는 길이라 생각합니다."

이에 비로소 그 말에 따랐다.

28   《양양기》에 이르길, 황승언(黃承彦)은 고상(高爽)함으로 이름을 얻어 면남(沔南)의 명사가 되었다. 제갈공명에게 말했다.

"그대가 부인을 고른다고 들었소. 내게 못생긴 딸이 있는데, 노란 머리에 얼굴

《제갈씨집(諸葛氏, 제갈량집)》의 목록은 개부작목開府作牧 제1, 권제權制 제2, 남정南征 제3, 북출北出 제4, 계산計算 제5, 훈려訓厲 제6, 종핵綜覈 상上 제7, 종핵 하下 제8, 잡언雜言 상 제9, 잡언 하 제10, 귀화貴和 제11, 병요兵要 제12, 전운傳運 제13, 여손권서與孫權書, 손권에서 보낸 서신 제14, 여제갈근서與諸葛瑾書 제15, 여맹달서與孟達書 제16, 폐이평(廢李平, 이평이엄을 폐함) 제17, 법검法檢 상 제18, 법검 하 제19, 과령科令 상 제20, 과령 하 제21, 군령軍令 상 제22, 군령 중 제23, 군령 하 제24로, 모두 24편에 총 글자 수는 104,112 자이다.

"신 진수陳壽 등이 상주하여 말합니다. 신이 이전에 저작랑著作郎으로 있을 때, 시중 영중서감 제북후 순욱荀勖과 중서령 관내후 화교和嶠가 상주하여 신으로 하여금 촉나라 승상 제갈량의 옛 일을 정리하도록 하였습니다. 제갈량은 위기에 처한 나라를 보좌하고 험한 땅을 등에 업고 위나라에 굴복하지 않았으나, 오히려 그의 말을 기록해놓고 욕됨과 훌륭함을 전하고 있으니, 이것은 실로 대진大晉의 광명과 지극한 덕이 두루 천하에 미친 것으로 자고 이래 유래가 없었던 일입니다. 중복되는 것은 제외시키고 유사한 것을 모아 24편으로 정리했습니다. 편명은 앞에 적은 대로입니다.

제갈량은 어려서부터 출중한 재능과 영웅다운 패기를 갖춘 그릇

이 검지만(黃頭黑色) 그 재주가 서로 배필이 될 만하오."
　공명이 허락하자 곧 그녀를 실어 보냈다. 당시 사람들이 이를 웃음거리로 삼고 향리 사람들이 속언(諺)을 지어 말했다.
　"공명이 부인 고르는 것은 배우지 마라. 아승(阿承, 황승언의 애칭)의 못생긴 딸을 얻으리라."

으로, 신장은 8척이었으며, 용모는 매우 위엄이 있었으므로, 그 당시 사람들은 그를 남다르게 평가했습니다. 한 말 난리를 만나 숙부 제갈현을 따라 난리를 피해 형주로 와서 직접 밭을 갈며, 입신양명을 꾀하지 않았습니다. 그때 좌장군 유비가 제갈량의 특별한 역량을 알아보고 이에 오두막으로 제갈량을 세 번 찾아갔습니다. 제갈량은 유비의 영웅다운 자태가 걸출하다고 여기고, 흉금을 열고 진심을 토로하여 서로 언약하고 깊이 의지하게 되었습니다.

위 무제(조조)가 형주로 남정했을 때 유종이 주를 바치고 투항하였으므로 유비는 세력을 잃었고 병력은 적고 발 디딜 땅조차 없었습니다. 제갈량은 이 당시 27세였지만, 기발한 계책을 세워 직접 손권에게 사자로 가서 오에 구원을 요청했습니다. 손권은 이전부터 유비를 존경하여 우러르고 있었고, 또 제갈량의 뛰어난 고아함을 보고는 그를 매우 공경하고 중시하여, 즉시 병사 3만 명을 파견하여 유비를 도왔습니다. 유비는 얻은 병사로 무제와 교전하여 위나라 군대를 대파하고, 싸움에 이긴 승세를 타고 장강 이남 지역을 평정했습니다. 후에 유비는 서쪽으로 가서 익주를 취했습니다. 익주가 평정되자, 제갈량을 군사장군으로 삼았습니다. 유비는 황제를 칭하고, 제갈량을 승상, 녹상서사로 임명했습니다. 유비가 죽자, 뒤를 이은 아들 유선이 유약幼弱하였으므로 크고 작은 일 모두 제갈량이 전담하였습니다. 그리고 밖으로는 동오와 동맹을 맺고, 안으로는 남월을 평정하였으며, 법과 제도를 만들어 시행하였고, 병장기와 군대를 정돈하였습니다. 기구를 만드는 솜씨가 뛰어났고, 사물은 그 근본을 헤아렸습니다. 법률 조문과 교령은 엄격하고 분명하게 했고, 상벌에는 반드시 신의가 있고 공정하여, 잘못은 징벌을 받지 않음이 없었고, 착한 일은 표창하지 않음이 없었습니다. 이리하여 관리들은 간사함을 용납되지 않게 되었고, 사람들은 스스로 힘쓰려는 마음이 생기게 되어, 길에 떨어져있는 것을 줍지 않고, 강자가 약자를 침해하지 않는 숙연한 사회 기풍이 이루어졌습니다.

 이 당시 제갈량의 본래의 뜻은 나아가서는 용이 비상하고 호랑이가 주시하는 것처럼 사해를 포괄하려는 것이었고, 물러나서는 변경을 침범하여 천하를 뒤흔드는 것이었습니다. 또 자신이 죽은 이후에 중원을 짓밟고 상국(위나라)에 맞서 대항할 자가 없을 것이라고 생각하여 용병을 멈추지 않고 여러 차례 무력을 과시했습니다. 그러나 제갈량의 재능은 군대를 다스리는 데治戎는 장점이 있었지만, 기발한 책략奇謀에서는 단점이 있었고, 백성들을 다스리는 재간理民之幹이 장수로서의 지략將略보다 뛰어났습니다. 그와 대적한 사람들 가운데 혹자는 걸출한 인물도 있었고, 게다가 병력의 많고 적음이 같지 않았고, 공격하고 수비하는 것이 다른 것이었기 때문에 비록 해마다 군대를 움직였어도 승리를 얻을 수 없었던 것입니다.

 옛날 소하蕭何가 한신韓信을 대장군으로 추천하고, 관중이 왕자 성보城父를 대사마로 천거한 것은 모두 자신의 장점만을 헤아려 정치와 군사 양쪽을 겸임할 수 없었기 때문이었습니다. 제갈량의 기량과 정치는 대체로 관중, 소하와 필적할 수 있지만, 당시의 명장 중에는 왕자 성보나 한신과 같은 자가 없었기 때문에 공업이 지체되었고, 대의를 이루지 못한 것입니다. 아마도 천명이 돌아가는 바는 사람의 지혜와 힘을 가지고서는 다툴 수 없었던 듯합니다.

 청룡 2년(234년) 봄, 제갈량은 군대를 인솔하여 무공武功으로 출병하여 병사들을 나누어 둔전을 하도록 하여 오랫동안 주둔할 기반을 만들었습니다. 그해 가을, 제갈량이 병으로 세상을 떠나니 백성들은 그에 관한 이야기를 하며 그를 기렸습니다. 오늘날에도 양주, 익주의 백성이 제갈량을 칭송하여 이야기하는 것을 도처에서 들을 수 있습니다. 비록 《시경》〈감당甘棠〉에서 주나라 소공召公을 칭송하고 정나라 사람들은 자산子産을 노래했다고 하더라도 그것은 먼 과거의 비유에 불과합니다. 맹자는 말하기를, '편안케 해줄 도리로 백성을 부리면 비록 수고로워도 원망하지 않고, 사는 길을 위한 도리로 사람을 죽이면 비록 죽어도 원망하지 않는다'라고 했습니다. 이것은 믿을 만한 말입니다!

의논하는 자들 중에는 간혹 제갈량의 문체가 아름답지 않고 주도면밀함이 지나치다고 하는 사람도 있습니다. 어리석은 신의 생각으로는, 고요(咎繇 혹은 皐陶, 순임금 때 명신)는 위대한 현인이며, 주공은 성인인데, 그들을 《상서》에 의거하여 살펴보면, 고요가 말한 계책은 간결하지만 우아하며, 주공의 훈계는 장황하지만 상세하고 빠짐이 없습니다. 무엇 때문이겠습니까? 고요는 순舜, 우禹와 함께 이야기했고, 주공은 신하들과 맹세의 말을 했기 때문입니다. 제갈량이 더불어 말한 사람은 모두 보통 사람과 평범한 선비였기 때문에 문장에서 가리키는 바가 그리 심오하지 않았던 것입니다. 그러나 그의 가르침과 남긴 말은 모두 그가 처리한 일을 기록하고 종합한 것으로, 공정하고 진실한 마음이 그의 문묵文墨 속에 드러나 있으니, 충분히 그의 생각과 논지를 알 수 있고, 당대에도 보탬이 되는 점이 있습니다.

엎드려 생각건대, 폐하께서는 옛날의 성현을 본받기 위해 노력하시고 호탕하여 꺼리는 바가 없습니다. 그런 연유로 비록 적국의 비방하는 말일지라도 모두 그 글을 거리낌 없이 말하고 고치거나 숨기는 바가 없고, 이로써 크게 통달한 이치를 밝힐 수 있었던 것입니다. 삼가 제갈량의 저작을 초록하여 저작국에 올렸습니다. 신 진수는 진실로 황공하여 머리를 조아리고 조아립니다. 죽을죄를 지었습니다. 죽을죄를 지었습니다.

　태시泰始 10년(274년) 2월 1일 계사癸巳, 평양후平陽候 상신相臣 진수가 상주합니다."

제갈교諸葛喬

제갈교의 자는 백송伯松이고 제갈량의 형인 제갈근諸葛瑾의 둘째 아들이다. 본래 자는 중신仲愼이었다. 그의 형인 원손(元遜, 제갈각)과 함께 당시에 명성이 있었는데, 논자들은 제갈교의 재주가 형에게는 미치지 못하나 성품은 형보다 낫다고 여겼다. 당초 제갈량에게 아들이 없어 제갈교로 후사를 잇고자 하여, 제갈근이 손권에게 아뢰고 제갈교를 서쪽으로 보냈다. 제갈량이 제갈교를 자신의 적자適子로 삼고 이 때문에 그의 자字가 바뀌었다. 부마도위駙馬都尉에 제수되어 제갈량을 따라 한중에 이르렀다.[29] 나이 25세로 건흥 6년(228년)에 죽었다.

　제갈교의 아들 제갈반諸葛攀은 관직이 행호군行護軍 익무장군翊武將軍에 이르렀는데, 또한 일찍 죽었다. 제갈각諸葛恪이 오吳에서 주살되어 자손이 모두 끊겼는데, 제갈량에게는 후손이 있으니, 이 때문에 제갈반을 다시 돌려보내 제갈근의 후사를 잇게 했다.

제갈첨諸葛瞻

제갈첨의 자는 사원思遠이다. 건흥 12년(234년), 제갈량이 무공武功으로 출병할 때 형 제갈근에게 서신을 보냈다.

"제갈첨은 지금 벌써 여덟 살로 총명하고 사랑스러우나 그 조숙함이 걱정되니, 큰 그릇이 되지 못할까 두렵습니다."

나이 17세 때(즉 243년), 공주에게 장가들고 기도위騎都尉에 제수되었다. 그 다음 해 우림중랑장羽林中郞將이 되었고, 여러 번 승진하여 사성교위射聲校尉, 시중侍中, 상서복야尙書僕射가 되었고 나아가 군사장군軍師將軍이 되었다. 제갈첨은 글과 그림에 능하고 지식이 풍부하고 기억력이 좋았는데, 촉인들이 제갈량을 그리워하여 모두 그의 재주와 총명함을 사랑했다. 매번 조정에 선정善政이나 좋은 일이 있을 때마다 비록 제갈첨이 제안하거나 주도한 일이 아니더라도 백성들은 모두 서로 전하며 말하길, "갈후葛侯가 한 일이다"라고 했다. 이로써 아름다운 명성과 과분한 칭찬이 그 실제를 넘어섰다.

경요 4년(261년), 행도호行都護 위장군衛將軍이 되었고, 보국대장군輔國大將軍 남향후南鄕侯 동궐董厥과 함께 상서尙書의 일을 처리했다. 경요 6년(263년) 겨울, 위魏 정서장군征西將軍 등애鄧艾가 촉을 정벌하기 위

---

29 제갈량은 형 제갈근에게 보낸 서신에는 이렇게 썼다.
"제갈교는 본래 성도(成都)로 돌아가게 되어 있었으나, 지금 제장들의 자제들이 모두 군량을 운반하는 일을 맡고 있으니, 마땅히 영욕을 함께해야 한다고 생각합니다. 지금 제갈교에게 5백~6백의 병사를 감독하게 하여, 여러 자제들과 함께 곡중(谷中)에서 군량을 운반하도록 했습니다."
이 서신은《제갈량집》에 있다.

해 음평陰平에서부터 경곡도景谷道를 거쳐 우회해 들어왔다. 제갈첨은 제군을 지휘해 부涪현에 이르러 머물렀는데, 선봉이 격파되자 물러나 면죽綿竹에 주둔했다. 등애가 서신을 보내 제갈첨을 회유했다.

"만약 투항하면 반드시 표를 올려 낭야왕琅邪王으로 삼겠소."

이에 분노한 제갈첨이 등애의 사자를 참수했다. 마침내 싸웠으나 대패하고 진중에서 죽으니 그때 나이 37세였다. 군사들이 모두 흩어지자 등애는 먼 길을 달려 성도成都에 이르렀다.

제갈첨의 장자 제갈상諸葛尙은 제갈첨과 함께 죽었다.[30] 둘째 아들 제갈경諸葛京과 제갈반의 아들 제갈현諸葛顯 등은 함희咸熙 원년(264년)에 관내인 하동河東으로 옮겨졌다.[31]

---

30 간보(幹寶, 동진 때 인물)가 말했다.
"비록 제갈첨의 지혜가 위태한 나라를 떠받치기에는 부족했고 그 용맹이 적을 막아내기엔 부족했으나, 능히 밖으로는 나라를 저버리지 않고 안으론 부친의 뜻을 바꾸지 않았으니 충효를 다했다고 할 수 있다."

《화양국지》에 이르길, 제갈상이 탄식하며 말했다.
"부자(父子)가 나라의 무거운 은혜를 입고도 일찍이 황호(黃皓)를 참하지 못해 패배에 이르렀으니 살아남아 무엇을 할 것인가!"

그리고는 위군(魏軍)에게 돌진하여 죽었다.

31 《제갈씨보(諸葛氏譜)》에 의하면, 제갈경(諸葛京)의 자는 행종(行宗)이다. 《진태시기거주(晉泰始起居注)》에 기재된 조서에서 이르길, "제갈량이 촉에 있을 때 그 마음과 힘을 다했고 그의 아들 제갈첨은 국난에 임해 의롭게 죽었으니 또한 천하의 아름다운 일이로다"라고 했다. 제갈량의 손자인 제갈경은 재주에 따라 관청의 리(吏)에 임명되고 뒤에 미(郿)의 현령이 되었다. 상서복야(尙書僕射) 산도(山濤, 위진 시대 죽림칠현의 한 사람)의 계사(啓事, 임금에게 올리는 글)에서 이르길, "미령(郿令) 제갈경은 조부가 제갈량으로, 한나라가 어지러워져 나뉘고 막히자 그 부

동궐董厥, 번건樊建

동궐은 제갈량이 승상일 때에 승상부 영사令史가 되었다. 제갈량이 그를 칭찬하며 말했다.

"동영사董令史는 훌륭한 선비다. 내가 매번 그와 말해보면 생각이 신중하고 적절하구나."

그리고 자리를 옮겨서 주부主簿로 삼았다. 제갈량이 죽은 뒤 점차 승진해 상서복야에 이르렀다. 진지陳祗를 대신해 상서령尚書令이 되었다가, 대장군으로 옮겨가 중대中臺의 일을 관장하게 되자, 의양 사람 번건樊建이 대신 상서령이 되었다.[32]

연희延熙 14년(251년), 번건은 교위校尉로서 오吳에 사자로 갔는데, 손권은 병이 위중하여 번건을 만나지 않았다. 손권이 제갈각諸葛恪에게 물었다.

"번건은 종예宗預와 비교하면 어떠하오?"

자(父子, 제갈량과 제갈첨)는 촉에 있으면서 비록 천명에 통달하진 못했으나 마음을 다해 일에 임했습니다. 제갈경은 미현을 다스려 다시금 칭송받았으니, 신이 생각건대 의당 동궁사인(東宮舍人)을 맡기어 사람을 섬기는 도리를 밝히고, 양주, 익주에 관한 논의에 보탬에 되도록 해야 합니다"라 했다. 제갈경의 지위는 강주자사(江州刺史)에 이르렀다.

32 《진백관표(晉百官表)》에 따르면, 동궐의 자는 공습(龔襲)으로 의양(義陽) 사람이다. 번건의 자는 장원(長元)이다.

33 손성(孫盛)의 《이동기(異同記)》에 이르길, 제갈첨, 동궐 등은 강유가 전쟁을 좋아하나 공이 없고 국내가 피폐해졌다고 여겨 후주에게 그를 소환해 익

제갈각이 대답했다.

"재주와 식견은 종예에 미치지 못하나, 바른 성정은 그보다 낫습니다."

후에 시중, 상서령이 되었다. 제갈첨, 동궐, 번건이 일을 총괄한 이래, 강유는 늘 바깥에서 정벌하고, 환관 황호黃皓가 권력을 농단했다. 모두가 다함께 비호하고 능히 바로잡지 못했으나,[33] 번건만은 특히 황호와 우호적으로 왕래하지 않았다.

촉이 격파된 그 다음 해(264년) 봄, 동궐, 번건이 함께 낙양으로 가서 상국相國 참군參軍이 되었다. 그해 가을, 아울러 산기상시散騎常侍를 겸하게 하여 촉인들을 위로하게 했다.[34]

주자사로 삼고 그 병권을 빼앗으라고 표를 올렸다. 촉 지역의 장로(長老, 마을의 우두머리)는 제갈첨이 표를 올려 염우(閻宇)로 하여금 강유를 대신하도록 했다는 고사가 있다고 했다. 진 영화(永和) 3년(347년), 촉사(蜀史) 상거(常璩)가 촉 장로에게 다음과 같이 말했다.

"진수가 일찍이 제갈첨의 관원이 되었다가 제갈첨에게 모욕당했는데, 이 일 때문에 죄악의 원인을 황호에게 돌리고, '제갈첨이 능히 바로잡지 못했다'고 했습니다."

34　《한진춘추》에 이르길, 번건은 급사중(給事中)이 되었다. 진 무제(晉武帝, 사마염)가 제갈량이 나라를 다스리던 일을 묻자 번건이 대답했다.

"잘못된 점을 들으면 반드시 고쳤고 남보다 나은 점을 자랑하지 않았으며, 상벌에 신의를 보이니 족히 신명(神明)을 감동시킬 만했습니다."

황제가 말했다.

"훌륭하구나! 만약 내가 이런 인물을 얻어 보좌케 한다면 어찌 금일의 수고로움이 있겠는가!"

번건이 머리를 조아리며 말했다.

"신이 남몰래 천하의 논의를 들어보니, 모두 등애(鄧艾)가 억울한 일을 당했다평하여 말한다.

제갈량은 상국相國이 되어 백성을 어루만지고 예의와 법도를 보여주고, 관직을 간략히 하고, 권위와 법제를 따르고, 성심을 다해 공정한 도를 베풀었다. 충성을 다하여 세상에 보탬이 된 자는 비록 원수라도 반드시 상을 주고, 법을 어기고 태만한 자는 비록 친한 자라도 반드시 벌을 주었다. 죄를 인정하고 실토한 자는 비록 중죄라도 반드시 풀어주고, 말장난으로 교묘히 꾸미는 자는 비록 가벼운 죄라도 반드시 죽였다. 선행이 작다 하여 상 주지 않는 일이 없었고, 악행이 작다 하여 문책하지 않는 일이 없었다. 모든 일에 군더더기가 없이 했고, 사물의 이치를 그 근본으로 삼았으며, 이름에 따라 그 실질이 부합하도록 했고, 헛되고 거짓된 것은 입에 담지도 않았다. 마침내 나라 안 모든 이가 그를 두려워하면서도 경애하고, 비록 형정刑政이 준엄했으나 원망하는 자가 없었으니, 이는 그 마음 씀이 공평하고 권하고 경계하는 것이 분명했기 때문이다. 가히 다스림을 아는 뛰어난 인재로 관중, 소하에 버금간다고 할 만하다. 그러나 여러 해 동안 군사를 움직였으나 공을 이루지 못했으니, 임기응변하는 장수로서의 책략은 그의 장점이 아니었던 것 같다.[35]

하는데, 폐하께서는 이를 아시면서도 처리하지 않으니, 이것이 소위 풍당(馮唐)이 말한 '비록 염파(廉頗)와 이목(李牧)을 얻어도 능히 쓸 수 없다'는 경우가 아니겠습니까!"

황제가 웃으며 말했다.

"내가 바야흐로 이 일을 밝히려고 했는데, 경의 말이 내 뜻을 일깨워주었소."

이에 조서를 내려 등애의 일을 처리했다.

35   원자(袁子)가 말했다.

어떤 이가 제갈량이 어떤 사람인지를 물었다. 원자가 말한다.

"장비, 관우가 유비와 함께 일어나 긴요하고 뜻을 같이한 신하였지만 모두 무인(武人)이었소. 뒤늦게 제갈량을 얻음으로써 보좌할 재상으로 삼았으나 뭇 신하들이 기쁜 마음으로 복종했는데, 유비는 족히 믿을 만하고 제갈량은 족히 중시할 만했기 때문이오. 그러다 6척의 고아(유선)를 맡아 한 나라의 정치를 관할하고, 범용한 군주를 섬기며 권력을 홀로 행사했으나 예를 잃지 않았고, 군주의 일을 행함에 나라 사람들이 의심하지 않았소. 이와 같은즉 군신과 백성들이 마음으로 그를 흔쾌히 받들었음을 알 수 있소. 법을 행함이 엄격한데도 나라 사람들이 기쁘게 복종하고, 백성을 부려 그 힘을 다하게 해도 아랫사람들이 원망하지 않았소. 그 군사들이 출입할 때는 빈객처럼 하여 행군할 때 도적질하지 않고, 꼴과 땔나무를 베는 자(미천한 신분의 사람)의 물건은 손대지 않으니, 마치 중국에 있는 듯했소. 그가 용병함에는 산처럼 머물며 바람처럼 진퇴하고, 군사가 출전하는 날은 천하가 진동해도 사람들이 근심하지 않았소. 제갈량이 죽은 뒤 지금까지 수십 년이 지났는데 국인들이 그리움을 노래하는 것은 마치 주나라 사람들이 소공(召公)을 그리워하는 것과 같소. 공자가 이르길 '옹(雍)은 가히 임금 노릇할 만하다'고 했는데, 제갈량에게도 이런 점이 있었소."

또 물었다.

"제갈량이 처음 농우로 출병했을 때 남안, 천수, 안정의 세 군 사람들이 배반하여 제갈량에 호응했습니다. 만약 제갈량이 서둘러 진격했다면 이 세 군은 중국이 갖지 못했을 것이나 제갈량은 천천히 행군하며 나아가지 않았습니다. 얼마 뒤 위나라 군이 농(隴)으로 올라와 세 군을 회복하고, 제갈량은 조그만 공도 세우지 못하고 이 기회를 잃었습니다. 어떻습니까?"

원자가 말한다.

"촉병이 날래고 예리하지만 좋은 장수가 적었고 제갈량이 처음 출병했을 때는 중국(위나라)의 강약을 알지 못했기 때문에 의심을 품고 시험했던 것이오. 게다가 대거 모인 자들이 가까운 공을 구하지 않았기 때문에 진격하지 않은 것이오."

"그가 의심했다는 것을 어떻게 아십니까?"

원자가 말한다.

"처음 나올 때는 천천히 신중하게 움직이면서 둔영을 거듭 세웠고, 뒤에 옮겨 내려갈 때에도 병을 내어 싸우고자 하지 않았소. 제갈량은 용감하고 싸움에 능했으나 세 군이 배반해도 이에 속히 대응하지 않았으니 이것이 그가 의심했다는 징표요."

"그가 용감하고 싸움에 능했다는 것은 어떻게 아십니까?"

원자가 말한다.

"제갈량이 가정(街亭)에 있고 전군(前軍)이 대파되었을 때 제갈량의 둔영이 몇 리 떨어져 있었으나 구원하지 않았소. 위군과 서로 접전했으나 또한 천천히 행보하니 이것이 그가 용맹했다는 것이오. 제갈량이 군대를 움직이는 일은 안정되고 견고하면서 신중했는데, 안정되면 쉽게 움직일 수 있고 견고하고 신중하면 가히 진퇴할 수 있소. 제갈량의 법령이 밝고 상벌에 신의가 있어 사졸들이 명을 받으면 험지에 뛰어들면서 몸을 돌보지 않았으니, 이것이 그가 싸움에 능했다는 이유이오."

"제갈량이 수만 군사를 이끌며 일으키고 세운 것이 수십만의 공로와 같으니 이것이 기이한 점입니다. 이르는 곳마다 영루, 우물과 부뚜막, 측간, 울타리, 걸림돌을 자로 잰 듯이 하고, 한 달을 행군해도 처음 떠날 때와 같으니, 이는 노고와 비용을 들여 헛되이 꾸미기를 좋아하는 것인데, 어떻습니까?"

원자가 말한다.

"촉인들이 경박하고 소홀하니 제갈량이 이 때문에 견고히 하며 부린 것이오."

"그랬다는 걸 어찌 아십니까?"

원자가 말한다.

"제갈량은 실질로 다스리고 명분만으로 다스리지 않았으며, 뜻이 컸지만 바라는 바는 멀리 있어 가깝고 빠른 공을 취하지 않은 것이오."

"제갈량은 관부(官府), 차사(次舍), 교량, 도로를 짓기 좋아했으나 이는 급한 일이 아닙니다. 어떻습니까?"

원자가 말한다.

"소국에 현명한 인재가 적으니 이 때문에 그 존엄을 높이고자 한 것이오. 제갈량이 촉을 다스릴 때 경작지가 개간되고 창고는 충실해지고 기계는 날카로워지고 축적된 곡식이 넉넉해졌으나, 조회(朝會)는 화려하지 않고 길 위에는 술 취한 사람이 없었소. 무릇 본(本)이 세워지면 말(末)이 다스려지고, 여력이 남은 후에야 작은 일에 미치는 것이니, 이것이 그 공적에 힘쓴 까닭이오."

"그대가 제갈량을 논하는 데는 근거가 있습니다. 제갈량은 재주에 비해 그 공이 적은데 이는 어떻습니까?"

원자가 말한다.

"제갈량은 기본을 중시하는 자로 응변(應變)은 그의 장점이 아니기 때문에 감히 그 단점을 쓰지 않은 것이오."

"그렇다면 그대가 그를 칭찬하는 건 왜입니까?"

원자가 말한다.

"진실로 현자(賢者)의 심원함을 어찌 모든 것을 갖춘 것을 기준으로 따지겠소? 무릇 능히 단점을 알고 쓰지 않는다면 이것이 현자의 위대함이오. 단점을 알면 즉 장점도 아는 것이오. 무릇 전에 알고 있는 것이라도 더불어 말해보고 맞지 않으면 제갈량은 쓰지 않았으니, 이것이 내가 가하다고 말한 것이오."

오(吳)의 대홍려(大鴻臚) 장엄(張儼)이 《묵기(默記)》를 지었는데, 그 〈술좌편(述佐篇)〉에서 제갈량과 사마의를 논하는 글에서 다음과 같이 말했다.

"한조가 기울고 천하가 붕괴되자 호걸지사들이 다투어 신기(神器, 최고 권력)를 탐내었다. 위씨(魏氏)는 중토(中土)를 차지하고 유씨(劉氏)는 익주를 점거하여 함께 해내(海內)에서 군사력을 겨루고 세상의 패주(霸主)가 되었다. 제갈, 사마 두 재상은 군주와 만나 명주(明主)에게 몸을 맡겨 한 사람은 촉한에서 공을 세우고, 다른 한 사람은 이수(伊水), 낙수(洛水)에서 이름을 사서에 남겼다. 조비와 유비가 죽고 난 뒤 후사가 대를 잇자 각각 어린 황제 보육의 임무를 받고 어린 주인을 보필하며 승낙한 성심을 저버리지 않았고 또한 일국의 종신(宗臣)으로 패왕(霸王)을 현명하게 보좌했다. 전대를 살펴 근래의 일을 보면 두 재상의 우열은 가히 상세히 알 수 있다.

공명은 파, 촉 땅에서 일어나 한 주(州)의 땅에 발을 디디었으니, 이를 대국에 비하면 그 전사(戰士)와 인민(人民)은 9분의 1 정도에 불과했다. 하지만 오나라에 예물을 바치고 조위에 대항하면서도, 밭 갈면서 싸우는 대오를 갖추게 하고, 형법을 정돈하여 가지런히 하여, 보졸 수만을 거느리고 멀리 기산(祁山)으로 달려가 흔쾌히 황하와 낙수에서 말에게 물을 먹일 듯이 있었다.

중달(仲達)은 열 배나 큰 땅에 거하면서 겸병한 군대를 거느리고도, 견고한 성을 거하면서 정예를 끼고도 적을 사로잡을 뜻이 없이 스스로 보존하는데 힘쓸 뿐 공명이 스스로 오고 가게 만들었다. 만약 공명이 죽지 않았다면 끝내 그 의지를 펼치어, 해를 이어 궁리하고 날을 정해 계책을 내었다면 양주(涼州)와 옹주(雍州)는 갑옷을 벗지 못하고 중국은 안장을 풀 수 없어 승부의 형세는 또한 이미 결정되었다 할 것이다. 지난날 자산(子産)이 정(鄭)나라를 다스릴 때 제후들이 감히 군사를 내지 못했는데, 촉상(蜀相)이 이에 가깝다 할 수 있으니, 이를 사마의에 비하면 또한 뛰어나지 않은가!"

혹자는 이렇게 말한다.

"병(兵)은 흉기(凶器)이고 전쟁(戰)은 위태로운 일(危事)인데, 나라를 갖고 있는 사람이 경내를 지키며 백성들을 편안케 하는 데 힘쓰지 않으면서, 토지를 넓히고 천하를 정벌하는 것을 좋아하는 것은 좋은 계책이 아닙니다. 제갈 승상이 실로 세상을 바로잡을 인재(匡佐之才)나 외롭고 끊어진 땅에 거처해 전사(戰士)는 5만을 채우지 못하니, 스스로 관문을 닫고 험지를 지켰다면 군신이 무사했을 것입니다. 헛되이 군사에 힘쓰고 원정하지 않는 해가 없었으나 지척의 땅으로도 나아가지 못하고 제왕의 기반도 열지 못했으면서, 국내를 황폐하게 만들고 서쪽 땅을 부역과 조세로 시달리게 했습니다. 위나라 사마의의 용병하는 재주는 쉽게 가벼이 볼 수 없고, 적을 헤아려 나아가는 것은 병가에서 신중하게 하는 바입니다. 만약 승상에게 반드시 이에 대한 헤아림이 있었다면 태연하게 공훈을 세웠다 할 수 없고, 만약 이를 헤아리지 않고 결정했다면 명철(明哲)했다고 말할 수 없습니다. 해내(海內)가 그에게 기우는 뜻에 관해, 저는 의심스러운 점이 있습니다. 그 설명을 듣고 싶습니다."

이에 대한 답은 이렇다.

"듣기로 탕왕은 70리, 문왕은 백 리 땅으로 천하를 차지했으니 모두 정벌하여 이를 평정한 것이고, 예를 다하여 사양하고 왕위에 오른 자는 오직 순(舜)과 우(禹)만 있을 뿐이오. 이제 촉, 위가 적으로 싸우는 나라가 되어 형세가 함께 왕이 될 수 없고 조조, 유비 이래로 강약이 현격하게 달랐으나, 유비는 오히려 양평으로 출병하여 하후연을 붙잡고 관우는 양양을 포위하여 장차 조인을 항복시키려 하고 우금을 사로잡았소. 당시 북쪽에는 크고 작은 근심과 두려움이 있어 맹덕이 몸소 남양으로 출병하고 악진, 서황 등이 구원했으나 포위는 즉시 풀지 않았소. 이 때문에 장제(蔣濟)가 그때 수도인 허도(許都)를 옮겨 황하를 건너려는 계책을 말한 것이고, 때마침 오나라가 남군을 습격해 취하자 관우가 철병했소. 현덕과 조조는 지력(智力)과 군사의 많고 적음에 차이가 있고, 용병 행군(行軍)의 도도 같은 반열에 올릴 수 없는데, 오히려 (현덕이) 잠시 승리를 취했으며 또한 이때에는 오나라가 협공한 형세(犄角之勢)도 아니었소.

이제 중달의 재주는 공명보다 못하며 당시의 형세는 지난날과 다른데, 현덕은 여전히 지지 않고 대항하려고 하니, 공명이 어찌 출군하여 적을 도모하지 않을 수 있겠소? 옛날 악의는 약한 연나라 군사로 다섯 나라의 군사와 함께 강국인 제나라로 달려가 70여 성을 떨어뜨렸소. 지금 촉한의 병졸은 연나라 군보다 적지 않고, 군신 간의 결속은 악의보다 더 믿음이 있소. 게다가 우리 국가(오나라)와 입술과 이처럼 의지하여 동서가 상응하고, 머리와 꼬리가 뱀처럼 한결같고, 형세가 중대한 것이 다섯 나라의 군사에 비할 바가 아니니, 저들에게 어떤 거리낌이 있어 할 수 없다는 것이오? 무릇 병(兵)은 기(奇)로써 승리하고 지(智)로써 적을 제압하는 것이니, 토지의 넓고 좁음이나 인마(人馬)의 많고 적음에만 치우쳐 의지해서는 안 되는 것이오. 내가 보니 그가 나라를 다스린 요체는 당시에 이미 바르고 엄숙했고 그 가르침이 뒤에도 이어졌으며, 또 그 말에 담긴 뜻이 간절하고 나아가 취하려는 의도를 펼치고, 충성스런 계책을 말하는 모습에서 주인에 대한 의리가 드러나니, 비록 옛날 관중, 안영이라 해도 어찌 이보다 더하겠소?"

《촉기》에 이르길, 진(晉) 영흥(永興, 혜제 304~305년) 시기, 진남장군 유홍(劉弘)이 융중에 이르러 제갈량의 옛 집을 살펴보고 마을 입구에 공덕비를 세우려고 태부의 비서 건위(犍爲) 사람 이흥(李興)에 명해 글을 짓게 했다.

"천자께서 내게 명해 면(沔)의 양지 바른 곳에 이르렀다. 북소리를 들으며 뭇 선철(先哲)들이 남긴 빛을 오랫동안 생각하고, 융산(隆山)에 올라 멀리 바라보며 제갈량의 고향에 절을 올린다. 대저 신물(神物)은 기회를 따르고(應機), 대기(大器)는 거스름이 없으나(無方), 통달한 사람이 없어지면서 대덕(大德)이 한결같지 않았다. 이 때문에 곡풍(谷風)이 불면 추우(騶虞, 성인의 덕에 감응한다고 하는 상상의 동물)가 울고, 운뇌(雲雷)가 일어나면 잠린(潛鱗, 숨은 물고기)이 머리를 내밀었다. 이윤은 세 번 초빙함에 갈옷을 벗었고, 공자는 부름을 받자 옷깃을 걷어 올렸으며, 관중은 명을 받자 마음과 행동이 분명하게 달라졌고(豹變), 공우(貢禹, 한 원제 때 인물)는 감격하여 엄숙함을 회복했다. 뛰어난 서생(徐生, 서서)이 보물을 들추어내어 깊이 감추어둔 와룡을 풀어놓으니, 유씨(劉氏)와의 잠깐의 만남으로 아름답게도 그대는 천하를 주유했다. 무릇 자기를 알아주는 주인이 있으면 목숨을 다하는 훌륭한 신하가 있다. 진실로 우리 한나라를 셋으로 나눠 우리 변방을 차지하고, 북면하면서 우리에게 대항한 것은 우리 위나라의 강토에서 말을 타고 달리고자 함이었으리라.

뛰어나구나! 그대는 홀로 천령(天靈)을 품었다. 그것은 신(神)의 정령(祇)인가, 사람의 정화(精)인가? 무슨 생각이 그리 깊고 무슨 덕이 이렇게 맑은가! 세상을 달리하여 꿈에서 통할 뿐 같은 세상에 있지 못함이 한스럽구나. 그대의 팔진(八陳)을 미루어보면 손자, 오자 때도 없던 것이고, 목우(木牛)의 기이함은 노반(魯般, 즉 공수반(公輸般))도 본뜰 수 없고, 신노(神弩)의 공은 또 어찌 이리 미묘하단 말인가! 천 개의 우물에 벽돌담을 가지런히 쌓으니 또 어떤 비결(祕要)이 있는 것인가! 옛날 주 문왕을 보좌한 태전(泰顚)과 굉요(閎夭)가 있지만 명성만 있고 흔적이 없으니, 그 누가 그대의 뛰어난 헤아림과 기묘한 계획에 나란히 하겠는가?

장문중(臧文仲, 춘추 노나라의 경(卿))은 죽은 후 말로써 칭송받았으나 또한 그대와 같이 언행을 함께 드러내지는 못했다. 관중은 제후들의 술잔을 사용하여 예법에 어긋났고, 악의는 군주와 끝까지 함께하지 못했으니 어느 쪽이 그대의 명철함과 겸허함에 비견되겠는가! (유비가) 임종 시에 나라를 위임할 때 사양함은 허유(許由, 요임금의 선양을 거부한 인물)보다 낫고, 병풍에 기대어 임금 대신 일을 맡았지만 백성들의 말이 떠돌지 않았다. 형벌은 정나라보다 공정하고 교화는 노나라보다 아름다우니, 촉민들이 수치를 알게 되니 황하와 위수가 안도했다. 고요(皐陶, 순임금의 신하)가 아니면 이윤에 비견되니, 하물며 저 관중과 안영도 결코 성인의 덕을 베풀지 못했는데, 강개하고 탄식할 뿐이로다!

옛적 그대가 은거했던 이 집을 점쳐 살펴보니, 어질고 지혜로운 자가 거처할 만한 곳으로 그 둘레를 한정할 수가 없구나. 해와 달이 바뀌고, 그날 저녁 죽음의 시간을 맞았다. 누가 죽지 않을 수 있겠는가? 다만 귀한 이가 남긴 귀한 품격이 있다. 생각건대 그대의 공훈은 풍속을 바꾸어 후세에 이르렀고, 남긴 이야기를 노래하게 하여 나약한 자를 가르치고 분발시켰다. 그 탁월함을 헤아리니 멀고도 아득하고, 무릇 그대와 같은 자는 가히 헤아리기도 어렵다. 어긋난 지 그리 오래되지도 않았는데, 만 리 떨어진 길에 놓여 있으니, 이제야 내가 와서 그대를 생각하며 옛 터를 바라본다. 한 고조의 혼이 고향인 패군(沛郡) 풍읍(豐邑)으로 돌아가고, 강태공의 5대가 주나라로 돌아가 묻힌 것은 희미한 그림자(罔兩)라도 남아 있다고 생각하여 영향을 주고 남음이 있기를 바란 것인데, 혼과 영이 있으니 아마도 이것을 알아볼 수 있을 것이로다!"

왕은(王隱)의 《진서(晉書)》에 의하면, 이흥은 이밀(李密)의 아들로 다른 이름은 안(安)이다.

제갈량 연보

- 181년(1세)   아버지 제갈규와 어머니 장씨 사이에서 둘째 아들로 태어남. 한나라 사례교 위를 지낸 제갈풍의 후손임.
- 184년(4세)   황건의 난이 일어남.
- 188년(8세)   아버지가 죽자 온 가족이 숙부 제갈현에게 의탁함.
- 189년(9세)   동탁이 소제를 폐하고 헌제를 세우자 군웅할거의 시대가 시작됨.
- 195년(15세) 원술이 숙부 제갈현을 예장태수로 임명하자 동생 제갈균과 함께 부임지로 감. 그러나 후한 조정에서 주호를 예장태수로 파견하자 제갈현은 형주의 유표에게 의탁함.
- 197년(17세) 숙부 제갈현이 병사하자 융중에서 농사를 지으며 책을 읽음. 이후 형주의 명사 황승언의 딸과 혼인함.
- 200년(20세) 관도대전에서 조조가 승리함. 형 제갈근이 손권에게 출사함.
- 201년(21세) 여남에서 조조에게 패한 유비가 형주의 유표에게 의지함.
- 205년(25세) 조조가 원소의 잔여세력을 평정하고 북방을 평정, 삼국 최대의 세력으로 떠오름.
- 207년(27세) 유비의 삼고초려로 인해 제갈량이 유비 집단에 합류함.
- 208년(28세) 유표가 죽고 아들 유종이 조조에게 항복함. 장판에서

유비가 조조에게 패하자 제갈량은 손권을 찾아가 원조를 청함. 11월 유비 손권의 연합군이 적벽에서 조조군을 대파함. 유비는 이로 인해 형주의 무릉, 장사, 계양, 영릉을 손에 넣고, 제갈량은 군사중랑장이 되어 영릉, 계양, 장사 세 군을 다스림.

- 209년(29세) 유비가 손권의 여동생을 아내로 맞이하고 형주목이 됨.
- 211년(31세) 조조가 관중을 점령하고, 유비는 방통과 함께 촉으로 들어감.
- 214년(34세) 유비가 성도의 유장을 몰아내고 익주목이 되어, 제갈량을 군사장군으로 임명함.
- 215년(35세) 제갈량, 제갈근 형제의 교섭으로 유비와 손권이 형주를 나누어 가짐.
- 216년(36세) 조조가 위왕이 됨.
- 219년(39세) 유비가 한중을 점령하고 한중왕이 됨. 관우가 형주를 잃고 오나라에 의해 살해당하자 오촉 동맹이 깨짐.
- 220년(40세) 조조가 죽음. 조비가 즉위하여 위나라를 세우고 낙양으로 천도함.
- 221년(41세) 유비가 촉을 세우고 황제를 칭하고 제갈량을 승상으로

임명함. 장비가 부하에게 살해당하고, 손권이 오왕이 됨.
- 222년(42세)   유비가 오나라를 치기 위해 이릉에서 육손에게 크게 패함.
- 223년(43세)   유비가 백제성에서 죽으면서 제갈량에 후사를 위촉함. 유선이 즉위하고 제갈량은 익주목, 무향후로 임명됨. 등지를 오나라로 보내 다시 오촉 동맹을 맺음.
- 225년(45세)   제갈량이 남만을 정벌하고 후방을 안정시킴.
- 226년(46세)   조비가 죽고 조예가 즉위함.
- 227년(47세)   출사표를 올림.
- 228년(48세)   1차 북벌에서 기산으로 나아가 남안, 천수, 안정을 평정함. 하지만 마속이 가정에서 대패하자 마속을 참함. 겨울 다시 진창을 포위했으나 학소에게 저지당하고 군량이 떨어져 철수함.
- 229년(49세)   진식을 보내 무도와 음평을 평정함. 손권이 황제를 칭함.
- 230년(50세)   위나라에서 촉을 공격했으나 장마로 인해 철수함.
- 231년(51세)   다시 기산으로 출병했으나 이엄의 거짓 보고로 인해 철수함.
- 232년(52세)   한중에서 목우와 유마를 제작함.

- 233년(53세)   목우와 유마를 이용해 사곡에 군량을 비축함.
- 234년(54세)   봄에 다시 북벌을 감행함. 오장원에서 위나라 군대와 대치하였으나 사마의가 응전하지 않음. 100여일이 지난 8월에 오장원에서 병사하고, 정군산에 묻힘.
- 249년   사마의가 반란을 일으켜 위나라 정권을 잡음.
- 263년   위나라가 촉을 멸망시킴

마음을 움직이는 승부사

제갈량

초판 1쇄 발행 2015년 5월 18일
초판 28쇄 발행 2024년 7월 17일

지은이 자오위핑
옮긴이 박찬철
펴낸이 최순영

출판2 본부장 박태근
지적인 독자 팀장 송두나
디자인 이세호

펴낸곳 ㈜위즈덤하우스 **출판등록** 2000년 5월 23일 제13-1071호
주소 서울특별시 마포구 양화로 19 합정오피스빌딩 17층
전화 02) 2179-5600 **홈페이지** www.wisdomhouse.co.kr

ISBN 978-89-6086-512-9 03320

- 이 책의 전부 또는 일부 내용을 재사용하려면 반드시 사전에 저작권자와
  ㈜위즈덤하우스의 동의를 받아야 합니다.
- 인쇄·제작 및 유통상의 파본 도서는 구입하신 서점에서 바꿔드립니다.
- 책값은 뒤표지에 있습니다.